我在楼道做校长

黄春——著

人民日报出版社

北京

图书在版编目（CIP）数据

我在楼道做校长/黄春著. —北京：人民日报
出版社，2023.12
ISBN 978-7-5115-8110-5

Ⅰ. ①我… Ⅱ. ①黄… Ⅲ. ①中小学—校长—学校
管理 Ⅳ. ①G637.1

中国国家版本馆CIP数据核字（2023）第237732号

书　　名：我在楼道做校长
　　　　　WO ZAI LOUDAO ZUO XIAOZHANG
作　　者：黄　春

出 版 人：刘华新
选题策划：鹿柴文化
特约编辑：王　娇
责任编辑：张炜煜　白新月

出版发行：人民日报出版社

社　　址：北京金台西路2号
邮政编码：100733
发行热线：（010）65369531 65369509 65369512 65369528
邮购热线：（010）65369530 65363527
编辑热线：（010）65369514
网　　址：www.peopledailypress.com
经　　销：新华书店
印　　刷：大厂回族自治县德诚印务有限公司
法律顾问：北京科宇律师事务所 010-83622312

开　　本：710mm×1000mm　　　1/16
字　　数：253千字
印　　张：22
版　　次：2024年4月第1版
印　　次：2024年4月第1次印刷

书　　号：ISBN 978-7-5115-8110-5
定　　价：58.00元

序

从来如此，便对么？

近些年我偶有机会被邀请给同行讲课——其实就是汇报分享一下我的想法和做法，一些很浅显很简单的东西，每次讲课我都要引用鲁迅的话："从来如此，便对么？"这也是我自己所习惯了的思考起点：这样对吗？能不这样吗？可以更好吗？

我们总是习惯自负于经验，也习惯于以经验示人。凡"从来如此"，便"必须如此"和"愈发如此"，然后在"如此"的道路上越走越窄，以至于被"如此"裹挟，愈裹愈紧。

我们当下所面对的教育，这般无力，这般焦虑，这般扭曲。因此，时代需要我们的教育工作者拥有更多的智慧，甚至需要我们鼓起更大的勇气，去做我们理想的教育和实现我们教育的理想。

本书没有理论，也不显高大上，甚至禁不起学院派的科学查验；只是一个普通实践者在重新审视我们"从来如此"的一些日常且琐碎的事情——那些但凡当校长就都回避不了的事情，试图在经验之外，找到一些有别于经验甚至是有悖于经验的东西。

2014年，北京四中房山校区开学。有人说：城里名校再好，到郊区也就剩个名。2021年，广东珠海容闳公学开学。有人说：公办名校那一套，到民办根本行不通。2023 年，北京四中雄安校区开学。有人说：首都名校，到河北大地必定水土不服。这三个学校的创校校长，都是我；我做校长的学校，都是这样"格格不入"的外来户。我手握一柄长刀，企图划开一潭潭死水，像极了堂·吉诃德，总觉得需要向什么东西宣战，但不知道战场在哪儿。

有时候我感觉自己就是房龙在给《宽容》写自序里所说的那个"游子"，"撕裂黑暗从远方蹒跚归来。他双手的指甲尽已磨破，双脚上缠满了染血的布条，无声地诉说着长途跋涉的苦难"。偏偏我这个"游子"就爱刨根问底，"于是他们把我带到悬崖上，让我目睹那胆敢违逆神祇之人尸骨无存的下场"。是的，这些年，头发稀了，白了，没了；人也老了，病了，衰了。

当然，这样的舆论和质疑，我早已习惯，且从不以为意，因为这些声音背后的逻辑只有一个：我们从来如此，你也不可能另类。再说了，我从没想过要赢了谁，我只要求我自己对得住教育人的良心。所以，这些年也还好，尽管我无知无畏，处处碰壁，可真的当面拿石头来砸我的，有，幸好也并不算多。

我曾发了一条朋友圈："我给全世界让路，为的是能觅得一隅安静，做我以为好的教育。"是为"流浪"，雅称"游子"。

三年前，刘长铭校长将从北京四中出走外地创校的几个同事拉了一个群，取名就是"教育游子"。当时，我们散布在东南西北天涯海角各种地方，我在人迹罕至的横琴岛；而刘长铭校长，正在北京大兴一座废弃的老破校园里创办他的润泽国际学校。刘校长是教育家，是我们的老领导，我们几个都是"四中粉"；我在四中教书的十多年，也是刘校长在四中做校长的十多年。我们都曾是"抽刀断水"的那一个，我们都在各个地方，"在跋涉中，找到了更美好的家园，找到了更令人向往的应许之地"。

遗憾的是，大家都想约一顿"游子饭"，约了几回，至今都还未能成局。

在北京四中房山校区做校长的时候，多方因素促使，我把办公室搬到了楼道里：那是一处你在校园里来来往往的必经之道，那条楼道在它的黄金分割点上非常丝滑地凹凸成了一处港湾，实在是闹中取静又静而不僻的好地方。这地方悬名"黄春工作室"，据说至今还在，已是校园的"网红打卡"点。

有媒体借题发挥，说我是"全世界第一个在楼道里办公的校长"；后来，我就有了个绰号——"楼道校长"。无论是誉还是毁，我都照单收下了：我确乎就是"楼道"校长；楼道，就是"门外"，在校长群里，我就是个"门外汉"，就连正儿八经的"校长资格证"，还是多年以后才领到的。今天总算可以坐进校长办公室了，突然发现自己已经习惯了在"楼道"里待着。

门外，被束缚更少。办公桌上有一沓沓的文件，有一本本的理论；是别人的思想，也是别人的秘籍；是教材，也是镣铐。只有走到门外去，才有最真实的教育场景，才有最适切的教育需求。心无旁骛，眼无阻隔，你才能摘下眼镜来全心全意地观察师生、理解师生、服务师生。

门外，离教育更近。如果你不觉得教育有问题，那肯定是你离教育太远；如果你找不到教育问题的解决办法，那肯定也是因为你离教育太远。我更想说的是，坐在办公室里，你往往会觉得什么问题都没有，自我感觉非常好。一个自我感觉非常好的人，即便走进基层，也只会高谈阔论，指手画脚。

门外，好教育更多。山外有山，天外有天，不能做门里之蛙。南北之差，公私之别，东西之分，洋土之异，都是门外的风景。在没有风浪的池子里，我们可以将自己活成那条永葆活力、愿意进步的小鲶鱼。

这么想来，做个"门外汉"挺好，于是，我不是在楼道里，就是在去往楼道的路上。

这些年，教育从来没有缺乏过花样，从上到下，从左到右，日日翻新。每一朵当时完美无瑕的花儿，都因又一朵新的花儿需要开放而罪孽深重。我们听到太多的步、法、环、式、本、体、翼、案、导、转，一二三四五、甲乙丙丁戊，名目繁多得堪比中药铺。大家都拼尽全力在名目上做足文章，各自拼得各自的江湖座椅，而很少触及教育的实质：那些简单、朴素，又直达要害的本真的东西。

作家池莉说："教育真没有那么复杂。把你有兴趣的事情尽着才能做好，把你喜爱的人儿尽着力气爱好，把你喜欢吃喝的东西尽着热情吃好，把你讨厌的人事尽着宽容躲好。虽然我们外在的躯体渐渐衰败，我们内在的生命却日日更新。这应该就是教育的意思了。"

关键的问题是，我们是否找到了那些"有兴趣的事情"和那些能让自己"喜爱的人儿"，并且是否为此尽了情、尽了力。校长感兴趣的事情，是拥有"校长"这个身份，还是做好"教育"这份事业？校长"喜爱的人儿"，是"做了校长"的自己，还是"成就教育"的师生？教育的简单与复杂，就在于教育者自身的简单与复杂。

当教育真正做到为了"人"的发展而做，教育的简单，就会直达要害。该做什么，该怎么去做，一切都会很清晰，而不至于被各种非教育和伪教育的东西晃瞎了眼。这些年走南闯北，我实在是见到了太多过于复杂的东西，太多的人在以复杂为荣，不复杂一点，好像都不能显示自己的能耐。像我这样简简单单的校长，在酒桌上往往是没有插话的机会的；每每被问及"最近有什么新研究"，我的回答都是"我在研究如何让校园安静一点"。难道不是吗？校长的忙碌，到教师那儿是要翻倍的；翻了倍的教师的忙碌，到了学生那儿是要再翻倍的。这一倍倍地翻滚下去，就把教育卷成今天这个样子了。

此刻，我身在雄安新区；北京四中雄安校区刚刚开学。许多朋友都带着热忱的关心来向我介绍教育的各种"时宜"和"时务"，我只是笑一笑："从来如此，便对么？"

不甘于这样，才是我们的价值。

如果你也这么想，那我们就一起努力。

2023 年 9 月　中国·雄安

目 录

CONTENTS

做教育，我是科班出身，这不稀奇；

但做校长，确乎是我的一桩"格外"的事情。

第一章 / 我在楼道做校长

我是怎么做起校长来的

我天生怕官，连见官都怕，更别说自己做官。起初教书不多久，就好像有一股无形的外力使劲地把我往官路上拽；眼看就要踏上仕途，赶紧抽身出走，寻求能够让我安安静静教书的地方。这不，我才有缘从一所普通学校，忽地入职北京名校北京市第四中学（以下简称"北京四中"）。

北京四中的校长官职很大（刘长铭校长就任时还是第十一届全国政协常委），然而，我所认识的历届校长都很友善亲和，和我一样的小老师们都感觉不到校长有什么官威；刘校长倒是会因为念错了某个字而常常被我们语文组的小伙伴们友好地奚落几回；我们哂一哂，他就讪一讪。

刘校长和我们聊天时经常说起："要让更多的人，享受到四中的教育。"他也常常带着我们师生去很多老少边穷的地方，讲学、支教、培训、帮扶。走得多了，见得多了，想得多了；竟似乎有一个兼济天下的书生梦，不知不觉地开始萌芽。

某天，校长把我叫进他的办公室，指着桌子上一卷摊开的图纸，说："你不是想做校长吗？这儿，房山，去吧，去做你的梦去。"我愣了一下，他怎么知道我想做校长？这才记起来，前些天学校在全校教工大会上发了一份问卷，向全体老师征募房山校区的创校校长。而我好像是画了圈的，不料这就真的被勾上了。

我哪里会做校长啊，我真的就是想做一个梦。

"想去。但，我不会做官儿。"

"谁说校长是官儿？你会做老师，就会做校长。从前你教的是学生，往后你教的是老师；教得好学生，也一定教得好老师。校长，就是老师的老师。"

"老师的老师"，嗯，这个，我干过，我教过不少老师，不必说每年都会如期而至的各师范大学的教育实习生，也不必说学校里给我分配的刚入职不久的年轻教师；就连外校前来学习的教龄比我还长、职称比我还高的同行，我也是教过不少的。

"好吧！"我接过那一大卷图纸，"做不好我就回来。"

接着就是为期两年的校园建设。我第一次与建筑设计师、工程师打交道，第一次思考校园应该建成什么样子。OPEN建筑事务所的设计师李虎夫妇，是北京四中房山校区的设计主创，两位都是世界一流大学毕业的高才生，是极富个性的建筑艺术家。我们的交流和合作异常顺利，因为我们对教育的理解几乎完全同频：教育要真正关乎孩子，校园更要真正属于孩子。

为了做到"真正"关乎孩子，在建设的过程中，我们和很多部门进行了艰难的争执，四面八方地和各种"按惯例"、各种"想当然"、各种"无所谓"、各种"差不多"……做艰难的斗争。好在我和李虎都是那种格外认真和格外较劲的人，一切都在朝着我们梦想的方向前进。

直到完全竣工，一切堪称完美！那之后，全世界很多要新建学校的设计师都来观摩学习。北京四中房山校区，瞬间成为"网红"。

说到这儿才想起来，我至今还欠着李虎兄一杯庆功酒。

2014 年 9 月，作为北京市教育城乡一体化工程的重要项目，北京四中房山校区正式开学：120 名初一学生，80 名高一学生，30 多名教工。从此，我从"黄老师"变成"黄校长"。

说我是校长，其实是个简称，我的职务全称是"执行校长"。北京四中将创办呼和浩特分校的顾晓霞校长调来，担任校长；房山区教委将当地实验中学的吕宝新校长调来，担任书记。顾校长的智慧与果敢、吕书记的敦厚与包容，这"上有天罩、下有地台"的，我就只负责在这天地之间肆意地翻着我的跟斗，"执行"着我的梦。

今天回想起来，这方天地真大，大到可以任凭我飞，每一个格外的梦，都不必担心，因为总有一根长长的线牵着我，牢牢地系在教育最本真的根基上。

感谢二位导师，让我初为校长的四年，岁月静好。

自创建北京四中房山校区之后，我又担任过广东珠海容闳公学的创校校长，又到浙江安吉蓝润天使外国语实验学校做过一小段时间的总校副校长，而今又回到北京四中，创建北京四中的雄安校区。从公办到民办又到公办，从北方到南方又回北方，从政治文化中心的首都到改革开放的特区，又到东部沿海经济发达省份，再到千年大计国家新区，变化的是环境，不变的是"创校"。

从零开始创建一所学校，是非常幸运的事情，而我是幸运中之最幸运者，我经历了四所学校的创校历史。这些年留在手机里的照片，大多是戴着安全帽的"包工头"模样，圈里的朋友都戏称我为"创校专业户"了。

做有温度的教育

北京四中房山校区作为北京四中的校区之一，当然要做北京四中那样的教育。然而，北京四中的教育是什么样的？北京四中的教育，自然是好的，可是，好在哪里呢？世上所谓的好学校多了，为什么但凡在北京四中学习和工作过的，无论是老师还是学生，乃至家长，都会深深地着迷于此呢？为什么在满世界的中学生和中学老师都苦不堪言的时代里，北京四中的学生和老师却觉得格外舒服呢？

我不是科班校长，我只能从我自己身上去找答案。当我回顾自己作为学生曾经所在的中学，当我回想自己作为老师曾经走过、看过、听过的那么多的"别人的中学"，我忽然间明白了这其中的悲剧根源：我们的教育，太冰冷了！因为分数，老师和学生之间是冰冷的；因为考试，学生与书本之间是冰冷的；更别说那冰冷的校规、冰冷的试卷、冰冷的钢筋水泥了。

有位在教育局做了多年科员的朋友，得知我要去做校长，特意请我吃饭，待几杯烈酒下肚，身在官场的他开始面授机宜："两句箴言：一、少说话；二、少露面。"我心想，教育已经够冰冷的了，我校长再躲起来只顾自己"成佛"，这教育还不得回退到冰川纪？我一边"嗯，嗯"，一边更加明确而坚定了：做有温度的教育。后来，我不仅常讲话、常露面，还索性把办公室搬到了人来人往的楼道里。啊，我的这位朋友

我经历了四所学校的创校历史

这些年留在手机里的照片

大多是戴着安全帽的"包工头"模样

圈里的朋友都戏称我为"创校专业户"了

应该是听说了的，不知道他是怎样的心情。

"做有温度的教育"，我把这句话印在一面小旗子上，和社会主义核心价值观一起，挂在学校一间会议室的墙上（整个校园的里里外外，就在这一个地方，挂了一点点标语）。

做有温度的教育，就是要去温暖所有的"关系"：人与人的关系、人与学习的关系、知识与能力的关系、学习与考试的关系、规则与成长的关系、现在与未来的关系，等等。"与我有关"，才有温度。

2018 年，我辞去公职，舍下北京四中房山校区，告别北京四中，去了南方，入职珠海华发教育，我的任务是为这个已有 18 年光辉历史的当地口碑最好的教育集团新建一所十二年一贯制的旗舰式的高端国际学校，后来我给它取名叫"容闳公学"（全称为"横琴粤澳深度合作区华发容闳学校"，以下简称"容闳公学"）。吸引我的东西有很多，但最令我动心的，是华发教育总校李东平校长所提倡的"让教育充满生命温度"。他说："世界上没有两片完全相同的叶子，每片叶子在春夏秋冬不同时节有不同的变化，教育也应该根据学生生理特征、个性特征等有不同的生命阶段的演绎。"正是这种生命中心文化的形成，才有了容闳教育许孩子一个美好未来的理念的落地生根。做有温度的教育，这是从北国到岭南的跨越数千里的同声相应、惺惺相惜。正是这相同的一句话，鼓舞我不惮于山海之远，亦不惮于天地之疏。

在容闳公学官方微信公众号开通的第二篇，我写下这么几段话：

北纬 22°，东经 114°：珠海。大地在这个地方为海洋张开了怀抱，珠江与南海彼此吞吐，肌理相连，又互相调皮了一下。岭南，亦是湾区。

容闳，就诞生在这个年平均气温22℃的地方。容闳做教育，便做充满生命温度的教育。

在"教育让温度在场"的文化内核下，学校在课程建构始终做到让生命居中，依据生命原态做"根雕艺术"，让孩子如他原本所是，而非如他人所愿。

容闳是一种教育，面朝大海，春暖花开；容闳是一份责任，让更多的人享有更好的教育。

是的，在校长的心里和眼里，校园里的每一个孩子，都是鲜活的、有温度的、独特的生命个体；他们中的每一位，都应该和校长有关。

遥记得有位领导在参观北京四中房山校区时，吩咐我说："黄校长，这么好的学校，要尽快多招点学生啊！一千个太少，我看哪，三千五千都装得下。"我说："领导，不是校园装不下，而是我心里装不下。超过一千人，我认不全；校长不认识学生，这教育没法真做。"

都市少烟火，小城故事多。至今，我也还只能勉强做个千八百学生的小学校的小校长。即便如此，我还是经常为自己叫不出某些孩子的名字而羞愧。若是习惯了被自己不认识的学生叫"校长好"，那就是"假教育"已经开始的征兆。

搬到楼道去办公

我原本是有独立办公室的，遵照惯例，安排在远离教学区的一个安静的角落里，地下车库的电梯可以直接把我载到办公室的门口，周围有学校办公室、财务室、人事处、总务处，还有接待室、会议室。工作方便，一切如常。

听说某地有位著名的校长，就是有自己专属的电梯的。他每天上下班，都有自己专属的通道。除非你特地寻到校长办公室去敲门，否则，上班的时候没有人可以确定校长是不是来上班了，下班的时候也没有人可以确定校长是不是已经下班走了；就连吃饭，都有专人送到办公桌上。你以为校长在而其实他并不在，你以为校长不在而他冷不丁就出现在你身后；他的管理之道，就在"在与不在之间"。据说，他管理的学校，井井有条。听到这个故事的时候，我是浑身发冷的，我觉得那种"条"，应该是"发条""链条"。

有一天午饭后，我在校园的操场绕着圈散步，忽然发现有两个初中小女生一路尾随。直觉告诉我，她们俩应该是有什么事情想要找我又不敢说。两三圈下来，还是一直跟着我。为了避免她们的尴尬，我就转身往教学楼里走；她们俩也跟了进来。看来，我的猜想得到印证了，我便在一处休息区停下，转身，看着两位小女生，说："走累了吧，来，你们也坐下歇一会儿。"两位更加扭捏了，显得很拘谨。我鼓励着说："你们是有什么话想跟我说吗？同学欺负你们？老师待你们不好？没关系，无论什么事情，都可以告诉我。"

亲爱的读者，你猜，她们俩想跟我说什么，又为什么要跟着我？

"校长，没事儿，我们只是从来没有见过校长，想看看。"边说边掩着嘴羞羞地笑。

"没有见过校长"，我先是觉得好笑，她们上过幼儿园、上过小学，怎么会没见过校长？可是紧接着是一阵寒气从脚底涌上心头："我们都上过多年的学，我们都见过校长吗？"各位读者，你仔细想一想，你上学的时候，见过校长吗？（当然，我们所说的"见过"，肯定不是你的远远地看到过，以及与你的擦肩而过。）我曾经十分认真地在我身边做过调查，结果是，绝大多数的人都未曾真正见过校长。

这件事情深深地刺激了我。倒不是我作为校长需要这种被人见过的虚荣感，而是在我看来，校长，作为学校里最重要的教育资源，学生居然连见都没见过，岂不是很浪费？于是，在两位导师的支持下，我将自己的校长办公室，从屋子里搬了出来，搬到了楼道里；我在一处两条楼道交叉所围合起来的类似港湾一样的地方，凭借三面大书架和一张大桌子，建起了一个开放的校长办公室。我要让我的学生能够天天见到我，时时见到我；我要让学生见到我怎么办公，怎么开会，怎么备课，怎么批阅作业，怎么和同事聊天，怎么找学生谈话，怎么读书，怎么写字，甚至怎么发呆。因为我相信，这是很重要的校园资源，"好东西，一定要开放在学生的身边"。

起初的一两周里，学生们（包括老师们）看着楼道里忽然坐了个校长，就都贴着远端的墙根溜着边儿走；但是他们眼角撇过来的好奇的余光泄露了他们内心的渴望：看看校长在干什么。他们都上了好些年的学了（甚至都做了老师了），这种见着校长就自视为鼠的状况，难道不是教育的悲哀吗？

因为没有墙，没有门，后来不久，这个地方很快就被师生霸占了。他们在我的办公桌上备课写作业，从我的书架上取书"偷"书，占我的地方开会，用我的地方开讲座，借这方宝地搞各种活动。他们喜欢这个地方，不是因为这个地方本身有多好，而仅仅是因为这是校长的地方，在这里，他们可以很容易见到校长。

在一次被采访中，有记者说我是"第一个在楼道里办公的校长"；

我一想，这个"第一"还真是很可能的呢。这个"第一"当然没什么意义，也不可考，重要的是，我走出了办公室，真的"在楼道里"了。

后来，当我的"楼道办公室"被人霸占之后，我就开始打起了老师们的办公室的主意。是啊，一个旨在做好教育的校园，是不是应该将老师们也搬到楼道里去呢？正巧，设计师李虎在设计教学楼的时候，就给我留下了一条被他称为"自由的河流"的可供奔跑亦可供休憩的楼道。这里是师生的人流路线，是师生的人群集合点，也就是所谓的"公共空间"，好比家里的客厅、机场里的候机厅，那些大家都需要来、都愿意来、都愿意待、都愿意坐坐看看聊聊的地方。我就鼓励我的同事，都来这里办公。可惜，还没来得及动手，我就离开了北京四中房山校区。

幸运的是，我的这个想法在珠海容闳公学的校园设计中得以实现。教室围成一圈，中间有个半开放的玻璃屋子，就是老师的办公室。学生们坐在教室里上课，一扭头就能看见老师；一出教室门，一抬头就能遇见老师。我将这种空间叫作"三室一厅"：三个教室，一个共享大厅；老师就在"厅"里。大家都很喜欢这种开放的感觉，我也把由此而形成的教育资源称为"路过"。

这种浪潮当然也波及学生。我记得学校的各层楼道里，有摆了钢琴的开放的音乐区，合唱团的训练课程就在那里；有开放的团委学生会的工作室，他们的工作和例会就在那里；有开放的生物实验区，可以看到各种标本和各种仪器，还有各种无土栽培的蔬菜；有开放的自主学习区，你随时都可以读书或是写作业，若是遇到了什么学习问题，身边就有老师；有创客区，机器人、无人机以及各种工具和材料，你可以尽情地创造。这些原本被关在各种屋子里的好东西，我都给搬到了楼道里。

我要让我的学生能够天天
见到我，时时见到我；我要让
学生见到我怎么办公，怎么开
会，怎么备课，怎么批阅作业，
怎么和同事聊天，怎么找学生
谈话，怎么读书，怎么写字，
甚至怎么发呆。

我以为：教育，就是要绽放在孩子的身边。

我们为什么不愿意（其实我更想说是"不敢"）离"前线"太近？因为那个地方是教育鲜活发生着的地方，我们往往不太确信自己的真诚是否撑得住来自老师和学生的信任。我起初也不太自信，忐忑得很。然而，日子一长，你会发现，老师和学生竟是那么的宽容。以诚待诚的结果，就是彼此都能接受对方的不完美。所谓"以人育人"，其实也只是"共同发展"的途径，管理者（也包括教育者）并不必非要端出一个如神一般的我来。也听说过有校长同人愿意走出办公室，走近老师和学生（乃至家长），走到了大门口，要求自己数十年如一日，那是把自己逼进了神龛，是万万不可的。只有你我他都有血有肉、有情有欲，教育的温度才能升起来，并且还刚刚好，不能冷，也不能烫。

教育的动作，应该是香熏，而不是炙烤。因此，我用的词是"绽放"，像花儿一样开在师生身旁。

无知无畏做校长

第一次真正执掌一所学校，是创建北京四中房山校区；第一次全过程无死角经历一所学校的诞生，是创建容闳公学。摊开每一张白纸，创校校长所画下的每一笔，都将会是这所学校的起点乃至传承，创造乃至传统；落笔往往很容易，但想抹去重来就会非常困难，甚至几无可能。

创校，就是荒地起高楼的过程，就是建筑变校园的过程，就是团伙成团队的过程，就是理念落地、梦想成真的过程。从一张建筑图纸和一片工地开始：校园建筑设计，校园施工跟进，设施设备需求及采购和安装，校园文化设计，教师招聘及师资培训，管理干部团队组建，招生，入学教育，直到9月1日的开学典礼……从无到有，从零到一。

盖了两座"最美校园"

北京四中房山校区和容闳公学，是建筑风格截然不同的两座"最美"校园。前者是前卫的现代工业风格，里里外外一色的清灰的混凝土的原汁原味；后者是传统的岭南民居风格，黛瓦锅耳骑楼园林砖雕灰塑。

北京四中房山校区，除日常教学所需之外，还建有图书馆、礼堂、多功能厅、田径场、游泳馆、攀岩墙、学生宿舍、楼顶农田等，朴素而别致的校园里，厅室廊台与草木庭池和谐邻接，人与自然亲密共处，到处洋溢着人文、诗意、自由的美学气息。整个校园因播种着绿色、田园、开放的生活理想而成为师生眷恋的成长天地和精神家园。北京四中房山校区，先后获得多项国际国内的建筑设计大奖，这也是中小学校园获得建筑业界大奖的少有的案例。学校建成后迅速成为"网红"校园，吸引着无数慕名而来的参观者，有建筑界的设计师，有各地市的政府领导和学校校长。作为校园建设的样板，北京四中房山校区在全国范围内掀起了一场校园建筑设计的革命风潮。

带着北京四中房山校区的建设经验，我开始了容闳公学的校园设计。将屋顶开发成农田菜地，让教师开放在学生身边办公，将餐厅同时用作学生自习室，取消图书馆的防盗门禁，打开一个个功能教室让更多的屋子透明起来，种种之前的成功经验，都以更加深刻的形式移植我的第二所校园设计的图纸上。在此基础上，又做了更多的创造。

比如，"三室一屋一厅"的混龄教学组团式的教室布局：以开放的教师办公室为中心，将三个不同年级的教室组合在一起，围合形成一个公共大厅。让学生离老师更近，让不同年龄的孩子能够在一起，让学生走出教室就能拥有广阔的活动和社交空间。形式始终是服务于内容的，我的用意，就是要借空间重组的力量，打破传统的校园生活和教育教学的模式及习惯，开发更多的教育资源，拓宽师生的生命世界，让学习随时随处都可以发生。

比如，校园建筑推动校园生活的现代化：学生就餐完全自助，学生宿舍楼还空出一整层来用作"公共客厅"：健身、娱乐、交友、沙龙、阅览、自习、购物。我希望学生在每天晚上睡觉之前的有限时间里，自觉自然地做点什么，轻松一下，高雅一点；也为将来下班后睡觉前的夜生活习惯做好学习和彩排。

当然，最最自豪的一笔，依然当数图书馆：一座同时兼做学校大门的图书馆。在几乎所有人都固执地认为图书馆天生应该位于僻静之处的时候，我一个人孤独地执意要将图书馆安放在校园里最热闹、最无序、最芜杂、最危险的地方。事实给了我诸多欣慰，我说动了设计师，说服了每一个领导；建成之后，这座特别的图书馆，赢得了所有人的赞许。这不仅是一座集藏书、阅览、自习、沙龙、演讲、展览于一体的多功能图书馆，它更重要的使命，是它作为"师生出入校园的通道"：营造一种被动阅读的环境，是学校教育的真正意义，是图书馆的核心价值。记得有人指着图书馆里一堵 13 米高的大书架问我："这么高，怎么取书呢？"我说："不必取。人看书，书也看人；两者的意义是相等的。"

因为参与了这两所学校的建筑设计，近年我经常受邀在各种论坛峰会上做演讲，听众一半是搞建筑的，另一半是搞教育的，这搞得我自己很迷惑：我究竟是搞建筑的，还是搞教育的？最后得出一个结论：

不想当建筑师的校长不是一个好老师。讲得多了，有些观点就流传起来："让每一堵墙都不要说话""拆掉办公室""被看见的美才是美""给吃饭一点必要的尊严""路过，才是最真实的教育""教育在交往中生成，在生成中生长""因为遇见优秀的你，所以我遇见了优秀的我自己"……

让北京四中的教育走向更多更远的地方

中国不缺少名校，但可以复制的名校几乎没有；北京四中是一个例外。

北京四中的教育无特权、不折腾、少花样、轻名利，其平民化、朴素性的气度和风格，决定了它的普适性。教师真才实学，教育真抓实干，学生真学实做；真实的教育，在哪里都可以很好，北国或岭南，城市或郊区，公办或民办，这里或那里。入学教育、体育课、选修课、戏剧节、科技节、艺术节、大讲堂、社团活动、学生会、运动会、新年舞会、社会实践、人文游学等，在北京四中房山校区闪闪发亮的东西，都可以让郊外和京外的学生全面、真实、鲜活地享受着同北京四中本部一样的优质的教育。从北京四中到容闳公学，一样的"每天一节体育课"。这一条，就吸引了珠海以及全国各地众多家长的目光。

当然，任何和盘照搬肯定都是不可行的，每一所学校，都有它特定的生长环境和发展条件，学校教育也必须随应这种差异而因地制宜。但是，不同的只是形式，不变的可以是思想、理念、原则、规律。

进行过完整的教育设计

北京四中房山校区是一所公办学校，和四中本部一样，虽地处郊区但毕竟同在北京，其教育大环境以及学段、学制等与本部大抵无异。因此，虽为新建学校，但它的教育设计显得相对简单：基于房山，源于四中，即可。建校之初两三年时间，学校围绕"做有温度的教育"的理念，构建了"完整的发展系统""开放的学习过程""看得见的成长"的办学模式。学校为教师的专业成长创设了"教育全过程""教学全过程"的培训和工作指南，为学生的学习成长创设了"学习全过程""成长全过程"的指南。在管理和指导教师的教学工作的同时，我自己也对"作业""考试"等有了更深入、更专业的研究，并提出了"非现场教与学"的概念。在教育的设计和实操方面，我编制了北京四中房山校区"教育课程纲要（一、二级）"，并以"五大工具"（管理、教育、激发、引领、自觉）帮助教师更有效、更专业地开展教育工作。

容闳公学则是另一番景象，民办属性决定了学校教育与社会市场的紧密关联。就教育角度而言，家长对现行教育有着诸多不满，学校要给出解决方案；就市场角度而言，学校要为能吸引家长放弃免费的公办学校（和低价的其他民办学校）来选择学费不菲的容闳公学而创造一个足够的理由。这是民办学校的校长必须思考并拿出行动的问题。答案很简单："做更好的教育"——家长需要的、适合孩子的、别人做不到的。比如，做更贴近教育本质的教育、做真正为孩子终身发展的教育、做不放弃任何一个孩子的教育、做与世界接轨的教育。在这个过程中，通过与家长的广泛且零距离的接触，我更加丰富和真实地了解到了中产家庭对教育的理解及诉求。

在此过程中，我日益清晰地看到、认识到并坚信：教育即关系。教育，就是要（帮助学生）建立并发展好五大关系："人与自我"的关系、"人与学习"的关系、"人与自然"的关系、"人与社会"的关系、"人与未来"的关系。于此，我在教育顶层设计上为容闳公学梳理并建立了一套可视化、好理解、能落地的完整的教育方案：树立了"为世界进步培养积极力量"的教育理想，并将"积极力量"分解为"懂得尊重""愿意努力""善于发现""乐于服务""拥抱希望"五大关键因素；编制了珠海容闳公学学生核心素养方案，包括十大维度、六十项指标，并初步进行了十二年一贯的分解；建立了基于"国家课程""校本课程""自主课程"三位一体的、旨在帮助学生达成"学业自由""发展自主"的学校课程体系。

如果说教育也是产品，那么，教育顶层设计，就是学校教育的核心产品，是核心竞争力。校长要努力让家长（以及学生）清晰地看见学校的教育设计，家长（以及学生）有权利获得这张蓝图，这是我在经历了民办教育体验之后的感悟。

创建"教师学校"和"家长学校"

学校是学生的，也是教师的，还是家长的。

北京四中房山校区是最早创建"教师学校""家长学校"并为指导和帮助教师、家长达成各自专业成长目标而设置了相应的课程体系的学校。学校关于"教师学校""家长学校"的课程建设及相关工作，成为全国多地学校的学习案例。

用讲座打造学问的殿堂

对一所学校而言，从"校园"到"殿堂"的桥梁，就是"讲座"。有没有讲座可听，有没有开讲的机会，就是"校园"和"殿堂"的区别。好的学校教育，无论是大学，还是中小学，就是要时时处处都可以听讲，人人都可以开讲。"北京四中大讲堂"是北京四中坚持多年的教育品牌，这一传统也在北京四中房山校区、容闳公学得以传承和发扬。在北京四中房山校区，旨在为教师、学生和家长增长见识的由各领域大家主讲的"北京四中大讲堂"必定是周周有，旨在为教师、学生和家长提供听身边人讲和给身边人讲的机会的"北京四中小讲堂"不仅天天都有，而且每天多达三五场。

坚持北京四中不加课、不补课的依法合规的办学传统

近些年愈演愈烈的剧场效应，使得"依法依规办学"不仅成为奢侈品，还成为"一只特立独行的猪"。

北京四中房山校区追求绿色课堂、绿色教学的原则方向，以更专业的方式，赢得更高效的教学质量。这些入学水平相对普通的初中学生和高中学生，在后来的中考或高考中，也都获得了各自理想的成绩。实践证明，教与学，都是一门专业，其效果与时间有关，但并非无止境地呈正相关；学校教育，不应该（也可以不）以损害学生的健康成长为代价。

我始终以为：坚守法定的教与学的时限，是校长的职业操守和良心底线。

做了一些无知无畏的事情

开展游学活动。在前怕狼后怕虎的时代，把学生带出校园，走出城市，走向世界，这是需要勇气和胆魄的。北京四中房山校区创校开学的第一个秋天，我们就带领全校初一年级和高一年级的学生，开启了北京四中人文游学课程：初一学生前往安徽开展"印象皖南"游学，

高一学生前往河南开展"归雁中原"游学。短短三四年，全校学生就行走了北京、河南、安徽、浙江、江苏、福建、台湾、陕西、山西、云南，部分同学还走到了欧洲、北美。有朋友关心地问我："带孩子出门，你不怕吗？"我说："把孩子关在校园里，我也是怕的。"

拆掉图书馆的门禁。财务问："丢了书怎么办？"我说："从我工资里扣！"倘若一所学校的图书馆经常丢书，丢到校长工资不够赔付，那么，这一定是一所名校，一所前无古人、后无来者的名校。事实表明，北京四中房山校区图书馆的图书，都没怎么丢，这恰恰是我不怎么满意的事情。

每学期考试不得超过三次。开学（第一天）考试、期中考试、期末考试。严格限制考试次数，是对学生身心健康的保护，也是对教与学的科学规律的坚守。

设立"校长荣誉毕业证"。在几乎没有人拿不到毕业证的大环境下，北京四中坚持颁发有校长签名的"北京四中毕业证"，北京四中房山校区也不例外：自设条件，自定标准；学生须完成学校教育教学全部必修和选修课程并经考评合格获得相应学分，方可毕业。比如不会"游泳"是不能毕业的，没有完成"志愿服务时数"是不能毕业的，尚有未取消的"纪律处分"是不能毕业的，等等；这些学生的"校长荣誉毕业证"会一直存在学校，什么时候达到标准了，什么时候就可以来学校领取。

每天一节体育课。"课比天大，体育课比课大。"这是北京四中的光荣传统，也是我在创建每一所学校时必须坚守的传统；这事，没商量。

每周一节阅读课。我们深知，阅读的习惯和能力的培养，绝非一两节课可以完成，但是，将阅读作为一门课程列入课表，至少是对阅读意识的强化。

将戏剧作为一门独立课程列为全员必修课。在课时极其紧张的现实情况下，这着实是一种奢侈。然而，好的教育，就是要讲究这样的奢侈；因为戏剧（以及与戏剧一样和人的生命成长有着密切关联的东西）对人的生命成长是那么重要。北京四中房山校区要求全体学生参与戏剧活动，学习和体验戏剧欣赏、戏剧表演与戏剧创作；容闳公学更是在十二年全学段开设每周两节的戏剧必修课。戏剧课程以国际主流戏剧形式"话剧"为主要内容，兼有课本剧、儿童剧、小品、音乐剧、戏曲等，根据学生不同学段和年龄特点，在统一的课程体系下，设置不同的课程内容，包括节奏、形体、语言、感受、想象、观察、舞美、表演、思考、创作等，通过舞台表演、剧本创作、戏剧鉴赏等戏剧活动的学习和体验，帮助学生拓宽认识世界和体验生活的渠道，全面提升包括语言表现、行为表现、情感表现、艺术表现等能力在内的综合素养，培养规则意识、沟通能力、自信品质、合作精神等。

举办新年舞会。我还清楚地记得第一次宣告学校要举办一场舞会时，干部、教师、家长、学生，所有已习惯成"套中人"的人无一不露出惊讶的表情：可以让中学生男女牵手搂腰？其实，中国人在异性交际上是受传统文化观念的束缚的，而一场国标舞会，是交际教育、美趣教育的一种极好的形式。

开垦屋顶农田。城市学生"五谷不分"的实际情形，已经远远跌破了我们的想象；基于农业劳动的生活教育，确乎刻不容缓。学校用地紧张绝不是借口，坐落在寸土寸金地段的北京四中房山校区和容闳公学，创造性地在屋顶开垦出农田、菜园。师生劳作，让校园四季蔬菜青青、瓜果飘香。

集中晚自习。 利用餐厅大空间，将原本零散分布在每个教室里的学生，集中起来上晚自习。这不仅是对空间、能源、人力的集约利用，而且是一种更自主、更自觉、更自律的学习氛围的优化。越是在大庭广众下，人就越是自律自觉。你想啊，这是一个陌生的人际环境，你是不好意思破坏纪律的；即使你斗胆吵闹了一声，我相信那来自周围的几百双眼睛，那种鄙视的眼神就能"杀死"你。这和学生依然在自己的班级教室和自己熟悉的本班同学在一起自习，是完全不一样的。我曾经特别喜欢在晚自习的时候，找个地方，远远地望着这个大大的自习室，你越看，它越像一个大学的图书馆阅览室，并且是那种世界顶尖大学才有的阅览室的样子。

让选修课真正"选"起来。 在很多学校以"网上抢课"的方式而自我标榜"智慧校园""热课秒光"的时候，我始终坚持最原始、最朴素的选课方式：摆摊，见面，双选；像逛集市、庙会一样，学生选课程也选老师，老师也可以选学生；事前充分了解，选时充分沟通，你情我愿，双双满意。教育有时就是这样，越简单，越本真。

让不会的孩子上。 人们都习惯于"择优而用"，谁有特长谁上；因为这样才"好看"。然而，教育怎能是为了"好看"？相反，我以为教育的意义恰恰在于帮助不会的人努力地获得一点一点的进步。怯场的学生应该多去做主持人，瘦弱的学生应该多多运动，奖状要多多发给那些默默地走在队伍后边却依然努力前行的学生。我从不以"顺利""圆满""精彩"作为一场教育活动的评判标准，我看重的是"所有人的成长"，特别是"急需成长的人恰好获得了成长"。

第二章
教育即关系

当教育从以"政治""人格""宗教"等为宗旨的精英教育走向大众教育之后，宫廷脂粉气逐渐被市井烟火气所取代，20世纪的教育思想的主流命题聚焦到"生活"。以美国教育家杜威主张的"教育即生活"和中国教育家陶行知所倡导的"生活即教育"为代表的思想主张与教育实践，不仅赋予教育以生活之目的，而且还将生活视为教育的主要内容和生动形式。这是工业社会时代对教育功能、形态定位的必然要求。在这个世纪里，教育以其工业化的进程为工业时代的发展进步创造了巨大的能量，发挥了巨大的作用。

在社会已然将工业时代远远地甩在身后而向着现代化乃至后现代时代迅猛前行的今天，教育却将工业属性牢牢地束缚在自己身上，硬生生地将自己变成了工业——看看今天的学校，和一百年前的工厂，何其相似。几乎所有学校都在拼"原材料"（抢生源），拼"时间（加课补课）"，拼"产品质量（追分求率）"；讲"规模"（做大做强），讲"标准"（统一模式），讲"垄断"（集团化）。然而，更具讽刺意味的是，我们拼出来的"产品"，在市场上并不畅销。因为，"生活"的概念正在快速更新。

于是，从政府到民众，从教师到学生，从学校到家庭，从雇主到员工，凡是和"教育"有关联的各层各类主体，都是"失败者""无力者"。近二十年来，以升学考试为抓手的改革层出不穷，也只是游戏规则不断变换的花样翻新，并未触及问题本质；反倒是给在工业时代形成了稳定思维的家长（"70后"为主）以无限的焦虑。

知识与技能要并重，考试与升学不可回避，乃至德、智、体、美、劳五育必须并举，在讲究三维目标的基础上还要关注核心素养……这些都没有错误，问题在于它们都只是教育的内容、方式、评价、路径、体制，而都不是教育的核心问题。我们只关注了"怎么做教育"的办法，而没有关注对"为什么做教育"的思考——尤其是在以上概念都在不断更新的今天。

2017年5月，我在罗马尼亚马克·吐温国际学校交流考察的时候，应校方邀请做了一场关于教育的演讲。我记得我演讲的题目就是"教育即关系"。教育即关系，是我多年来一直在思考的教育定义，没想到第一次面向公众做表达，竟然是在国外。当时的表达自然是十分模糊的，只是一个笼统的想法；到今天也依然很粗浅，也依然只是一些笼统的想法。

一直搞不懂什么叫"文献综述"的我，一直就以为我是第一个也是唯一一个提出并倡导"教育即关系"的人。实际上，将"关系"视为重要的教育元素的教育同行，大有人在；只不过我们所理解的"关系"并不相同。我和同行们一样，也特别重视良好的"师生关系""家校关系"等对于教育的促进作用。《礼记》所说"安其学而亲其师，乐其友而信其道"，苏霍姆林斯基所说"没有家庭教育的学校教育和没有学校教育的家庭教育，都不可能完成培养人这一极其细微而复杂的任务"，就是这个道理。但我在"教育即关系"这一观点中对于"关系"的定义，并非基于教育过程的具体实践来论，而是指向"教育目的"的高度和维度。从这个意义上来探讨和研究，我也希望并相信会拥有更多的同行者。

教育即关系，这里的"关系"包括：人与自我的关系、人与学习的关系、人与自然的关系、人与社会的关系、人与未来的关系。

人与自我的关系

教育中的个体悲剧，自卑与自负、颓废与偏激、抑郁与狂躁、分裂与混沌、自虐与自恋，乃至诸种极端行为，都是在处理自己与自己的关系上出了问题。

自己，是对立概念的统一体。已然的自己和未然的自己，或者说，现实的自己和理想的自己，是这对对立概念的基本形态。认识到的自己和未认识到的自己，或者说，自知的自己和不自知的自己，是这对对立概念的深层形态。

身心健康养成

从生理上，人有"我与本我"的关系。教育要教会人们正确处理这种关系，学会和"这样的我"相处并相长：高矮胖瘦、强弱健衰、美丑优劣、长短多少……生命偶成，未必公平。教育的意义之一就在于，帮助人们在身体和心理两方面学会自我接纳，学会自我改善。

这就必然要求"体育"理所应当地成为教育之首、之本、之主、之常、之最。

体育，首先是帮助人们接纳自我，尤其是接纳一个"弱我"。因此，作为教育的体育，不是竞赛（和别人比优劣），也不是达标（达别人之标准）。事实上，我们做的恰恰相反。我们的体育在不断地制造自卑，大量地生产观众；相当数量且越来越多的孩子与日俱增地否定（鄙夷、憎恨）自己的身体。

体育，然后是帮助人们改善自我、超越自我的活动。因此，作为体育的教育，是一场和自己的竞赛，是达自己的标。"更高、更快、更强——更团结"，奥林匹克运动会的精神是"更"不是"最"，是"超越便好"不是"非极致不可"。因此，从这个意义上来说，人人都是奥运的参与者，人人都可以是奥运的胜利者，这才是奥林匹克的核心价值。

接纳的最高境界是喜欢。体育要培养人对自己身体的喜欢，即爱自己。所以，体育要帮助孩子发现最适合自己身体的运动及休闲方式，发现最适合自己身体的锻炼及养生方式，从而改善自己。而改善的最有效方式则是坚持。体育要培养人对改善自己身体的欲望和信心，要帮助孩子找到改善自己身体的方式和方法，并帮助孩子获得持之以恒的信念，实现所谓"几项爱好，一生习惯"。

体育之于教育，再多亦不为过。和"体育"同样重要的还有"心育"。

从心理上讲，人也有"我与本我"的关系。教育要教会人们正确处理这种关系，学会和"这样的我"相处并相长：外向与内向、温和与偏激、开放与保守……生命偶成，亦难公平。与体育一样，心育的意义也在于帮助人们学会接纳、学会改善。

性格无好坏，心理无优劣，只是特点有别。心理教育不是"矫"，而是"导"。任何心理特征，都有合乎其需要的行为，从而产生合情合理的生活方式。

人生，就是从这里走向那里的历程。不戚戚于昨，不惶惶于今，不汲汲于明，才是从容的姿态。因此，"站在哪里"就显得很重要。教育，就是要帮助个体看到理想和现实之间的距离，帮助个体在理想和现实之间找到稳健的立足点。

狭义的体育，不难；比育体更重要的是"以体育心"。专门和专业的心理教育必不可少，但"心育"的主要途径还是在"体育"；因为身体是心灵的载体。不能说健康的身体就不会产生心理问题，但是，不健康的身体，必定会增加产生心理问题的可能性。因此，学校教育在课程设置中当然要考虑到心理课程的必要性和重要地位，但积极有效的体育课程的高品质实施，仍然是学生心理素质建设的重要课堂。

生存能力发展

教育，必须解决生存问题，这是天经地义的事情。

陶行知提出"育才之二十三常能"，就是基于生活需要所进行的教育课程设计：当书记、说国语、参加开会、应对进退、做小先生、管账目、管图书、查字典、烧饭菜、洗补衣服、种园、布置、修理、游泳、急救、唱歌、开汽车、速记、打字、接电、担任翻译、临时讲演、领导工作。在当时的中国，这"二十三常能"，就是人所立于社会谋求生存的常道，之于今天，依然如此：语言表达与沟通、人际交往礼仪礼节、生活劳动事务自理、现代技术应用、运动与保健以及领导力等。在快速变革的社会中，超越具体技能之上的通识性的"学习力"，永远是人最重要的生存能力。

基础教育的两大出口，分别是就业与升学。我本人没有从事过职业教育，没有这方面的经验，所以在这里不做探讨，只谈"升学"。

升学，也是一个生存问题，应对升学的能力，也是生存能力之一，在物质生活相对丰富的今天，升学甚至是青少年生存需要中非常重要的能力：从义务教育升向高级中学教育，从高中升向高等学校教育，即我们常说的应对中考和高考。在谈及这一点时，我们不能聒噪，也不必羞赧；在升学与否或升学差异依旧在很大程度上决定着人的生存质量的今天，我们应该大大方方地面对它。

当然，生存能力，尽管需要表现并落实为具体的技能，更应该指向抽象的意识、态度和精神：自立，自强，自主。培养自食其力、自力更生、自强不息的品格，是学校教育不可推卸的职责。

认识发展自我

人类为了生存的需要，本能地向外求索，不断探知赖以生存的环境，认识它，征服它，并改造它；并且，人类在探求过程中所形成的对外部世界的认知能力日益强大，反过来又刺激着人类向更远的外部探求的欲望。然而，人类对自身的认知，却往往表现为偶尔的和肤浅的。

早在古希腊圣城德尔斐神庙的石柱上就镌刻着一句著名的箴言："认识你自己！"从那个时候起，人们已经自觉地意识到："认识自我"，是一件困难的事情，但又是一件必要的事情。"我是谁""我从哪里来""我要到哪里去"，哲学中的经典三问，实际上指向的是"生命的本质意义和终极价值"。

教育，必须回答这个问题，至少，要思考这个问题。

将"认识自我"定义为"兴趣取向"和"职业取向"乃至"专业取向"，尽管是肤浅的、功利的，但也确乎是"自我认知"中的一项重要内容，是对人的"生命状态"的精准设计。这作为生命的载体，是完全必要的。

教育对于"认识自我"的真正理解与真正实践，是追寻"生存状态"之后的"生命价值"。指向生命本质的"生命价值感"，可以在任何形式的"生命状态"的载体上获得实现。从这个意义上来说，我们所要做的那些"取向性"的认知，就会显得既清晰又次要。

学校教育中的一切学科教学和一切教育活动，都要帮助学生"认识自我"。众所周知，自然学科和人文学科在认识生命的物质意义和精神意义上分别发挥着重要的作用；然而，"认识自我"，并不能依靠"接收知识"而学到，更需要通过"实践体验"来习得。因此，学校教育要为学生探寻"生命意义"创设足够丰富的实践平台和体验机会。

认识自我，就是在"自我"与"外部"的纷繁复杂的关系中，经历遇到矛盾、发生碰撞、产生冲突、寻求和解的过程，从而反复不断地描绘和修正"自我画像"。"自我认识"的过程，也往往伴随着"自我发展"，二者是互为因果、相辅相成的。

假使我们认定并相信，一个生命在其早期一般具有生命发展的丰富的可能性，那么，学校教育，就要为这种丰富的可能性提供即时的、充足的"自我认识与发展"的条件。

这里所说的"即时"，就是我们常说的"窗口期"。认识自我和发展自我，是有"窗口期"的。错过了"窗口期"，人们对自我的认识就会变得更困难、更模糊，再求发展，就几无可能或代价更高。语言、运动、艺术、想象、逻辑、表现，以及情感、交往、趣味等，尽管因人而异，但也具有基本的发展规律，不宜过于提前，更不可严重滞后。例如我一直坚持开设"戏剧"课程，要求全员必修，因为我知道，一个人倘若在其成年之前从未经历舞台表演，可能会使其"公众表现欲和公众表现力"的窗户永远关闭。人生"自我认识和发展自我"的窗口期，绝大多数都处在中小学阶段，正如我常说的："一个人的人生格局，往往超不过他年少时的见识。"我们成年后的生命缺陷，往往都能在其童年找到相对应的生命阴影——一扇被关闭的窗子背后的阴影。中国古话里说"三岁看大，七岁看老"，大概也就是这个意思。

基础教育，打个形象的比方，就是"开窗"，为"认识自我"和"发展自我"打开各种各样的窗子。打开窗子，当人们看到外部世界的同时，阳光也透过窗子投射向自身，照亮内心，从而获得"自我认识"和"自我发展"。这才是教育的意义。

人与学习的关系

教育的集体悲剧，就在于过度强调知识与技能之于人的现实意义，使得"致用"成为"学习"的终极目的。这就导致几个弊端：其一，学习的内容被分为"有用的"和"无用的"；其二，"就业"成为学习的终点。

学习目的的功利主义，使对"学习意义"的追问，成为人们（尤其是中小学生）的亘古难题。孩子只关心现在，而大人（教师和父母）则关注将来；于是，当教师或父母不断地以"今日不学，明日奈何"的实用主义论调来刺激孩子的学习动力时，孩子自然而然地形成了"为老师或父母"和"为工作和收入"的学习动机。

这种"为未来而学"的教育导向，在很长时期以来曾经一度是极其有效的教育激励，因为那个时候，"未来"清晰可见，"孩子的未来"都曾由教育者所经历。而在"未来"日益"未知"的今天和将来，"为未来而学"已不足以让站在今天的孩子找到学习的意义。于是，教育者所能为学生描述清楚的未来，唯有"升学"：高中要升大学，初中要升高中，小学要升中学，幼儿园要升小学。

当"升学"成为学习的意义，学习就演变成了"竞争"，从而，"我"与"学习"的关系，就变成了"我"与"别人"的关系：学习只是手段，赢得才是目的。这样一来，"学什么"并不重要（别人学了的我都必须学），"怎么学"也可以不择手段（一切为了学赢），"学到什么程度"就更是永无止境了（是为"卷"）。

这是急需改变的现实。

我常说："学习是为了学习。"学习的目的，恰恰就是学习本身，即获得学习力。其他的一切，都是基于学习这一价值目标之下的获得学习力的内容和形式：无论是知识与技能、过程与方法、情感态度与价值观这样的三维目标，还是文化基础、自主发展、社会参与这样的所谓核心素养。

学习的结果（成绩）固然重要，但作为行为和过程的"学习"本身，才是学习的本质意义。"我"与"学习"的关系，就是"我"必须通过"学习"获取"学习力"，以供终身学习之需。这里所说的"学习力"，表现为四个方面：

积极勤奋的学习态度

积极是一种态度，勤奋也是一种态度，两者都是人的一生所需要的态度。假使"态度决定一切"，那么我以为"积极"与"勤奋"二者最要紧。

积极和勤奋的态度，其实在某种意义上可以说是与生俱来的。你看那刚出生的婴儿，手舞足蹈的，活泼泼的，眼也不停，嘴也不停，手脚也不停，他对周遭是那么热爱，他迫不及待地要了解整个世界；即便是因为饿而要吃，也是哭得响亮、真诚，不达目的决不罢休。孩童对未知世界葆有本能的好奇心并会本能地发出探究行动，这是一种天然的学习态度，理应受到教育的保护。

保护态度的最佳做法，就是让态度产生应有的价值：积极和勤奋态度，需要获得积极勤奋的成就感。事实上，学校教育的很多做法是自相矛盾的：教育者大肆宣扬积极和勤奋的重要意义，同时又通过（不尽科学的）考试、评价、竞争、舆论等来否定积极和勤奋的意义。此外，教育者还通过（不尽科学的）训练以重复、机械、无休止来歪曲积极与勤奋的内涵，甚至赋予积极与勤奋以极其露骨的功利主义（"今日披星戴月，明日朝九晚五"的"熬过去就好了"的思想，就是典型代表），使学生对积极与勤奋形成错误的、扭曲的价值观。

自主高效的学习能力

我们常说："教，是为了不教。"这句话的意思就是说，教育的终极意义在于培养学生的自主学习能力。学校教育，就是要努力培养能够离开学校、离开教师的终身学习的自觉者和自立者。

视学习为有益、有趣的人，就可能成为学习的自觉者。自觉者，不仅能为某种目的而学习，还能出于兴趣、超越功利地学习。学习，是一件艰苦的工作，感受不到学习乐趣的人，是很难坚持不懈的。

学习，还是一种能力。具备了足够的学习力的人，才能成为学习的自立者。自觉者解决的是"为什么学"的先行和基础问题，自立者要面对的，就是学习的具体问题：学什么？向谁学？怎么学？资源在哪里？方法是什么？步骤呢？程序呢？可持续的动力呢？乃至于教师的选择、同伴的选择，都是学习能力的很重要的体现。

自主、高效，就是学习自觉者和自立者的显著标识。学校教育，要通过各种门类的课程教学，培养学生的自主性和高效能，这也是教师的重要使命。俗话说"师父领进门，修行在个人"，这当然是强调学生自身的主体地位，然而，"修行"的品质，是由教师决定的，即要求教师将学生领进"自主学习""高效学习"之门。教师不能成为盲人的拐杖，而要成为点亮盲人的心灯。

科学严谨的学习精神

正如农夫的精神是勤劳，军人的精神是勇敢，法官的精神是公正，学习者的精神就应该是科学、严谨。

科学的反义词是愚昧。人类正是通过学习，才一步一步地走出蛮荒，摆脱愚昧。然而，并非所有的学习都是背对愚昧、面朝科学的，很多学习者（甚至是非常高端的学习者）却恰恰相反。这与每个人接受着和接受了怎样的教育密切相关。科学知识，不等于科学精神。科学精神，有各门类科学的具体所指（认知方式、行为规范和价值取向等），更有所有科学一致的内涵，比如实践精神、批判精神、开放自由、永无止境等；也有学者将科学精神归纳为批判和怀疑、实践和求真、创造和探索、平等与协作、奉献和人文。

北京四中将"严谨"作为校训（勤奋、严谨、民主、开拓）之一，这在基础教育学校中并不多见。严谨，是一种精神，也更具体化为一种"作风"。在教与学的过程中，小如写字、说话、计算，大到实验、研究、报告，教师要重视和善于培养学生的"严谨"作风：严肃谨慎，即认真细致、务本求实。

终身持续的学习意识

学习，好比呼吸，是终身之需。一如荀子所言：学不可以已。

教育忌讳以学习的结果作为诱惑学习的动机，学习的功利心就是在这种诱惑下逐渐生成的。事实上，我们经常这么做。初中教师说："努力吧，考上高中就好啦！"高中教师说："努力吧，考上大学就好啦！""不堪埋头刷题夜，想想金榜题名时！""再学最后一百天，幸福人生一辈子！"因此，"毕业班"就成了一个极其特别的称谓，它意味着痛苦，意味着乏味，意味着艰辛，成了"黎明前的黑暗"；并且，熬过这种痛苦的支撑力量，就只剩"熬过去，就好了"。

就这样，学习的意义竟然在于"可以不学习"，于是，"学习"就成了包袱，人人都想放下，越早放下越好；人人都不想背起，能不背就不背。如此一来，在"我"和"学习"的关系中，看似"学习"成了"我"的"工具"，实则是"我"成了"学习"的"奴隶"："我"受着"学习"的压迫。

你应该见过这种场景：每到高考结束，千千万万的考生从最后一场考试的考场走出来，齐刷刷地开始"撕书"：整个教学楼，三层的、四层的、五层的；"一"字形的、"工"字形的、"回"字形的，高一、高二的学弟学妹们挨挨挤挤地聚在一层的空地上，仰着头，伸长了脖子，挥舞着双手，去接住学长学姐们撕碎了抛撒下来的各种书、各种本、各种卷；接住了，接着撕，直到粉碎，再抛向空中，再飘落，纷纷扬扬，像暴风雪；而夹杂着的狂喜、狂欢、狂嚣，帮助这一场大雪下得有声有色。

我曾以为这是青春年少的狂欢而已，并不值得腹诽或厚非；后来我才知道，那么"整齐"，那么"有序"，时间、地点、环节、流程、高潮、节奏……原来都是"官方组织"，是教育者将教育的意义做成了"学习有罪"。

今天，各大学校园里充斥着"厌学""躺平"，罪魁不仅在大学，也在高中，也在初中，甚至也在小学，也在幼儿园。有幅漫画很有意思，尽管夸张了些，但很是形象：一个刚出生的婴儿，在他的床头上贴着"距离高考还有 6569 天"。

让学习本身成为学习的意义，是学校教育的最高任务。学习是终身大事：持续一生的大事。任何时候，人都不应该被燃尽其所有的学习热情；学习欲，是一个火种，不温不火，始终亮着就好，也没必要在某一个阶段把它狂扇成熊熊烈火。

我常对学生说："今天得一百分，总不如明天得一百分更好。"保护学习欲望，培养学习习惯，提升学习能力；让学习如影随形，才是"我"和"学习"的正确关系。

人与自然的关系

人和动物（还有植物等一切生物）一样，都是自然界的一部分。一切生物，都包含在自然之中；生物之所需之所有，都源于自然。因此，生物与自然的关系便很简单，即赖于自然而生。人，亦如此；只不过"人"因具有主观能动性，而与自然之间的关系又多了一层（方向相反的一层）：认识自然，征服自然，改造自然！因此，"人与自然"的关系就非常复杂，认识、征服、改造，是一把把双刃剑。学校教育里的数学、物理、化学、生物、地理等学科教学，就是这一把把双刃剑的铸造车间。

中国传统文化讲求"天人合一"，也就是人与自然的和谐之道。《易经》有"三才之道"的说法："立天之道曰阴与阳，立地之道曰柔与刚，立人之道曰仁与义。"天之道在于"始万物",地之道在于"生万物",人之道在于"成万物"。天、地、人并立，且人处于中心地位。人在认识、征服和改造自然的进程中，懂得建立并维护人与自然的和谐关系，是学校教育的重要任务之一。

认识、理解自然

自然科学，以观察和实验的经验证据为基础，对自然现象进行描述、理解和预测。学校教育通过物理、化学、生物、地理等自然学科的教学，教给学生关于自然的种种知识，帮助学生认识自然、理解自然。比如，研究自然界最一般的运动规律、相互作用，以及物质的基本存在状态与结构层次的物理学；从原子、分子层面研究物质的组成、结构、性质以及变化规律的化学；研究生命现象、生命活动的本质、特征和发生、发展规律的生物学；以地球系统的过程与变化及其相互作用为研究对象的地球科学；研究宇宙空间天体、宇宙的结构和发展的天文学；等等。所有研究世界客观规律的学科，都是这个任务的承担者。其学习的方法和工具主要有：科学实验法、数学方法、系统科学方法。

从风雨雷电水火山泽开始，人类认识自然的脚步一直在走向更远且更深（远至天之外，深到地之核）、更宏大又更细微（大到日月星辰，小到原子细胞）的世界。

可持续发展的意识

可持续发展要求人们有高度的知识水平，明白人的活动对自然和社会的长远影响与后果，要求人们有高度的道德水平，认识自己对子孙后代的崇高责任，自觉地为人类社会的长远利益而牺牲一些眼前利益和局部利益。这就需要在可持续发展的能力建设中大力发展符合可持续发展精神的教育事业。可持续发展的教育体系应该不仅能使人们获得可持续发展的科学知识，也能使人们具备可持续发展的道德水平。这种教育既包括学校教育这种主要形式，也包括广泛的潜移默化的社会教育。

从自然中汲取智慧

《道德经》倡导"自然而然"："人法地，地法天，天法道，道法自然。"意思就是说，人应该也可以从自然中汲取智慧。认识自然，是人能够与自然发生关系的前提；征服自然，是人得以在自然中生存的基础；改造自然，则是人可以在自然中获得发展的条件。在人主动作用于自然的同时，自然也反作用于人，即促进人（因适应自然的需要）的进化。而对这种反作用的认识和利用，就是人向自然的学习。正如翱翔的鸟儿启迪了人类飞翔的梦，太多的科学进步，都是从大自然中获得了参照与借鉴，比如鱼鳔、蛙眼，在这方面，我们还可以举出很多例子。又如"上善若水"，太多的哲学思想，也都是大自然的教化与恩赐：海纳百川有容乃大、逝者如斯不舍昼夜……更不用说几乎全部源于自然的中华医学、传统武术、民族艺术。

数以亿万年计的古老的大自然，孕育了并蕴藏着丰富的客观且普适的运行规律。教育，要教会学生善于从大自然中汲取智慧。

人与社会的关系

教育的重要功能之一，就是完成人的社会化。

从胎儿到家庭小宝宝到幼儿园小朋友，从小学生到中学生到大学生，一个孩子要渐次走出"家族遗传""母亲怀抱""老师呵护""父母关爱""家庭庇佑"。长大的过程，就是从一个地方走向另一个地方的过程。

儿童天真自由，少年阳光自信，青年大气自强。儿童由己由性，一切以自我为中心；少年则信马由"缰"，开始在意周边的规矩；青年则强"己"所难，开始与自我局限进行斗争。在与他人和集体相处的过程中，少年需要"存在感"，而青年需要"成就感"。因此，少年往往与规矩冲突，青年则多与自我较劲。

我们的每一步成长，都会更多地知道自己"还可以做什么"。这固然重要；但是，更重要的是：我们从昨天迈出来，踏进今天的门槛时，我们也要更多地知道自己"再不可以做什么"。知道"可以做什么"，叫"长大"；知道"不可以做什么"，叫"成长"。这就是一个人得以完成"社会化"的进程。

自然人，在乎的是"个体与生存"，表现为"随意"和"索取"；社会人，关乎的是"集体与生活"，表现为"规划"和"舍予"。

人的社会化，就是要学会"有所敬""有所畏""有所不为"。"有所敬"：尊重父母师长，尊重同学他人；尊重自身尊严，尊重自身形象；尊重科学知识，尊重学习规律。"有所畏"：对法规纪律心存恐惧，对蹉跎岁月心存恐惧。"有所不为"：不为非作歹，做正确的事；不为所欲为，做必要的事。

公民意识与素养

公民享有"平等权"，在法律面前一律平等；享有"政治权利和自由"，即有选举权和被选举权（成年公民），有言论、出版、集会、结社、游行、示威的自由；享有"宗教信仰自由"，有信教或者不信教的自由；享有"人身自由权"，身体及尊严等不受非法侵犯；享有"文化教育权"，接受教育不仅是权利也是义务；等等。公民同时必须履行义务，如遵守宪法和法律，维护国家统一和全国各民族团结，维护祖国的安全、荣誉和利益，保卫祖国、依法服兵役和参加民兵组织，依法纳税，等等。

学校教育要通过政治及相关学科课程、各种主题教育，以及校园民主生活等，培养学生的公民意识与素养。

公民意识，是一个人对于自己在国家中的地位（政治、法律、经济、文化、教育等）的自觉意识。公民意识，是一种现代社会意识、法治意识，也是一种现代民众意识，是一个人对"公民身份"的心理认同与理性自觉。自觉且理性的公民意识，是推进社会现代化的重要力量。

公民素养，是指公民在（政治、法律、经济、文化、教育等）生活中必须具备的和知识、文化、法律、道德、伦理等相关的素质与能力。

法治意识与素养

法治意识，是人们基于对法律的信仰、信任而产生的发自内心地对法律的认可、崇尚、遵守和服从的自觉意识。习近平总书记指出："只有内心尊崇法治，才能行为遵守法律。"法治，是现代社会的重要特征之一。

有了法治意识，还需具备一定的法治素养。法治素养，是人们通过学习法律知识，树立法治观念，运用法治思维，依法维护自身权益并依法履行自身义务的能力、修养和素质。

学校教育，一般都会通过相关学科课程（主要是社会、政治等学科），向学生传授常见且必要的法律知识。更主要且更重要的渠道，是学校教育通常都需要制定一系列的规章制度，要求学生遵守和执行，以此通过实践体验，培养学生的规则意识和规则素养，比如守时、守信、履职等。有些学校还非常重视学生代表大会、学生自治委员会等学生自治组织的建设，举办模拟法庭活动，引导和帮助学生参与到集体治理的工作中并获得相关体验，这都是很好的法治教育活动，为学生完全走向社会，奠定法治意识和法治素养的基础。

道德意识与素养

康德说："在这个世界上，有两样东西值得我们仰望终生：一是我们头顶上璀璨的星空，二是人们心中高尚的道德律。"中国传统文化中更是非常强调"道德"的个体意义和社会意义。儒家所谓"君子"，就是具备了良好的道德意识和道德素养的人。

道德意识，包括个体道德意识和群体道德意识，即在道德层面上的个人修养（善己）与集体修养（利他），是人们在长期的道德实践中形成的道德观念、道德情感、道德意志、道德信念和道德理论体系的总称。道德素养，则是人们善己和利他的能力和素质。

"人之初，性本善"，尽管自古以来就有"性善论"，我们也宁可相信"人生而本善"，但是，基于社会生活实践而存在和发展的"道德"，绝不是无本之源，也不是空中楼阁。"道德"的形成和发展，要靠教育（家庭教育、学校教育、社会教育）和自省。《论语》有言："吾日三省吾身。"荀子也说："君子博学而日参省乎己，则知明而行无过矣。"

王阳明说："知是行的主意，行是知的功夫；知是行之始，行是知之成。"都强调后天修行和自觉修炼之必要。

在家庭教育和社会教化相对弱化的今天，学校教育是道德教育最主要的阵地，"立德树人"是学校教育的第一要务和核心价值。

文化意识与素养

文化，包括意识形态部分（如世界观、人生观、价值观等）和非意识形态部分（如自然科学和技术、语言和文字等）。我们通常所说的"文化人"，往往是指具备正确的"三观"和较为丰富的知识的人。

学校教育，就是要培养"文化人"，使学生具备文化意识和文化素养。

需要注意的是，不是在学科考试中获得了高分的学生，就一定会是"文化人"。文化意识，是对文化的自觉认识，它要求人们对文化存敬畏、怀尊重、行实践。因此，对于"文化"的教与学，需要关注蕴含在各学科核心素养中的关于知识的底层逻辑和学科的原始精神。

人与未来的关系

教育，既须着眼于现在，更要放眼至未来。在物质相对丰富的今天，帮助人寻找到"之于未来"的意义，是教育的重要使命，这个使命的重要性与日俱增。

"未来"，是教育现代化的时髦词语。"未来"，因其不确定性，而引发了现代教育的被动反思。曾几何时，教育可以帮助人们看见未来（升学与专业、就业与职业，乃至具体的生活状态），然而，相比于今天和将来，"未来"变得越来越"模糊"。今天的学习，并不能为着一个清晰的未来，于是，成长的方向在哪里？学习的动力从哪儿来？甚至连努力的意义都无处寻找。帮助学生获得答案，恰恰是学校教育的价值。

因此，学校教育，要引导和帮助学生在未来的"不确定"中，找到"确定"的因素，即"核心素养"。"知识"的生命会越来越短暂，"技能"的垄断权正在被智能机器击破，教育的价值正在从传承经验走向创新开发，但总有一些"核心素养"关乎人的本质力量，有永恒的价值。

可持续的进步状态

人生是一条长路，是一次远行。

人与未来，是一场"长相守"。任何一个堪称"终身大事"的节点，不过就是生命过程中的必要节奏：轻重缓急，而已。总体看来，人生需要的是持久的动力，而不是一时一刻的冲刺，更无须拼命；从来就没有可以毕其功于一役的事情，每一天都是"起跑线"。

生命成长，最可贵的状态就是可持续地进步。

眼界高远，胸怀开阔

我一直说："人的生命格局，终究大不过他年少时的见识。"而一个人在年少时的见识，不能说完全都拜学校教育所赐，但倘若学校教育过于狭窄，则其学生的见识定会逼仄不堪。见识决定眼界，格局就是胸怀。眼界不宽、胸怀不广的人，其所能见到的未来就不远。

在这一点上，学校教育是很危险的。我们很容易将教育做得很狭窄，窄到只剩下考分：我们能装下的事情只有"考试"，我们能看到的最远的远处只是"下一场考试"。我们的大部分学校教育，实际上还真的就是这个状态，这是需要继续改进的事情。

永葆理想、信念、希望

人的生命有三大支柱：理想、信念、希望。

理想，就是"知道我要做什么"；信念，就是"确定我所做的是有意义的"；希望，就是"相信我可以做好"。有了理想、信念和希望，就拥有了自觉的人生。

时有学生放弃生命的悲剧发生，大多是看不到希望：考试成绩差了，看不到再进步的希望；被批评了，看不到被尊重的希望。不愿再相信自己，也不敢再相信别人。不想为别人而活，但也找不到为自己而活的理由。之所以会有这类现象发生，其中一个重要的原因，就是我们的教育（学校和家庭，也包括整个社会）经常人为地为学生设置"终点"——往往是某场考试——并对其渲染以"致命"的描述。因此，在学生面前，就造就了一个接一个"不得不过的坎"，一个坎没过去，你连过下一个坎的资格都没有。

生命的真实样子，不是这样的；教育的真实功能，也不是这样的。恰恰相反，教育的最大价值，是告诉学生"今天不够好，不意味着明天不可以更好"。"永葆希望"，是我在容闳公学担任创校校长时，提出的学校教育的核心目标之一。

未来，只能与希望同在。

第三章

设计一种好教育
和一所好学校

高品质学校教育的特征

清楚地记得那是 2017 年 2 月 14 日，情人节，新学期开学的第一天，全体教师结束春节假期和寒假休整重返校园，齐聚在学校礼堂，依照惯例参加为期一天的教育研讨会（北京四中房山校区每学期都以一场关于某个教育主题的头脑风暴开启新学期因智慧而高效的工作）。那场研讨会的主题是"用你开学，造就高品质的教育"。

设定研讨会的主题，这是我作为执行校长不可也从不推卸的义务和权利。那年我给研讨会取了个名字"用你开学"，得名的过程中还藏着微信对话里的一段佳话。

我："顾校长，您对今年研讨会的主题有什么好建议吗？"

顾校长："用你开学"

我（秒回）："好！"

啊，"用你开学"，这四个字瞬间击中了我心底里那团酸酸的文学细胞，它极其妥帖地表达了一所年轻学校对于教师专业发展的急切而崇高的需求，是责任，也是号召，太适合做标题了。于是，我秒回了个"好"，就将手机扔在一边，准备我的研讨会方案去了。待我基本搞定手头事情再起身拿起手机浏览消息的时候，才发现和顾校长的对话其实尚未结束：

（又一条消息）顾校长："时给学生讲话的那个标题作为主题就很好。"

原来是一场"美丽的误会"。既然先前如获至宝般的激动是绝不会允许我再改的了，那就这样吧。那天研讨会的过程中，顾校长对"用你开学"表达了惊喜的赞美："哈哈，幸亏发消息的时候手一抖，不小心分了行。"

这个故事在学校里流传了很久。后来，我们的每一届研讨会都以此为题。

当然，那场研讨会的核心话题是"高品质的教育应该是什么样子的"：它有哪些指标？有哪些要素？有哪些标准？也就是说，我们开展教育教学实际工作的方向和目标在哪里？原则和路径在哪里？底线和边界在哪里？方法和措施在哪里？老师们认真研读了北京市西城区校长专题学习会议精神及教委主任讲话材料，并结合学校的办学实际情况，从多个层面和维度总结出了"高品质教育"所应具备的极其丰富的特征。我分类整理成以下十条。

专业：高品质的教育，一定是由一支高水平的教师队伍所施行的专业教育

这几乎是所有人的共识：我们从来没有缺少过空头的说法，最缺的是将那些说法变成现实的具体的人，即教师。拥有一支高水平的教师队伍，其后，才是先进的理念和高级的做法。这里所说的高水平，主要指学科专业水平和教学基本功水平等狭义的教师水平。

这也是一所学校或一所学校在教师招聘、教师培训方面的基础目标和基本期待。

这些年，进入教师队伍的人员，其学历背景层次正在逐年攀升。诸如"北上广深"及不少一、二线城市，基本都要求是硕士以上了，博士和博士后入职中小学校也已经习以为常，全国乃至世界顶尖大学的毕业生也纷纷加入中小学教师行列。这些表面繁荣的现象，很容易给我们一个错觉：教师的学科专业水平不仅已经没有问题了，而且是"学业过剩"了。实际上，大学所学与中小学所需并非完全重合甚至完全无关，许多硕士生、博士生的中学学业也未必很好，绝大多数大学生在其中小学教育时期留下了很多不甚科学的经验，这些因素，都使得教师队伍的整体学科专业水平，处于一个非常尴尬的境地。因此，很多学校在教师招聘中非常看重应聘者的"第一学历"和"中学出身"，就非常可以理解了。

教育的优劣，与理念有关，与制度有关，与投入有关；但说到底，还是人（教师）的差异，世界上还没有哪个工作比教育更强调人（教师）的能动性。尽管"自己会"的教师未必就是好教师，但"自己不会"的教师绝不可能成为好教师。因此，教师，作为高品质教育的主力军，需要在教育教学一线工作的实践过程中，接受长期的、全方位的培训和培养，成长为高水平的教师。

近些年我因创校工作需要而经常要招聘教师，记得在一次北大清华校园招聘专场的宣讲会上，一位清华博士生提问："贵校刚创校，请问，它是一所什么样的学校？会是一所好学校吗？"我回答："你什么样，你们什么样，学校就会是什么样。你是好老师，你们是好老师，学校就一定是好学校。"

基础：高品质的教育，一定是尊重共性规律、要扬长更要补短的基础教育

个性是偶然生长的，但共性则有一定的可控性。基础教育的价值，是为人生的个性发展奠基，即筑好育好生命共需的成长土壤。因此，基础教育不允许抛弃"短板"，这是由教育的使命和教育的规律决定的。教育是有规律的，这个规律既是生命成长的规律，也是教育本身作为科学的规律。既然是规律，则其必定诞生于对共性的概括。不可否认，任何生命体（尤其是人）在其任何生命阶段都会呈现出独特的个性表达，但作为生命成长滋养的教育，在呵护个性的同时，决不能只是"唯个性是从"。

学生在成长过程中，很容易被贴上"长""短"标签。殊不知，这标签本身就有真假之分，其科学性和客观性就值得怀疑。一味地"唯个性是从"，见风就是雨（个儿高就要打篮球，腿长就成舞蹈家；聪明就要学奥数，爱看书就是偏文科……），拔苗助长，甚至南辕北辙，强扭了成长的瓜。教育如农业：孩子虽是一粒粒不同的种子，但其对土壤、阳光、水分的基本需求，是有很大程度的共性的；至于它们长出的是怎样的苗，很多时候不是人力所能控制的。基础教育中，没有"天生学不会"的东西，若有一个身心正常的孩子在某个领域"不及格"，那一定是教育出了问题。"卓越"需要天分，是个性；但"及格"只是本分，是共性。记得有口号说"没有教不好的学生，只有不会教的老师"，倘若将"教好"理解为"及格"，我想这句话基本上是成立的，也是学校教育必须为之奋斗的。教育之所能为，也大抵就是如此。

同理，学校教育，不必将学生的个性教育当成过于沉重的压力，背负在自己的肩上；也不必将学生的个性成绩揽作自己的功劳，挂在嘴上炫耀。

个性：高品质的教育，一定是帮助学生了解、发现并成就自我的个性教育

上一条说的是学校教育的基础价值是基于共性，这一条说的则是尊重个性。对个性的尊重，表现为帮助学生"了解自己""发现个性"，进而"成就个性"。

我向来反对一所学校事先预设一种"个性"（比如足球、奥数等），然后通过课程及活动的规定性，强力将所有学生纳入这条"个性之路"上来，以牺牲大多数人的个性为代价，成全少数人的个性发展。有些学校所谓的"办学特色"，其实就是"校长的爱好"：校长是理科出身，学校就以理科见长；校长爱踢毽子，全校都踢毽子。记得在北京四中教书的时候，刘长铭校长在接受媒体关于"北京四中教育的特色"的采访时回答："北京四中最大的特色就是'没有特色'。"这句听上去非常矛盾的话，却真切地道出了高品质教育的基本原则和价值：成就所有个性。

有时候我们会觉得，成就个性并不难，最难的是"发现个性"。个性，不是你可以拿着显微镜去找出来的；个性，是在成长的全面样态中慢慢生成并以非常含蓄的方式隐藏在生命特质里的。所以，高品质的教育，就是要为学生的个性生成创设丰厚的土壤，并为其能够获得自我发现提供足够多且足够自然的表现机会。这就是为什么像北京四中一样做着高品质教育的学校，都会拥有丰富多彩的校园生活的重要原因；这也是这些活动的重要价值所在。一个人一辈子都不知道自己适合干什么，那必定是因为他的生活过于单调，且从来没有完全自主、自由、自然地做过什么事情。

全面：高品质的教育，一定是基于可选择、立体化的课程体系的全面教育

高品质的课程，首先是具有丰富性。一所学校很难笼括所有的课程，但基础教育的"基础性"就要求学校必须尽量让课程种类和数量足够多。没有足够丰富的课程支撑，就不可能有全面教育的实现。国家标准课程是学校课程中的规定部分，是学校课程的基本和基础；校本课程是学校教育的自选部分，是国家课程之外的补充和拓展。高品质的课程，其次是具有立体性。学校课程本身需要有进阶式的层次，以满足不同学生对课程学习的不同程度的目标需求。如此，横向有广度，纵向有深度，才能满足学生对于"博与专""广与深"的个性需要。

生命：高品质的教育，一定是让每一个学生都能获得健康成长的生命教育

"生命教育"这个概念，由来已久，且各家有各家的阐述，都不无道理。我只想说"生命"本身，即最简单的"健健康康"：身体的、心理的、性情的。学校教育，能不能做到不伤害学生的身心健康，这是高品质教育必须回答的问题：坐姿、站姿、行姿，拿书、握笔、用眼，饮食、睡眠、运动、休闲的量与质，这是身体健康的基本要素；自我接纳、人际交往、抗挫解压、生命理解，这是心理健康的基本要素。

我的很多学生毕业后都在赞美和怀念当年早上 8 点才上课、下午 3 点 20 分就放学、高考前两个月就毕业放假的高中岁月。诚然，因为种种原因，这种状态已经成为历史，但是，一所高品质的学校，就应该让操场成为最吃香的地方，让体育成为最吃香的学科。因此，北京四中至今坚守着"体育至上"的课程传统，以"男生要伟岸，女生要挺拔"

为宗旨的"每天一节体育课"和课间操一直要上到学生在校的最后那天；坚守着"自主学习"的传统，晚自习绝对禁止讲课且老师不能随意进入自习区，高考之前依然要留给学生足够的自学时间。

近视率不是靠眼保健操就能降低的，肥胖率不是靠营养配餐就能降低的，心血管疾病率也不是靠专家讲座就能降低的，还有弯腰驼背、体弱多病、骨质疏松，以及人际交往障碍、自我接纳障碍、漠视生命、价值消解等，也不是靠老师提醒、校医矫治、心理干预就能避免的。学校教育在其理念指导下所构建的整体系统，对此将产生或积极或消极的巨大影响。张贴在每个教室黑板旁边的《作息时间表》和《课表》，就是这个系统的直接投射。

公民：高品质的教育，一定是为学生未来进入真实社会做准备的公民教育

我们有时候太过乐于讲"人才"（尤指高精尖的创新人才），而不太愿意讲"公民"（普通而合格的国民、市民、村民）。于是，我们的基础教育越来越像"精密实验室"，封闭起来，摒弃一切社会因素，制造"恒温箱""象牙塔""乌托邦"，在那里，学生只有一件事两个词：我、成功，即"精致的利己主义者"。而公民之所以称公民，就因为公民是为公的，是利他的。所以，许许多多的学生从学校毕业，一旦接触社会，就会产生强烈的撕裂感。

高品质的教育，培养的是公民：国家与社会的公民，世界与时代的公民。他要被他人接受，被集体接纳；他要做好他的各种身份：子女、父母，朋友、伴侣，职员、主管，居民、选民……这些角色身份及关系，要在基础教育中获得模拟、实习、体验；许多内容还可以超越模拟而

展开真实的实践。

平等：高品质的教育，一定是保证学生可以均等享有教育资源的均衡教育

我在这里所说的"教育均衡""教育公平"，与政府正在倡导和推行的宏观政策，是有不同的。这里的"均衡"和"公平"，是就学校教育的内部而言的，也就是说，在同一个学校接受教育的学生，应该平等地享受学校的教育资源；一个年级、一个班级，也是这样。

均衡和平等，并非"完全相同"，而是基于丰富的选择项和自由的选择权之上的"人人适恰"的状态。学校的教育资源，要面向全体学生开放：硬件资源、教师资源，尤其是"教育机会"。也许是因为人的天性之中就保有权力欲望，所以，没有行政权、执法权、经济权的教师，就很容易将"教育机会"死死地攥在自己的手里：大到接受某个课程学习的机会，小到上课发言的机会。

在北京四中房山分校做校长的时候，每每参加学校里的各种学生活动，我都要向负责组织的干部教师询问一句："为什么是这些孩子？其他人呢？"

每年春分时节，还会遇上一个"手拉手情系贫困小伙伴"全国统一行动日。爱心满满的学校师生，通常会发起一些捐赠、支助、帮扶活动。师生们尽己所能，关爱并帮助那些需要救助的人，捐赠衣物、书籍、文具，都可以。

是的，每一个孩子都有"同沐春风"的权利。

而我想说的"同沐春风"，不仅是不同地区的学生在学习条件上的物质均衡（这个均衡早晚会实现，也比较容易实现），更是同一

所学校的学生在学习机会上的权利平等（这才是教育平等中的永恒话题）。

同一所学校里，相对优质的教育资源正在向个别班级倾斜和向少数学生倾斜，这几乎是一个普遍现象。最好的老师都在实验班（其实就是尖子班）、最好的场馆只供校队专享，周末节假日为尖子生提供免费培优……除了这些获得了学校制度包庇的教育不公外，学生在课堂教学和教育活动中的参与权的不平等，更是教育不公到了毛细血管。我们随时可见教师在课堂教学中有意无意地就抛弃了"听不懂、跟不上"的学生，我们也经常看到学校的大大小小的教育活动中总是那几个学生在主导，我们更可以想象的是很多学校的各种表彰会上登台领奖的学生，从开学到毕业也都是那几个。

办学经费要均衡地使用到每一个学生身上，课堂教学要让每一个学生都有所收获，教育和成长机会要均衡地给到每一个学生，这是学校教育的基础原则。

物质上的失衡，是个社会经济问题；而权利上的平等与否，却是校长和教师的价值观问题。教育者切不可全身心地扑在那些能给学校"创收"奖牌与荣誉的只关乎少部分人利益的面子工程上，而忽略了可能更需要教育机会的关乎大多数人利益的良心事业。

特别记得学校的一次开学典礼，受邀前来观摩的领导侧身跟我嘀咕："这主持的学生，水平不行啊。"我说："是，报名申请主持的学生中，数他的水平最弱。""那怎么选他上了？你做校长的不把把关吗？"我说："就是我把的关，因为他最需要这个机会。"正说着，他忘词了，愣在了台上，拼命地重复着前一句话；全校师生安安静静地等着。不一会儿，他想起来了，全场给予他热烈的掌声。

升学：高品质的教育，一定是能帮助学生获得良好的学业成绩的升学教育

学校教育，当然要讲"分数"：指导和帮助学生应对各级各类考试，尤其是与其升学相关的考试，比如中考、高考。考试成绩，就是学校教育的 GDP；这当然不是一所学校的全部，但它是一所学校的立校之本。

我所说的"学业成绩"（尤其是"升学成绩"），不是简单的"平均分"和"高分人数"，更不是粗暴的"重点升学率"和"清北率"；它是基于学生现状、学校现状、地域现状、政策现状等客观因素的可控的教学结果。这个成绩，不是拿去和别人攀比（或吹嘘，或菲薄）的，而是用作自我衡量（或发扬，或改进）的。

每年 6 月，都是"考试"的季节：中考、高考。"考试"是一件很有意义的事情，因为"考试帮你发现真实的自己"。"考试"也是一件必须要做的事情，必须做，那就尽心尽力好好去做。赢得一场考试，那是属于学生的"战士"般的荣誉。学校教育要敢于"谈分数"，这并不落俗，落俗的是为了"能笑谈分数"而不择手段。

我曾提出"学业自由"的概念。好比"财务自由"一样，"学业自由"（实际上也是"升学自由"）指的是一个人能够在学习、考试、升学、就业等各种评价与晋级中拥有足够的选择的能力。拥有"学业自由"的学生，他不会担心考试不及格，不会纠结于"成绩"配不上"理想"，不会被"分数"限制了"兴趣"。那些被要求要学要考的东西，他都能对付；那些他自己想学想考的东西，他都能学会、都能考过。他知道自己喜欢什么和擅长什么，不会纠结于报什么专业或上哪个大学，也不会为要不要选择出国留学而过早地犯愁，更不会因漫无目的而无谓地浪费在各种没用的假学习上。他不一定非要考第一，也未必

非要上名校，他有自己的定位和选择，他有自己的人生坐标。

这一切的前提，都需要有良好的学业成绩为基础，即解决"学业温饱"的问题。

绿色：高品质的教育，一定是在法定时间内高效完成教学任务的绿色教育

在学校教育中，用于学科教学的时间是有法可依的，这个法，就是各学科的《课标》（《义务教育课程方案和课程标准》），它规定了各学科的教学课时；当然，还有另外一个法，就是《中华人民共和国未成年人保护法》，它规定了中小学生（每天、每周、每学期和每年）的在校学习时间。合法合理设定学科教学课时、合法合理设定作息时间、合法合理设定课后作业量，是依法办学的非常重要的行为；任何随意延长学习时间的行为，都是违法违规的，比如侵占学生的课余时间、周末时间和节假日，以及寒暑假期间加课补课——高三也不可例外。

做校长期间，经常碰到老师来向我"要课时"的情况，这种打着"为学生好、为学校好"的旗号，甚至还是"不计报酬"的请缨，实在是让校长难以招架。因此，如何带领教师走向更加专业的进步之路，如何帮助教师学会在规定时间内更加高效地完成教学任务、达成教学目标，就是办高品质教育的重要工作。

认知：高品质的教育，一定是以有序精彩的课堂教学为主渠道的认知教育

课堂永远是教育和教学的主渠道、主阵地，在某种程度上说，

课堂的质量，决定了学校教育教学的总体质量；高品质的教育，离不开高品质的课堂。几乎所有的学校都在重视课堂，大多数校长（尤其是教而优则仕的校长）对于学校教育品质的提升，都会从课堂着手。

课堂的品质，必须建立在有序的基石上。"有序"，看似简单，但在学校工作的实际中，其实并不容易做到。一所学校，能不能做到"课比天大"，决定着这所学校能不能有高品质的课堂和高品质的教育。校长要赋予"课表"以法律地位，并竭尽全力维护"课表"在学校工作中的神圣地位。课表编制及变动的权力，是校长治校的基本权力之一。"有序"，指的还是课堂内部环节应该具备的科学秩序：包括课堂礼仪、教与学的关系、教学内容的逻辑、教学方式的选择等。

教学的设计与实施，必须在有序的基础上遵循学习者对学习内容的"认知"规律。违背认知规律的教学行为，必然会造成教与学的脱钩；这样的课堂，也许会热闹，但不可能精彩。不同学科会有相同的认知规律（学习规律的普适性），也会有不同的认知特点（学科学习的特殊性），校长不能以某一种认知模式来规定不同的学科课堂。

每一位校长的心里都住着一个"高品质教育"的美好的样子。这个样子，诞生于我们从教的第一天，成长于我们从教的每一天，成熟于我们校长日记的第一页；然而，这个样子，也很可能渐渐地贬损于我们治校的一天又一天、一年又一年，直至千疮百孔，面目全非。所以，守护好我们的初心，对于自己、对于学校，都是一件伟大的事情。

基于资源理解的学校教育

管理学中将"领导"定义为"资源拥有者","领导力"就是"资源管理能力"。我没有接受过管理学专业的专门学习，但我自己想想好像是这样的。如果说作为领导的校长，同样也是教育资源的拥有者和管理者（开发、建设、配置），那么，我们就需要思考如下一连串问题：

学校里都有哪些东西可以作为资源？

这些资源是所有学校都均等享有的吗？

这些资源中能够完全由校长掌握的有哪些？

我们的工作是不是一直在与资源较劲？

学校的教育资源，包括硬件方面的校园校舍、设施设备、器材工具等，这些都需要资金购买；还包括软件方面的师资、生源、政策、社会关系等，而这些又都与权力倾斜相关。正因为它们和资金与权力相关联，学校教育资源（无论是硬件还是软件）不可能"校校均衡""人人平等"。另外，这些或多或少的教育资源——资金、政策——实际上都掌握在别人手里（教育主管部门或是学校投资者）。因此，手握资源管理权的校长，首先要去"化缘"：为学校找来可供管理的资源。校长们，就是在这样的历程中，历练成八面玲珑、左右逢源的社会活动家；当然，更多的校长是铩羽而归。

纵观近现代教育史，校长的专业发展史，就是一部关乎"教育资源"的理解史，以及基于对资源理解的追寻史。这部历史，带有鲜明的时代印记，也是教育发展的晴雨表。

第一阶段：资金。在全社会都处在绝对贫困的年代，学校更是穷，捉襟见肘都算好的，现实往往是揭不开锅。锅里无米，巧妇之"巧"就是能寻得米来下锅，至于如何个"炊"法，是全然顾不得了。那个年代，校长的任务就是"找钱"，进出于各种委办局大楼，蹲守在各个办公室门口。谁找来了钱，谁的学校就能配齐教科书，就能添置教具，就能给老师发工资。

第二阶段：政策。僧多粥少的时候，其实资金的分配也就是政策的"左倾右斜"。在"集中力量办大事"的思想指导下，全国各地一夜之间便冒出了各种"重点校""优质校""标杆校""示范校""龙头校""基地校""试点校""实验校"，凡有利于学校发展的政策，一律向此倾斜。于是，校长的任务，就是千方百计创造发明一个"名目"，为的是能搭上政策的车，要来"特别照顾"。

第三阶段：生源。政府和社会向学校要成绩，学校就千方百计要生源——当然是要优质生源（考了高分或能考高分的学生）——民间称作"掐尖儿"。"掐尖儿"有明、暗两道：明道就是政策保障，特长生、提前批、实验班等名目选出；暗道则无定法，须得各显神通，可以破格，甚至可以购买。生源，是唯一可以使教学成绩"立竿见影"的资源。所以，一旦涉及生源竞争，再亲近的学校之间基本上都会是"兄弟阋墙""以邻为壑"的关系。

第四阶段：师资。师资不仅是提高教育教学质量的直接力量，同时也是吸引优质生源的重要指标。许多有条件的地方或学校，都将教师招聘的范围扩大到全国乃至全球，对招聘对象的标准定位也是越来越高，对优质教师的接纳也是越来越开放：对特级和正高级教师基本不设门槛，硕士、博士、"海归"也有各种补助。中小学教师人力资源，也形成了一个巨大且活跃的市场。

第五阶段：技术。自从电脑和网络走进普通人的生活，信息技术也迅速成为学校教育的优质资源。从计算机拥有量、网络覆盖面、带宽速度等硬件设备开始，到资源库、平台、云，再到近年来的大数据、人工智能（AI）、虚拟现实（VR）、交互设计（IXD），学校的技术设备随着校长们的需求更新而飞速迭代。

第六阶段：范式。在一浪接一浪的自上而下的教育改革浪潮中，在"让课堂活起来""把课堂还给学生""以学生为中心"的阵阵呼声中，总有那么一些人勇于尝试、积极创新，各种新鲜的教学模式层出不穷。其中的一些模式，一旦（据说）能与教学成绩挂钩，便会迅速火遍大江南北，各校纷纷效仿（有的学校接受观摩还收费，逐渐形成了"范式"产业链）：导学案、双师课堂、五环课堂、高阶思维课堂等林林总总。许多校长因此成名，并且每个名校长都捆绑着某一种"范式"。

资金充裕、政策友好、生源优质、师资雄厚、技术先进、范式高效，对于校长办学治校而言，这些都十分重要。只是，在纷纷跑出校园四处寻求、竞相追逐的过程中，作为校长的我们，很容易就遗忘了那一直存在于校园围墙之内的属于教育本身的"专业资源"。当我们学会"自察"，善于"内求"，结果可能会是"蓦然回首，那人却在，灯火阑珊处""踏破铁鞋无觅处，得来全不费工夫"。

2009年我教高三，趁着高考结束后的那一小段闲暇，我背包走青海，在黄河水尚未变黄的黄河源头，与一所极其特别的公益学校相遇：

吉美坚赞福利学校（现吉美坚赞民族职业学校）。一向自诩走遍了老少边穷的我，也从未见过如此贫寒的"校园"：学生需要自己在山坡上挖一个洞，以供住宿；三四十岁的僧人和七八岁的儿童并肩坐在同一个课堂里共用一本课本；教师大部分是来自各地的不领薪水的志愿者。就是这样的条件，每年请求入校上学的家庭，需要提前一年在校门口的黄河岸边搭帐篷排队，因为学校产出了非常好的教学成绩。

我在这所学校住了一周，也思来想去地琢磨了七个不眠之夜。资金、政策、生源、师资、技术、范式……在这里，一无所有。然而，我分明看到了学生们幸福的笑脸、专注的课堂、快乐的生活、热烈的球赛，特别是看到了骄人的考试成绩。"穷则变，变则通。"当一个人身无长物、一无所有，当一个人无所依靠、无所希冀，他就必然会将眼光收回，从自己的身上来寻求力量。这就是我想说的：换一个角度审视"资源"，换一个定义解释"资源"，或许在山穷水尽处，会是另一番柳暗花明。

后来我做校长，就开始试着思考，试着实践：有没有学校天生就拥有无成本、无条件、无差别的教育资源？我也多次将自己的思考和实践与同行进行交流分享，也得到了广泛的认同；当然也有遭到强烈的鄙夷的（一般都是来自呼风唤雨、左右逢源的一家独大的"牛"校长：钱多到花不完、招生肆意掐尖儿、全国挖买名师，饱汉不知饿汉饥呀）。在接受校长专业培训时，记得有个专家告诫我们："不要想着做教育家，当了校长，就是政治家、企业家；校长的使命，就是为学校发展创造优越的外部条件。如果局长能隔三岔五有事没事就到你学校来走走坐坐，那你就是好校长。"我当不来政治家，也当不来企业家，只能琢磨一点事关教育的小事情。

同质和差异

这是我想到的第一个问题：同质和差异。

学校里住（圈）着一群年龄相仿（相同年级的学生年龄几乎相同）的学生，他们的生活环境、地域文化、时代背景基本相同，他们的身、心、智等发展程度也大致相同，那么，这种难得的"同质"，可不可以就是学校里的优质的教育资源呢？我想是的。为什么会形成班级教学的制度传统？为什么要划分学段、年级？为什么会出现文理分科、高低分层？为什么会形成各种社团、兴趣小组？为什么在一个班里（乃至一个寝室里）都会产生一个个"小团体"？为什么"闺蜜""哥们"会那么难舍难分？"物以类聚，人以群分"，不就是因为"同质"即资源吗？因此，学校应该认同"同质即资源"（包括年龄性别、学习兴趣、发展程度等），校长要相信，个体在同质环境中更容易形成竞争与互助关系，从而获得更有效的激励和帮助。学校教育，应该尽可能创造足够的条件和机会——选课走班、特长班队、选修社团等——让"志同道合"者"携手并进"。

同理，学校里住（圈）着的这一群看上去极其同质化的学生，实际上也有着千差万别。他们性别有男女、年龄有长幼、性格有动静，他们来自不同家庭、有着不同的成长经历，他们的学习能力不同、学习志趣不同，他们的情绪有喜怒哀乐、学业有高低快慢。"世界上没有完全相同的两片叶子。"当每个人都带着自己的特点走到一起，才能形成丰富多彩的群体；当教育关注到每个人之间的差异，才能产生因材施教的教育。因此，学校应该认同"差异即资源"（包括年龄性别、学习兴趣、发展程度等），校长要相信，个体在差异环境中会更容易找到存在感和成就感，从而获得更好的个性定位和多元理解。学校教育，也应该尽可能保护好这种差异的共存，利用"差异资源"创设更加有效的教育形式。比如，坚持行政班学生随机分配，坚持开展全校性的通识课程建设，坚持鼓励学生结交与自己大不相同的朋友；近年来兴起的"混龄教育"，就是利用"差异资源"做更好教育的典型实践。

"混龄教育"是比源自英国学校的"学院制"更加广泛的一种教育组织形式，它超出混龄"生活"，延伸到学校教育的核心领域：课程与活动。阅读、项目、音乐、美术、手工、体育、竞赛、游学、服务、生活、交往、劳动、戏剧、社团、选修、语言、心智、升学等方面的课程学习，都完全可以超越年龄（即年级）界限，利用同学之间的年龄差，在互相教育、互相学习、互相帮助、互相激励的过程和情境中，获得自理、自律、自主的品格塑造。我在容闳公学的教育顶层设计中，就植入了"混龄教育"的理念方法及课程方案，并在这个十二年一贯制的校园里创造性地构建了 ACT（高中 Academy、初中 Community、小学 Tribe）混龄组织。尽管实践时间还比较短，但已初现效果。

北京四中的传统教育项目"人文游学"，就是同时利用了"同质资源"和"差异资源"的教育活动。一群情趣相投的同学，组成一个游学团队，出门行走，去到与自己的生活环境大不相同的异域他乡。在此过程中，大家又能更好地找到"世界与生活的相同的本质"以及"原本熟识的同伴之间的那么多细腻的差别"。

我认为：教育即关系。教育得以发生，首先是人与人的关系的生成。一群人的学习成长，与另一群人的学习成长——或相同，或不同——发生了相互影响的关系；然后促成了彼此的成长，就是教育。

于是，第二个问题就接踵而来：人际关系。

人际关系

学校里的人群并不太多，但也足够丰富：教师与学生，学生与学生，学弟学妹与学长学姐，父母与子女，男孩与女孩，干部与群众，对手与队友，同事与朋友，等等。我在这里所说的人际关系，不是（或不仅仅是）指其作为交往礼仪的教育意义，而是指学生能够在人际关系中获得成长的资源意义。学校应该认同"人际即资源"，师生共处、同伴共处，是以人育人、共同发展的前提，是互尊互爱、同伴互励、教学相长的前提；在遇见了最好的别人的时候，往往也就遇见了最好的自己。

最好的教育，就是让优秀被看见；最好的教育，就是做最好的自己。

因而，学校教育需要为学生（包括教师、家长，乃至进入学校的临时人员等）创造尽可能多的人际交往的可能性。作为校长，我要求自己改变对"安全""有序"等概念的传统理解，不在人群之间人为地设置藩篱，少一些"隔绝"，多一些"融合"。校园里的每个人，都要有机会和校园里其他的每个人，彼此遇见，发生联系；从而产生影响，生成教育；而不是做得相反：学生不许串班，更不许串楼层或串年级，舞蹈教室要拉上帘子，图书馆要藏在某个偏僻的角落……学生上学，应该将全校学生视为同学，将全校教师视为老师；老师也是如此。每个人知道"自己在做什么"的同时，要可以遇见（看见、听见或想见）"别人在做什么"。

谈论教育的时候，我喜欢用"路过"这个词。从校门到教学楼到操场到餐厅到宿舍，他路过了什么；从教室到洗手间到实验室到图书馆，他路过了什么；当一个学生抱着篮球冲向球场，他路过了什么；当一个学生捧着书本去教师办公室找老师，他路过了什么……"路过"

师生共处、同伴共处

是以人育人、共同发展的前提

是互尊互爱、同伴互励、教学相长的前提

在遇见了最好的别人的时候，往往也就遇见了最好的自己

与否的意义，就如同"买东西"和"逛商场"的意义差别。当我们视"人际为资源"，"路过"就会成为无声无形却真实真切的教育力量。这也是我在楼道里办公的初心：让自己与所有人有关，让优秀被看见，从校长开始。

将"路过"抽象化，就是接下来的第三个问题：过程。

过程

"赶路"是结果导向，而"散步"则是过程为重。学校教育应该少一些"风尘仆仆""风雨兼程""披星戴月"，而应该多一点"安步当车""闲庭信步""徜徉流连"。剔除文艺的成分，意思就是说"比结果更重要的是过程"。笼统意义上的教育，其目的是"培养人"；但具体意义上的教育，其目的是"为人的成长创造培养过程"。学校应该认同"过程即资源"，过程比结果重要，好的过程必有好的结果；教育与成长必然发生于过程之中，过程本身就是教育成果。

学校教育的每一项工作，都是过程性的：教育全过程、教学全过程、课堂全过程、学习全过程、作业全过程、考试全过程、活动全过程、评价全过程等。重过程不难，难的是我们所重的，是否为"全过程"：从初心出发，到每一个步骤和环节，到最后的结果，是否能再回到初心。

比如说"起始课"，我们很容易注意到"起始"与"其后"的关联，但是我们是否同时注意到了"起始"与"之前"的因果？

比如说"考试"，我们也很容易关注到"考试"与"之前"的关联，但是我们是否也同时注意到了"考试"与"之后"的承接？

比如说"网络学习平台"，如果只是借以"远程提交学习成果"，那这与我们千百年来所习惯的"交作业"又有什么区别？网络平台"如何放大过程的意义"？

以上几个问题，本书之后都会有专门的章节予以详细讨论。这里只举一个学校教育的常见案例：作业展。

"作业展"（以及其他内容的展览展示）是学校教育的常见活动。在北京四中房山校区做校长的时候，我也组织过此类活动。然而，我们不叫"作业展"，叫"学习全过程之'作业'展"。记得当初教学部门在策划此项活动的时候都觉得这种活动非常容易搞（无非就是挑一些优秀作业本，再布置一下展台，再组织学生去观摩），我就抛出了几个问题供其思考："展品怎么来？主人在哪里？展出为了谁？"

人们总是习惯于在经验中"躺平"，难得去将所谓的经验剖开了再审察和思考一下：没被选为"优秀参展作业"的学生会有什么心理？被展出的学生的成就感如何满足？他们知道自己的作业被选中的"具体理由"吗？学生观摩时会是怎样的心情和态度？展出活动真实促进了全体学生的作业质量了吗？……在对这一连串问题进行反思之后，我们做出了几项改革决议：第一，全员参展，不搞挑选；第二，自主选择参展作业本，并为其撰写颁奖词；第三，主人携作业参展并负责展品讲解（类似"路演"）；第四，学生自愿观摩；第五，全体干部教师必须观摩（至每一个展位）。

接下来的事实，丰富多彩的情形就发生了。有精挑细选之后还是恨不得将所有作业本都搬上展台的，有面对某科老师的关注和关心而心怀愧疚的，有偷窥左右而由衷赞叹自愧不如的……我会向每一个学生询问同一个问题："你为什么愿意展出这（几）本？"因为我坚信，自己发现并自我肯定的优点，才是可以自觉发扬的优点。

当然，最精彩的，令人叹为奇迹的，是某几个几乎从不交作业的学生，一夜之间都补齐了（最懒的也挑了一门最好补的英语单词听写作业）；并且，他们往往是"路演"中最卖力的。其中一位给自己的英语作业本撰写的颁奖词是："我之前英语作业做得很不好，后来我努力改正了，尽管也还不是很好，但它记录了我从不好变好的过程。"这个学生的英语老师悄悄地告诉我："他昨天之前，就没交过作业。"我想回复老师一句"你想过他为什么不交作业吗"，但又将这句话咽了回去，因为我宁可相信这位老师应该已经明白了什么。

活动火爆得很，出乎所有人的意料。第二天是初二年级和高二年级的"路演"，我突然发现他们居然齐刷刷地换上了校服正装。

这个活动之所以大获成功，正是因为教育关注的是过程：学生自主选择展品的过程。我们完全可以想象一下，在这个过程中，孩子们的心里会是怎样的风云激荡。

这种资源，与资金、政策、生源、师资、技术、范式，都不必沾边。只要观念不被束缚，天地就足够宽广。

社区

任何学校，都会坐落在一个社区（或是村镇）里，有些学校还毗邻高等院校、科技园区、经济开发区、名胜古迹、山水田园等。学校应该认同"社区即资源"，社区是教育发生和孩子成长的重要空间，学校是社区里的文化高地，家校联通，资源共享，让教育与实践得以有效相接。

社区里有两股资源：家庭资源和社会资源。

对于学校教育而言，家长的成长，和学生的成长一样重要，甚至是更加重要的。家长，是教育的非专业者，然而他们一方面承担着子女教育的最主要和最重要的职责，另一方面还承担着学校教育的协同任务。因而，学校不仅是孩子的，也是家长的，是为"家长学校"。我从第一次做校长起，就发起成立"家长学校"。学校寄给新录取学生的文件里，装有两份《入学通知书》，一份是孩子的，一份是父母（家长）的；并且，家长学校的开学（家长入学）时间，要早于学生一两周。家长要在家长学校里，接受必修课程（比如讲座）、选修课程（比如沙龙、社团等）以及自主课程（比如阅读）的学习，期满合格者授予结业证书。指导和帮助家长自身进步并提高和改善家庭教育的质量，是学校教育自身发展的需要，也是学校教育的社会义务。

在实践中学习，才是最好的学习。社区里有丰富的可供开展实践学习活动的资源：场所与环境、人才与技术等。这些资源，因地制宜，"耳得之而为声，目遇之而成色"，校校共适。城市有城市的"高大上"，乡村也有乡村的"白富美"；城市学校要多挖掘社区里的"乡村"味道，乡村学校要多建设社区里的"城市"品质。北京四中房山校区地处郊区，我们就在校园里（教学楼顶上）开辟了农耕种植园地，聘请社区"农民客座教授"，指导每个班级种植一畦菜地：冬春时节绿油油的一片麦苗，到了夏收的时候，金灿灿的一大片；夏秋的瓜果蔬菜，红橙黄绿青蓝紫，生机勃勃。学校虽偏远些但也毕竟地处首都，我们就设立"北京四中大讲堂"，邀请各学术领域的专家、行家，来学校为师生开设学术报告或主题讲座。家长里也有各行各业的专业人才，我们就开设"北京四中小讲堂"，邀请有一技之长的家长来学校为师生做职业介绍或阅历分享。

世界

比社区更大的地方，叫作"世界"。

在实践中学习

才是最好的学习

冬春时节绿油油的一片麦苗

到了夏收的时候，金灿灿的一大片

夏秋的瓜果蔬菜，红橙黄绿青蓝紫

生机勃勃

学校应该认同"世界即资源"：教育无围墙，教育无国界，全球青少年都同样是世界未来的主人；民族文化和地域文化的差异，都是认识世界的教材。

无论我们在哪里办学，教育，都是全人类的共同事业。学校教育的顶层设计，必须基于整个人类的生存与发展。在思考容闳公学的教育设计的时候，我就联想到了"联合国可持续发展目标"（无贫穷，零饥饿，良好健康与福祉，优质教育，性别平等，清洁饮水与卫生设施，经济适用的清洁能源，体面工作和经济增长，产业、创新和基础设施，减少不平等，可持续城市和社区，负责任消费和生产，气候行动，水下生物，陆地生物，和平、正义与强大机构，促进目标实现的伙伴关系），这十七项目标，就代表着全世界有十七个不甚完善且急需改进的现状。每一个受教育的人，都有义务为此而努力。于是，我将学校的教育理想或者说培养目标定为"为世界进步培养积极力量"，并将"积极力量"分解为"懂得尊重""愿意努力""善于发现""乐于服务""永葆希望"。学校教育，必须是"全球参与"的教育；站在世界立场的学校，才能携手世界资源。在网络互联的时代，这种全球参与，已经没有了任何障碍。

尽管如此，与世界连接的最好方式，当然是"行走"，在学校教育中我们习惯称其为"游学"。鲁迅说："无穷的远方，无数的人们，都和我有关。"如何有关？唯有走到远方去，走进人们中。"远方"，只是一个相对概念，相对于某一所学校的某一群孩子，远方，就是孩子们"努力可以到达的地方"，就是"熟悉的此岸与好奇的彼岸的距离"：城乡与异域、古今与新旧，都很远。近则城里的公园博物馆、郊野的山水田园，远则祖国的东西南北、国外的林林总总。走出去，就是好的；

不出去走走，你会以为这里就是全世界。

以上所想，同质、差异、人际、过程、社区、世界，都有如"清风明月"，为你我所共有，在你我所掌握；是我所认识到的，在资金、政策、生源、师资、技术、范式等之外的，校长对于"教育资源"的另类理解。换一个角度去思考，换一条路径去寻索，教与学的组织形式和生长路径，会有另一番样子：与校长的专业性密切相关联的专业的样子。

学校教育的顶层设计

学校教育，是由专职人员和专门机构承担的有目的、有系统、有组织的，有计划的以影响受教育学校教育者的身心发展为直接目标并最终使受教育者的身心发展达到预定目的的社会活动。学校，是指教育者有目的、有计划、有组织地对受教育者进行系统的教育活动的组织机构。

这是关于"学校"比较"公认"的学术定义，我倒喜欢赋予"学校"一个更"自私"一点的说法："学校"，就是校长实施教育任务的阵地和实现教育理想的舞台。

是啊，身为校长，我们何其有幸。全国中小学教师数以千万，我们自其中脱颖。也许并不完全是因为我们"教而优则仕"，而是我们对教育怀揣着的美好初心，扎破了某个袋子，钻了出来，使我们成为校长。

国家发给校长每人一本"原著"（甚至似乎只有提纲），我们先要担任"编剧"，将其改编成"剧本"；然后担任"导演"，将其作为"戏剧"呈现在"舞台"上；很多时候，我们还要作为"演员"亲自上场，客串某个"角色";啊,还有,我们兼任"观众"和"剧评",在自我反观和反思中前进。

学校教育的顶层设计者,即"编剧"和"导演",就是校长。

校长从国家教育行政部门领到的那个"原著""底稿"或是"提纲"主要有两本:一是国家教育法规,二是国家课程标准;一个是行业原则,一个是专业标准。这来自国家层面的"原则""标准",是校长进行教育顶层设计的蓝本,是学校教育生长的大环境,是教育设计的共性部分。所以,同一个国家的学校教育,都会表现出大致相同的样貌。我所观察到的中国、日本、新加坡、澳大利亚以及欧洲各国的学校及其教育,都各有各的样子;欧洲各国,比如英国、芬兰、罗马尼亚等,也是各不相同。

每一所学校的教育设计,不仅具有国家属性,还具有地域属性和历史(校史)属性。学校总是坐落于某一个局部的地理环境,有着特定地域的自然环境、社会环境、经济环境、人文环境乃至风土人情,由此综合而成的"地域文化",以及一所学校自诞生之日起,年复一年积淀下来的以学校风气为主要表征的"学校文化",是学校教育生长的小环境,是学校扎根的本土土壤,是学校教育的"基础"和"条件"。这块土壤,有着相对稳固的特点,一旦成型,不易更改。这也是教育设计的共性部分。所以,同一个地域的学校教育,也会表现出大致相同的样貌。在中国,且不说地域差异巨大的东西部,就说同为一线发达区域的北京、浙江、广东,以我自己的观察和工作体验而言,其学校教育都各具特色。

当然,无论是国家大环境还是区域小环境,我们分析学校教育的特点和样态的异同,主要还是找到"教育的共性"。即便放眼全世界,在相同的时代,在同一片蓝天下,学校教育也具有极大的相似性。

因此，校长在进行教育顶层设计的时候，就有了依据和参考。即：在遵守国家教育法规、遵照国家课程标准的同时，参照国际教育惯例及趋势；充分考虑地域现状，科学扬弃学校传统，从而寻找到教育顶层设计的"原则与标准""基础与条件"。

其后，才是校长的"特质"，即教育自觉：理想、情怀、理念、方法等。这些是学校教育的必要性与可能性。我们常说"一个好校长，就是一所好学校"，说的就是这个道理：校长，决定着学校的发展方向和途径。

至此明了：学校教育的顶层设计，就是校长在充分把握"原则"与"标准"、充分尊重"基础"与"条件"的前提下，通过"教育自觉"，对学校教育的价值与成果、要素及关系、资源和路径等进行宏观谋划。

这是必要的逻辑路径。在学校教育的顶层设计中，校长既不能闭门造车，也不能通盘照搬，更不能仅凭一腔热情构筑空中楼阁。近些年来，各地纷纷出现的一些"纯国际学校"（即在中国开办的完全依照国外模式进行教育设计的学校），还有一些"纯情怀学校"（即一些社会精英阶层人士因不满于教育现状而完全自主设计的学校），在实际开办和运行过程中，都逐渐暴露出"水土不服""生命力不足"等不可持续发展的诸多问题。

主要元素

学校教育的顶层设计的主要元素有：教育理想、办学定位、育人目标、教育理念、学校文化、课程体系。

<u>教育理想，也就是教育或教育者的初心和使命。</u>初心，是一切行动的心理原点和动机原点；使命，是行动得以持续的根本驱动力。教育，

在任何时候、任何地点、以任何形式都不可能也不应该是完全成为个人事业的职业。作为学校的真实举办人和学校教育的第一代言人，校长要思考清楚的第一个问题就是："为什么做教育？做什么样的教育？"这里虽有两个问号，实则是两个紧密相关的问题，可以看作同一个问题。

"为党育人，为国育才"，这是整个国家和民族教育的共同初心与共同使命。具体到每一所学校、每一位校长，找到属于自己的具体可见的初心和使命（即教育理想），是一件极其重要的事情。否则，我以为，我们还是不要做校长为好。这份教育理想，除却"建功立业"（这是无可厚非的，甚至是理所应当的，乃至不可或缺的）之外，不应该再有任何其他的个人私念。尽管学校教育的力量有时显得很微薄，但出于一种理想，校长必须赋予学校教育一定的社会意义、时代价值、地域功能。

尼尔的夏山学校、张桂梅的女子高中，还有"一土""日日新"等，这些学校的校长们对于"为什么做教育和要做什么样的教育"的问题，有着极其清晰和笃定的答案。可能有人会说这类学校的教育太过个性，不能普遍适用。其实，我们大多数从业于普通公办学校的校长，同样也需要就此问题给出自己的回答。

<u>办学定位</u>，就是校长对学校教育样态及其成果的期待值：学校是何种属性（如公立还是私立、营利还是非营利、义务教育还是非义务教育）？学校办在什么地方？办什么学段的学校？办多大规模的学校？招收什么样的学生和老师？学校的上游对接什么学校以及出口对接什么学校？学校需要怎样的教育资源？可接受的教育和教学成绩是什么标准？……以及学校应该有怎样的规划以达成如上定位，并维持学校教育的可持续发展？

当然，一所学校的办学定位，可以随办学实践的推进以及客观条件的变化而不断演进。学校的发展，总是阶段式前进的。每一个发展阶段，都有属于这个阶段不可跨越也不可逃避的阶段任务，这也是办学定位的一个非常重要的动态因素。

育人目标，即培养什么样的人，也就是"学生（毕业生）画像"。每一所学校，其培养的学生都会在"大同"之余，具有"小异"的特点。这"小异"的部分，恰恰就是一所学校的教育特质，是其核心价值所在。这往往且必须取决于校长对于"学生核心素养"的理解、判断以及为此所施与的培养实践的实际效果。

注意，这里所讲的"育人目标"一定是指向"核心素养"的，它必须是符合人的成长的本质需求的基础要素，而不是所谓的"特长""爱好"（诸如会跳绳、会背诗之类）。

尽管"教育的目的是培养完整的人"，但这个"完整的人"需要通过全社会的教育和全时段的教育来努力完成，而对于一个具体的学校而言，它必须对这个"完整"进行拆解，力争在"基本完整"的基础上，找到符合"此时此地"的"教育重点"。这个教育重点，可以带有校长的个人理想主义色彩，但不可以脱离教育对象、罔顾办学定位、背离教育初心。

育人目标，一般会从身心、品格、文化、能力、情怀等多种维度进行表述，可以分项描述，也可以笼统概括。

教育理念，即如何培养人：原则、途径和方法等，这是校长和校长之大不同处。我们鼓励每一位校长在治学实践中展现异彩纷呈的教育理念，但决不提倡任何一种违背教育规律、伤害师生身心、破坏教育生态的伪劣的理念。

<u>学校文化，即用什么来培养人：</u>环境、品性、传统、精神、荣誉等。

教育有时候很神奇，能使人在不同的文化背景和文化环境中展现出不同的成长样态，这就是文化的力量，即"以文化人"。

<u>课程体系，即教育的内容与载体：</u>教什么和学什么，以及学习与升学的路径，包含课程理念、课程内容、课程组织形式、课程资源、课程评价等。

课程理念，是教育者关于课程的价值观和系统观，校长、教师，任何一个课程的设计者、实施者、资源建设者、评价者，都会基于自己对教育的理解形成自己的课程理念。这些理念，有共性的规定性和指导性标准（如国家通过《课标》对课程理念进行原则性和宏观性的规定以及方向性的指导），也应该有具体的教育行为人对课程价值及课程系统的个性认识：设置哪些课程内容？为什么要设置这些课程内容？这些课程内容之间的逻辑关系是什么？这样的课程系统是最集约、最高效的吗？这些课程以怎样的形式来组织实施？保障课程实施的资源在哪里？如何评价课程实施的成果？

因为学校课程的大众化、可视化的成果就是"课表"，所以，"课程设计"很容易被简化为"排课表"。实际上，课表只显示课程内容的要素及其比例，并将其以一定的课程实施周期（通常为一周）进行有序排列；并且，课表所能显示的课程内容，只是学校教育课程中可分割、可显示的内容，是课程的一部分。仅就课程内容而言，除了这些可分割、可显示的内容（如语文、数学、英语、物理、政治、体育等具体学科，以及阅读、自习、班会等具体教育或活动项目等）之外，还有很多不可分割、不可显示的交叉或融合在其他课程内容之中的，甚至并不具有时空规定性的隐性的内容，如探究、实验、指导等，还有些课程需要在学校教育的时限之外开展（如参观、实践、游学、劳动等）。

因此，课程内容是一个立体系统，课表只是冰山露出水面的被直观看见的部分。当然，这个部分也能在一定程度上折射出一所学校的课程体系，以及其所反映出来的课程理念、组织形式等。

多数学校的课程体系，通常分为"国家课程"和"校本课程"两级（也有叫"基础课程""拓展课程"或其他名称的，多数只是名字不同而已）。这是正常且正确的，因为"国家课程"的意义在于普遍规定性，而"校本课程"的价值是体现学校的特殊能动性。校长具有课程领导力，其核心任务无非两条：第一，有效地组织和实施国家课程；第二，优质地开发和实施校本课程。

实操：容闳公学的顶层设计

创立容闳公学的时候，自然需要对学校的教育做一个顶层设计，这是创校校长的业务职责和历史使命。

容闳公学所隶属的珠海华发教育集团是一个成熟的教育集团，从2002年运营至今，已在旗下拥有幼儿园、小学、初中、国际高中等十几所单体学校。作为新建学校，容闳公学选址横琴岛、投资20亿元，集团对其寄予了比以往任何一所学校都要高得多的品质期待，使其成为所谓"旗舰校"。

这里介绍一下容闳。容闳，中国近代著名的教育家、外交家和社会活动家；是第一个毕业于美国耶鲁大学的中国留学生，是中国留学生事业的先驱（组织了第一批官费留美幼童120名，如詹天佑、唐国安等），被誉为"中国留学生之父"。容闳故里就在如今的珠海南屏，华发教育集团创办的第一所学校就以"容闳"为名，以示纪念与传承。

作为民办教育集团，华发教育在珠海有着比较悠久的历史，更重要的是，华发教育在珠海乃至南粤地区已经形成了良好的教育品牌形象，深得家长和学生的认可与信赖。那么，一所全新的学校如何定位？如何让社会能够在原有的认知惯性中接受更高的教育消费水平（不仅要接受近乎翻番的学费，还要接受远离市区的距离）？作为校长，如何让一所新建学校的新教育（准确地说是"尚在图纸上的教育"）超越那么多所老学校的老教育，是一副压在我肩上的沉重的担子。

作为一名教育人，我所看到的中国基础教育的现状，并不能让我满意，甚而使我不能安心。所以，无论投资者对教育有着怎样的追求，我作为创校校长，铁定是因为自己对教育有着清晰而执着的梦想而来的：我希望能够将自己在百年名校北京四中从教的工作所得惠及更多的地方，尤其是在创建公办学校北京四中房山校区之后，希望能够在民办教育的土地上再种下一棵优质教育的树苗；我相信，在更高的教育投入下，在更广阔的教育空间里，学校教育可以做得更好。

我在入职第一天的日记里写下两句话：

世界并不完美，教育也是。

你在哪里，光就在哪里。

这份教育情怀，简单而纯粹。后来，这两句话，成为我撰写容闳公学教育形象宣传片解说词时的开篇之词和结尾之句，并就此诞生了我最朴素的教育理想：

"为世界进步培养积极力量！"

我以为，这是全世界各级各类教育的基础价值和根本宗旨。容闳

"为世界进步培养积极力量！"

公学，立志做最好的教育，便理应有如此担当。

为此，容闳公学的办学定位，就是使命之使然：

一所根源于容闳公学而有别于容闳公学的新学校。这是学校教育的先进性，强调与时俱进的可持续发展。

一所秉承容闳精神的汇聚中西的国际化学校。这是学校教育的开放性，强调与世界连接的全球互联。

一所与祖国同在、与未来同步、与世界同行的学校。这是学校教育的民族性，在重视开放交流的同时强调根植本土的文化归宿。

对于民办教育而言，"国际化学校"是一种极高的办学定位，它不同于传统意义上的"国际学校"。为此，我专门对"国际化学校"作出了我自己的判断和解读。我认为，在"国际"这个维度上，中国的学校走过了三个发展阶段：第一阶段是"国际班"，即为国外考试而办的升学培训班；第二阶段是"国际学校"，即照搬国外学校体制及课程的国外品牌连锁分校；第三阶段是"国际化学校"，即立足本土而面向世界的中国人自己的学校。中国学校在国际化的进程中，目前还处于"融合、吸纳"的初级阶段，未来的发展趋势必定是可以"输出"乃至"引领"的高级阶段（我称之为"国际化学校4.0版本"）。容闳公学，就是要做4.0版的国际化教育先驱：集世界智慧，做世界最好，与世界共享。

为世界进步培养积极力量，也为教育进步贡献容闳力量。

何为"积极力量"？这就是"育人目标"的问题，我需要对容闳公学的教育产品（毕业生）进行画像。

我始终认为并倡导：教育即关系。

所谓教育，其本质就是要帮助学生建设好与"人"（的自身生命成长要素）相关联的关系，而在诸多关系之中，又以如下五大关系为要务：人与自我的关系、人与学习的关系、人与自然的关系、人与社会的关系、人与未来的关系。学校教育，就是要帮助学生发展自我，学会学习，理解自然，融入社会，拥抱未来。为此，学生需要成长为懂得尊重、愿意努力、善于发现、乐于服务、永葆希望的"积极"的人，这就是"积极力量"的五大核心要素，是容闳公学的育人目标。

容闳公学学校教育顶层设计中的"一句话"（为世界进步培养积极力量）、"五个词"（懂得尊重、愿意努力、善于发现、乐于服务、永葆希望），很快成为全社会对容闳公学教育的认知与记忆，并获得了广泛的社会认同。

华发教育之所以在珠海享有盛誉，正是因为举办者在创校之初就树立并倡导"绿色教育"的理念。"绿色"，这在21世纪初的教育界是一个非常先进且前卫的理念，华发教育的创立者（首位校长）陈青女士曾对"绿色教育"有一段动人的表述：

绿色教育来自大自然的启迪。茫茫林海，您见过两片完全相同的叶子吗？每个孩子都是独特的，顺应人的发展，弘扬人的本性，让孩子在和谐健康的环境中成长，这就是我们的绿色教育。

后来，华发容闳学校总校校长李东平先生在"绿色教育"的基础上发展性地提出"绿色生命中心教育"的概念，强调"让生命居中、让温度在场、让生命拔节"的更具体、更形象的教育理念。

在"绿色生命中心教育"理念的统领下，如何"让教育充满生命的温度"，如何确立属于自己的关于教育理念的具象表达，是摆在容闳公学创校校长眼前的重大课题。

早在创立北京四中房山校区时，我就提出了"做有温度的教育"

的教育主张。在这一点上，华发教育和北京四中房山校区理念一致，南北呼应，这也是我愿意辞京南下的重要原因。多年来的教育经验告诉我，教育的温度，必须来自"人与人的关系"。北京四中的教育温度，就源于北京四中"以人育人"的教育理念和学校文化。但凡"人"被隐藏而只靠所谓制度、纪律、教材、考卷来完成的教育，都是冷冰冰的教育。最好的教育，一定发生在人与人的直接关系里。我一直记得北京四中刘长铭校长对"以人育人"的解读："以行为影响行为，以品德培养品德，以能力提高能力，以理想树立理想，以情操陶冶情操，以境界提升境界，以人格塑造人格。"在这种理念下，师生之间（以及同事之间、同学之间）是教学相长的关系。

好了，有了，容闳公学的教育理念就是"以人育人，共同成长"；因为除此无他。

既然"教育即关系"，既然"以人育人"，那么，学校的文化特质，必为"和"：和而不同。

《说文》："和，相应也。"《广韵》："和，顺也，谐也，不坚不柔也。"《易传》："保合太和，乃利贞。"《道德经》："道生一，一生二，二生三，三生万物。万物负阴而抱阳，冲气以为和。"《国语》："和实生物，同则不继。""和"，成为中国哲学中一个与天地运行、万物创生相关的重要概念。

《礼记》："喜怒哀乐之未发，谓之中；发而皆中节，谓之和。中也者，天下之大本也；和也者，天下之达道也。致中和，天地位焉，万物育焉。"《庄子》："与人和者，谓之人乐；与天和者，谓之天乐。""和"，落地到审美命题中，成为中华传统文化中审美情趣的主流思想。

《论语》："君子和而不同，小人同而不和。"何晏《论语集解》：

"君子心和，然其所见各异，故曰'不同'；小人所嗜好者同，然各争利，故曰'不和'。"朱熹《四书章句集注》："和者，无乖戾之心。同者，有阿比之意。"钱穆《论语新解》说："君子尚义，故有不同；小人尚利，故不能和。后儒言大同，即太和。""和"，被引用在人格修养层面，成为中国传统文化中君子之德的核心思想。

从自然概念到审美取向，再到道德主张，"和"是表达"关系理想"时最完美的字眼。2008年北京奥运会开幕式的主题就是"和"。

学校教育，亦是如此。教育内容全面协调，是为"和谐"；教育理念中西合璧，是为"和融"；教育方式和顺适度，是为"和适"；教育要务身心健康，是为"和身"；教育过程缓慢优雅，是为"和缓"；教育情绪和善可亲，是为"和悦"；教育环境风和日暖，是为"和煦"；教育主体和衷共济，是为"和衷"；教育性格温和敦厚，是为"和厚"；教育人际抱德炀和，是为"和洽"。

校园里设有12栋楼，我以"和"为题为其分别命名：图书馆（也是学校的正门）"和正"，寓意和平中正；剧院"和雅"，寓意和谐雅正；教学楼"和敬""和勖""和敏""和实""和新"，分别对应尊重、努力、发现、服务、希望；体育馆"和毅""和志"，寓意和身毅勇、志正体和；宿舍楼"和孺""和悌""和友"，寓意和怿相亲、和礼恭敬、和谦友直。

为世界进步培养积极力量，一定是为"和"进步而培养的"和"力量。

因此，容闳公学的课程设计与实施，强调在自主与刻苦之后获得发展，在实践与服务之中追求卓越，在传统与世界之上面向未来。

课程部分是一个大话题，我会在之后的章节中详细谈及。

（学校教育的任务，就是要为学生"建立完整的发展体系，创设开放的学习过程，养育看得见的全面成长"。）

核心素养

学生发展核心素养，指学生应具备的、能够适应终身发展和社会发展需要的必备品格和关键能力。2016 年 9 月，《中国学生发展核心素养》研究成果发布。中国学生发展核心素养以培养"全面发展的人"为核心，分为文化基础、自主发展、社会参与三大方面，综合表现为人文底蕴、科学精神、学会学习、健康生活、责任担当、实践创新六大素养，又分别具体细化出三个基本要点（共十八个基本要点）；是为"一、三、六、十八"。

一、文化基础

人文底蕴：人文积淀、人文情怀、审美情趣

科学精神：理性思维、批判质疑、勇于探究

二、自主发展

学会学习：乐学善学、勤于反思、信息意识

健康生活：珍爱生命、健全人格、自我管理

三、社会参与

责任担当：社会责任、国家认同、国际理解

实践创新：劳动意识、问题解决、技术运用

美国将核心素养中的"核心要素"提炼为"4C"模型：

创造性和创新能力（Creativity and Innovation）

批判性思维和问题解决能力（Critical-thinking and Problem-solving）

交流能力（Communication）

合作能力（Collaboration）

北京师范大学刘坚教授领衔的研究团队在"4C"基础上提出了学生核心素养的"5C模型"：

文化理解与传承（Cultural Competence）：文化的理解、认同、践行

审辩思维（Critical Thinking）：质疑批判、分析论证、综合生成、反思评估

创新素养（Creativity）：创新人格、创新思维、创新实践

沟通素养（Communication）：同理心、倾听理解、有效表达

合作素养（Collaboration）：愿景认同、责任分担、协商共赢

综合对于"学生核心素养"的研究与结论，基本指向了以上所列的几个维度。这说明全世界对于公民在未来社会中所需的生存及发展素养的基础内容，有着较为一致的认识与判断。其间的差异，基本上只是表述差异。

容闳公学基于中国学生发展核心素养框架，结合中小学分科教学及活动教育的特点，将学生的核心素养具体分解为十大要素，进而又将此十大要素进行指标分解（共六十项），并在十二年一贯制教育课程体系中进阶培养。

我将这套方案称为"中国学生核心素养之容闳'干支'解决方案"：

中国学生核心素养之容闳"干支"解决方案

一、自我管理与行为习惯：勤奋，认真，履职，担当／热爱学习，终身学习，永葆好奇心／目标明确，做事专注，坚持不懈／具备良好的抗挫能力和抗压能力／具备时间管理能力／有自信心；

二、道德法制与思想品格：热爱祖国，遵守法律，敬畏规则／有悲悯情怀／培养正直、诚实、公平和尊重他人等品质／面对不公平情形敢于伸张正义／为动机负责，以集体利益为重／理解新媒体和新技术引发的伦理问题和人类困境／培养服务社区的市民意识和忠于祖国的公民意识；

三、阅读理解与信息获取：能阅读中英文读物／涉猎多个领域和多种文体／能阅读连续和非连续性文本／能准确快速地获取复杂文本中的有效信息／能精准复述和深刻评价／能通过智能技术快速获取有价值的信息并形成学习材料；

四、探究思维与创新能力：爱思考，会提问／学以致用，解决复杂问题／发展跨学科的知识、观点和研究方法／在反思中自我改进；

五、语言表达与沟通交流：有效倾听，有效陈述／能熟练使用一门以上的外语听说交流／能面对不同受众清晰、得体地表达／掌握常见应用文体的书写规范／能通过解释、劝说、辩论、演讲说服他人；

六、艺术创造与审美素养：对形状、色彩、质地等有充分的感知／有一门以上的艺术爱好及特长／能用艺术形式表达思想情感／在戏剧活动中获得角色和生活体验；

七、数字技术与科学素养：理解并应用数字技术／熟悉多媒体资源及信息工具／创造数字知识和数字媒体／提出假说，严谨求证，反复试验，形成证明过程或解决方案／了解和关注人文科学和自然科学领域的新兴课题／讲究实证，尊重事实，具有独立思想和科学精神；

八、身心素质与挑战精神：身心健康，有耐力，灵活／有一门以上的运动爱好及特长／有勇气面对陌生紧张的环境／敢于探索和尝试／在不确定的前景和不可预测的变化中保持有效地工作／争取成功／悦纳失败／培养创业素养；

九、团队合作与领导品质：执行决策并达到目标／对团队有建设性意见和行为／交友广泛，建立良好的人际关系／促进民主，达成愿景，建立互信，解决分歧，提供有效支持／关爱、帮助他人／通过个人影响力来领导团队／分享荣誉；

十、民族文化与国际理解：开放、包容，尊重他人价值观和传统习俗／熟知并认同中华优秀传统文化／理解中国以外的历史、政治、宗教和文化／使用技术将全球人物和事件联系起来／智慧地解决跨文化的分歧与冲突／与不同文化的个人或组织学习并与之合作／利用社会和文化差异建设新的价值观念。

学校教育中的每一件事情——每一门学科教学、每一项教育活动——都要指向这套方案（中的某些要素和指标）进行设计、组织、实施和评价。

学校教育中的每一个组织——每一个学科教研组、每一个年级组、每一个项目组——都要将这套方案（中的全部要素和指标）进行十二年进阶式的分解，各自形成可视化、可量化、可操作性、可评价的教育教学要点，落实在日常教育教学行为之中。

学校教育中的每一次评价——每一次检测与考试、每一次结业评语、每一次评优表彰——都要将这套方案（中的某些要素和指标）作为主要和重要的依据。

当然，不同学科、不同年级、不同的教育项目，在这套方案各项要素和指标中所承担的义务比例是不同的。比如，"自我管理与行为习惯"的主要培养阵地在相关的专题教育活动，"阅读理解与信息获取"的主要培养阵地在语文、英语等人文学科，"数字技术与科学素养"的主要培养阵地在数学、物理、化学、生物、计算机等科学学科，"身心素质与挑战精神"的主要培养阵地在体育等学科。尽管如此，学校依旧要求教育系统中的每一个组织单元，都要全面关照学生核心素养的养成。比如数学学科教学也要关注学生阅读能力的培养，体育学科教学也要关注学生审美能力的培养，等等。

从而，校长在课堂教学及活动项目开展等过程中，就有了管理与引领、指导与评价的纲要与标准。能够对学生核心素养的某些要素及其指标产生清晰的促进作用的教育教学行为，就是必要的行为，就是正确的行为，就是有效的行为，就是值得提倡的行为。长此以往，必将形成学校的优良传统。

就此，学校学生的标准"画像"，就呈现了出来，成为学校教育产品的共性"人设"。就容闳公学而言，这个"画像"和"人设"就是：世界进步的"积极"力量——懂得尊重、愿意努力、善于发现、乐于服务、永葆希望。

校园文化

在北京四中房山校区的新校园即将竣工，正在紧锣密鼓准备开学的时候，有那么一段日子，我几乎天天都能接到"校园文化公司"的推销电话（我一直没搞清楚他们是怎么弄到我的电话号码的）："我们是专业做校园文化的，某某名校就是我们的客户。黄校长，您的新学校需要做校园文化吗？我们可以提供设计、施工一站式服务。"

当时我并不明白"校园文化"是什么，我只是纳闷："我的文化怎么是别人替我做出来的呢？"几番了解才知道，这些"校园文化公司"所说的"文化"，就是在校园里寻找各种可以张贴、悬挂、摆放的地方，弄上千篇一律、红红绿绿的标语、口号、符号、模型、雕塑……

我试着在校园里走了好几遍，发现李虎老师设计的校园，几乎没有任何地方可以安放他们替我设计的那些"文化"：所有的墙面都是水泥原本的灰溜溜的样子，配什么颜色都不搭调；每一处公共空间都会人来人往，增加任何东西都会碍手碍脚；就连学校的校名，还是在我的强烈要求下，紧抠抠地增大了一点点尺寸，用几乎和水泥无法区别的金属本色，雕镂了一行，贴在校门口的水泥墙面上，你不走近它，它绝不会主动吸引你的眼球。

李虎老师在设计校园指示标识的时候，也是极尽简约之能事。他有一句话："校园是主人的地盘，没有外人。"是啊，你需要在自己家里贴满指路牌和房间门牌吗？难怪有一次我在参观一所学校的时候感觉非常别扭，但当时又说不清为什么。那是一所新建学校，气派得很，豪华得很；我举着手机拍了好多照片。回家后整理照片时忽然发现，几乎每条楼道的正中间与视线齐平的地方都有"洗手间（再加左或右箭头）"的招牌字样，尺寸大得很，很是招摇，很是煞风景。印象中只有公园、机场等"都是外人、客人、陌生人"的公共建筑场所，才需要悬挂那么充足且显眼的指路牌；校园里，一回生，二回熟，不过三天就门儿清了啊。

受此启发，在这个几乎没有什么指路标识同时又是曲曲绕绕的校园里，我们迎接第一届新生的第一个教育活动项目（之后形成了一项教育传统），就是"奔跑吧，少年"，好像是在闯关寻宝，也像是在捉迷藏，还有点密室逃脱的刺激感；目的是让一群彼此陌生的孩子以最温暖、最自然的方式，熟识彼此，熟悉校园。

那个校园，很多年都没有往墙上贴一个字，干干净净的，纯粹得很。可是慢慢地，我渐渐地、隐隐地嗅到了"文化"的味道。

因为工作关系，我经常走访很多学校。走多了，看多了，我除了对学生表示心疼之外，还会对学校里的"墙"感到特别心疼：原本不会说话也无话要说的"墙"，都在被逼着"开口说话"。因为大家都觉得"墙"是"文化"最方便的载体，你看城市农村大街小巷的各种墙文化就知道了，于是，很多校长都乐于通过"墙"来掌握整个学校的办学话语权。很多学校的"墙"，五彩斑斓，面目全非，"不识墙壁真面目，只缘身上被贴满"。我们对文化的理解，有时候会显得出奇的狭隘与偏颇，总以为是文化就必须看得见、摸得着，就必须红红绿绿、热热闹闹。

其实我更想说的是，这实际上并非"文化理解"的问题，寻其根源，可能是"学校归属"的问题，即："学校是谁的？"

学校是谁的？不如这样说："学校是校长的，是老师的，也是学生的，但归根结底，学校是学生的。"校长很容易将学校当成自己的，依照自己的喜好去装扮校园，几任校长下来，校园里的标语、口号、雕塑、条幅……密密麻麻。谁都想证明一下：这里，我来过。

很少有人愿意静下来好好想一想：文化是什么？校园文化究竟是什么？作为教育环境、教育资源且折射着教育理念的学校文化，到底应该是什么样子的呢？

我曾去过国内很多好学校，也参访过国外的一些好学校，我发现，真正好的学校，都很简朴、纯粹、干净。没有什么东西会"映入眼帘"，绝不会让你"应接不暇"，却往往在开门推窗之时和一树一墙之间给你以历史的凝固感和时代的脉动感。你既会觉得自己是个外人，初来乍到，战战兢兢，生怕打扰了这里的一切；你又会感到自己就是主人，没必要客气，也丝毫不会拘谨。

我特别喜欢"干净"这个词，我以为，关乎教育的校园文化最核心的品质就是"干净"。我说的"干净"，不是什么都没有，不是什么都不要，而是倡导教育要无痕：教育者要退居学生身后，教育场景要让位于成长风景。如果说校园文化要能被看见，那最应该被看见的就是师生的专业发展、师生的生命成长、师生的精神生长。因此，比起各种口号，我更愿意看见师生活动的各种海报、各类作品乃至涂鸦贴满校园的各种地方；比起各种雕塑，我更愿意看见师生活跃在课堂、活跃在操场的各种鲜活的身姿和身影。当各种生动活泼的教育场景散落在校园的各个角落，你就会"心向往之"又"近之而情怯"，你就能真切地触摸到文化的样子了。

北京四中的师生（尤其是毕业之后的校友）都对四中校园里的那几株玉兰树念念不忘，每到初春时节，大家都在天南地北遥寄相思，互问"玉兰开了没有"。其实，大家想念玉兰，不是因为玉兰有多美，也不是因为四中的玉兰有多么与众不同，而是因为玉兰花开了又谢、谢了又开的年复一年地轮回，见证了每个四中人在四中校园的岁月匆匆，玉兰花的纯洁无瑕，像极了四中人的集体脸谱。是呀，让不同的人在不同时刻都能在校园里找到自己的精神栖息地，这，或许才是真正的校园文化。

后来，在创建容闳公学的时候，我自然也没想往墙上去贴、去挂。不知道怎么起的头，同事们争论起"'校园文化''学校文化'之异同"来：有人主张就按传统说法叫"校园文化"；有人又反对说"校园文化"只是那些"看得见"的标语、口号、雕塑、摆件，几乎等同于"校园装饰"，而"学校文化"还包括理念文化、制度文化、管理文化、人际关系文化等那些看不见的东西，所以还得搞一本《学校文化汇编》。

我虽不至于听不懂，但还是有点蒙。我总觉得，他们两派所说的，也没什么大不同，也都是在搞"看得见"的东西，并且，也都认为文化是可以"预设"的。难怪有领导好像很正经地问过我："新学校马上就要开学了，'文化'做好了吗？"

文化，是做出来的吗？是可以提前做出来的吗？中国的文化是谁做出来的呢？炎帝还是黄帝？我不知道啊。到底还是需要我汇报"文化"。准备汇报稿的时候，我忽然记起几年前应某市教育主管部门之约请，为当地的校长们做过一次讲座，当时的命题就是"如何做好学校文化建设工作"。我翻出当时的讲义，重温了一下我自己对"学校文化"的定义：

文化，就是人们对于一个空间或一段时间的层层叠叠的记忆。

学校文化，就是师生对于校园环境的某一处或校园生活的某一刻的具有传承性的共同记忆。它是所有人在此生活所留下的痕迹，是所有人在此生活所体验到的一种氛围和感觉。

我的这个定义，当然不是什么科学定义，带有很强的个性理解和文艺表达的色彩。但是，在我看来，文化，确实是基于共同记忆而生成的。国家文化，就是国家共同记忆；民族文化，就是民族共同记忆；学校文化，那就是学校师生的共同记忆。这份记忆，因其"共有"之属性，从而具有传承功能和教化功能。对于一所学校而言，毕业多年的校友，回到母校，倘若他还能与在校的学弟学妹（乃至学子学孙）很投机地聊天，那些"投机"的部分，那些可以"心有灵犀"的部分，那些"你我都懂"的部分，一定是"学校文化"。

文化，必须归属于每一个人，是所有相关的人的生命记忆和精神归宿。因此，学校在办学进程中，要特别注意保护师生在校园里的生活痕迹。校园文化，就是要让每个人的故事都能在校园里找到存放的角落；只有能够在校园里"找回当年""遇见自己"的学校，才是"母校"。

北京四中是个百年老校，文化深厚。校友聚会，无论在世界何地，都必唱《希望与理想之歌》，都必做"部位操"，都必说"六边形教室"，都必怀念"三点半放学"，还有"足球联赛""新年舞会""五四的灯火"，还有几百条校规……

我以为，文化，是生成的，而不是也不可以被预设出来。

好比一个人，把行为做成习惯，把习惯酿成品格；于是，这个人，就成为"这个"人。

好比我们的日子,是柴米油盐,鸡毛蒜皮,一天一天,年复一年,"过"出来的;家庭成员男女老少都记得,并自觉或不自觉地一代一代传下来的,就是家族文化;它反过来又规范和引领着我们对于日子的"过"法。

我曾听一位企业家朋友说起一个现象:三流组织讲"管理"(制度与标准),二流组织讲"技术"(产品与质量),一流组织讲"文化"(品牌与精神)。其实,学校教育也是如此:三流学校推崇各种制度、规定、流程、范式、考评,以工业化思维把教育做成流水线;二流学校着力在课程和课表上下功夫,以企业化思维偏颇于供给侧改革;一流学校则注重教育理解和文化塑造,遵循生命成长规律改良生命成长环境。学校的教育文化,包括组织文化、制度文化、课程文化、校园文化、品牌文化等。有看得见的,有看不见的;有向外的,有向内的。

倒不是说"管理"和"技术"不重要,而是说"文化"做好了,它们才会真的有用;或者说,在这三者之中,谁的比重大一些,往往就决定了学校教育的层次和水平。当你在一所学校里工作或求学,看不到条条框框,感觉不到花里胡哨,然而教育依旧做得很好,那一定是"文化"在起作用。

第四章

以人育人，共同发展

学校是谁的？

要想获得一个真正科学的教育理念，首先需要厘清一个前置问题：学校是谁的？你可能会觉得，这个问题有点矫情；是的，不过，这个矫情的问题，确实能帮助我们更好地思考教育的问题。

记得 2014 年，北京四中房山校区建成并正式开学时，时任校长的我，突发奇想创建了"家长学校"，紧接着又创建了"教师学校"；有入学通知，有结业证，当然也有课程，有学分。后来听闻各地诸多学校都开始教师学校（教师学堂、教师发展中心、教师大讲堂等）和家长学校（家庭教育指导中心、家长课堂、家庭教育大讲堂等）的建设，看来越来越多的人已经认识到了这个工作的重要性。——我这样说，并非想标榜自己是首创者（事实也不可考），顶多是想说"英雄所见略同"。

学校是谁的？这是一个必须回答的问题。

学校，按照比较学术的定义，是指教育者有计划、有组织地对受教育者进行系统的教育活动的组织机构；用更浅显直白的话来表达，学校就是"人们可以在这里获得比较系统的成长支持的地方"。这里的"人们"，通常被叫作"学生"。

关键是什么人可以和需要成为"学生"？这也是一个必须回答的问题。

受教育的人或教育对象，都可以称为"学生"。那么，全日制在校学习的人（主要是青少年、儿童），当然是学生，职业的学生；所以，学校自然就是"学生的学校"。学校这个空间（以及这个概念）还与其他两类人密切相关：教师和家长。和学校相关的教师，会不会、能不能、该不该也在学校里获得比较系统的成长支持？同样，和学校相关的家长，会不会、能不能、该不该也在学校里获得比较系统的成长支持？答案应该是毋庸置疑的：会，能，尤其应该。

因此，学校，也是教师的学校、家长的学校。

先说"教师"。

教师要不要继续学习，继续进步？答案必然是肯定的。韩愈在《师说》中说，"弟子不必不如师，师不必贤于弟子"，这好像是在帮老师心安理得地可以不如学生找了个名言靠山，但实际上，韩愈强调的是"术业有专攻"，不必拿学生之所长，来比教师之所短。在今天的学校里，教师，往往是作为术业专攻者的面貌站上讲台，出现在学生面前的。正因为术业有专攻，教师就必须在自己所专攻的术业上，成为学生的楷模，贤于弟子。

那么，是不是一个大学毕业的教师，就一定能在术业上贤于弟子呢？理论上应该是的，但实际上未必真是，未必全是，更未必永远是。首先，即便教师专攻术业，且学士、硕士、博士毕业，也未必能对本术业的方方面面都有深攻。其次，大学所学（专攻之术业）与中小学之所需（所教学段之学科）之间，并非一一对应，所学非所用者往往而是。最后，也是最最重要的，时代在前行，知识在更新，能力在升级，方法在迭代，观念在重构，任何人也不能在学历和文凭上数十年如一日地"躺平"，教师尤其如此。我们在慨叹（抱怨）"一届不如一届""一代不如一代"的时候，就是我们自己"躺平"了没能追上下一届和下一代的时候。

更何况，教育不是简单机械的知识传递和能力训练，教育是艺术。虽然教师都是经过教育学、心理学、教学法等课程培训并通过相应考评拿到了教师资格证才成为教师的，但这些纸上谈兵的东西，并不意味着在实践中就一定能当作教条一样照搬照抄。教育实践，是一个以活生生的人群为工作对象的纷繁芜杂的过程，这个学生和那个学生不一样，今天的学生和昨天的学生也不一样，同一个学生学语文时和学数学时都不一样，有效的教育和优秀的教师，都必须在"实践—反思—学习—提升—再实践"的进程中，获得磨砺。

再说到"家长"。

苏霍姆林斯基说："不关心家长的教育修养，任何教育和教学任务都不可能完成。"这还仅仅是从"辅助孩子教育"的角度来谈到教育家长的重要意义，其实还有不可忽略的家长自身的成长必要。假使可以将"家长"也视为一种职业或一门专业，那么，这门职业（专业）是缺乏专门的培训和标准的。作为直接作用于人的行业，无论是医生、心理咨询师、教师，都要经过严格的行业培训和从业认证，唯独家庭教育和家长没有，这是一件很可怕的事情。让家长自发施教和自学施教，都不可行也不够。学校应该担负起家庭教育指导和家长培训的职责，借助孩子在学校学习成长和家长成长的关联性，开展家庭教育指导和家长培训工作，是为"家长学校"。

越来越多的人，开始认识到"家长"在"教育"中重要且不可替代的作用，但多数人只是将其作为"学校教育"的辅助力量，所谓"家校配合"，强调的是家庭教育之于学校教育的从属地位和附属意义，充其量只是将家长视为学校教育的"统战对象"。这也就是为什么大多数学校会简单地通过"家长会"来解决这个问题，并且在"家长会"

上往往也只是履行一下"通知""告知""汇报""要求"等职责而已。在家校沟通中，"您孩子某某方面欠缺，您在家要多管管"，"这个问题，我已经进行过多次批评教育了，您孩子不听不改，您要配合学校进行教育"，等等，这一类话语，很多家长都并不陌生。

像这样把家长用作助教的现象，说到底，其根源还是校长没有真正理解"家庭教育"的本质功能，曲解了"家长"的教育价值。

教育不是谁教谁，而是谁和谁

教师教育学生，学生向老师请教，这固然是天经地义的事情；然而，也正因为这份天经地义和理所当然，我们会误以为教师天然就是教育者，学生天然就是受教育者；师生之间，天然具有"先后"关系、"主从"关系、"高下"关系，进而还会演化出"优劣""尊卑""贵贱"来，所谓"师道尊严"。

尽管我非常愿意用最乐观和最善意的态度来揣测和我一样的教师们的知识水平和专业能力，但还是非常遗憾地看到和我一样的教师们在"专攻之术业"上捉襟见肘、百孔千疮，在"教育之业务"上疲于奔命、劳而乏功。

我时常问自己，也问身边的同事：我们何以为师？

就因为我有教师资格证吗？难道这个证真的很难考吗？

就因为我是大学生吗？难道大学生就能够教书育人？

就因为我有过学习的经验吗？难道"想当年"也能教书？

就因为"一日长乎尔"吗？难道吃的盐多就能告诉别人米的味道？

如果追溯一下"那个从事教书工作的'我'是从哪里来的"，我想大多数人的答案都是"长大后我就成了你"。我的意思是说，我们并没有为"成为你"而太刻意地做过什么，只是"长大了"而已。这还不包括那些实在找不到工作了才"下嫁"到教师队伍里来的"我"。

于是，一夜之间成了教师的"我"是怎么教书的呢？

备课——通过"现学现卖"，让自己变成先知先觉（其实也就"先"一两个晚上）。

考试——自己不用考，而专门考别人。

校规——天天勤勤恳恳地干着警察加居委会大爷大妈的事。

蜡烛精神——所谓"为了学生，牺牲自己"，甘为人梯，甚至干脆把自己放倒在学生脚底下，做成铺路石。

当然，总体上来说，教师们毕竟还算是"先知先觉"，毕竟我们是"持证上岗"，"教学生"是教师的天职（是本分，也是权力）；但是，这并不意味着教育只会、只能、只需发生在从师到生的单一方向。

至少，教学相长。《礼记·学记》："是故学然后知不足，教然后知困。知不足，然后能自反也；知困，然后能自强也。故曰：'教学相长也。'"这种教育的功用会在师生之间发生双向流动的现象，对于教师而言，孔子、柏拉图、苏格拉底都体验并表达过。

我在这里所要强调的，还不只是这种师生之间的互教互学，而是相较于此更进一步的"师生相伴相随"，也就是"和"。

我曾一再强调：教育的本质，是一群人的学习成长和另一群人的学习成长发生联系和影响，产生相互促进的作用力。为此，"一群人"和"另一群人"之间发生联系和影响，是教育生发的前提和基础。也就是说，教育，首先是"人与人在一起"，是"彼此可以看见"。当然，这里说的"在一起"，可以是物理上的处于同一时空，也可以是抽象意义上的"彼此同在的感觉"；所谓"看见"，可以是真实的肉眼所见，更可以是抽象意义上的"可以感觉到"。

你我在一起，彼此可看见，才有可能谈"以人育人"。

为什么要特别说说这个，是因为我们做教师的，很容易染上一种叫作"好为人师"的职业病。好为人师，本身没什么不好；而毛病在于我们往往是"拉着虎皮做大旗"地去为人之师。老师给学生上课："这个考试要考！"老师批评学生："你违反了校规！"老师鼓励学生："争取评上三好学生！"老师激励学生："你看看人家！"总之，教师在实际的教育行为中常常要借助"第三方"的威力：考试、校规、荣誉、别人……我们肚子里装着各种各样的教育素材，却唯独没有"我自己"。

可不可以让教师自己就成为教育的素材：教育的内容、教育的资源、教育的方法，乃至教育的评价？可不可以让教师以自我形象直接与学生发生联系、对学生产生影响？这是教育能否再进步的性价比最高的问题。

目前，无论是官方组织的还是民间自发，有关教师的专业培训，几乎全都指向"教"：教什么？怎么教？教到什么程度？怎么知道已经教好了？这些，都是"法"，都是"技"；看似在要求教师，实则都是在要求学生。教师每学来一种"法"，学生就必定要被他的新花样"折腾"一段；无甚效果，然后再学一"法"，再折腾一段。如此循环往复，无休无止，其结果就是诞生了层出不穷的"法祖"（学名叫"专家"）、"法门"（学名叫"流派"）。这些"法"虽不是什么坏东西，但毕竟前途有限。

孟子说："行有不得者皆反求诸己；其身正而天下归之。"教师要善于反观自身，要视"我即教育"。这是我在北京四中通过从教多年的观察与实践所得的最大收获。

北京四中老师的书教得好，很多人便慕名来观摩学习，少则几天，多则数月；一段时间"看"下来，不免心生狐疑："没觉得北京四中老师上课有什么'妙法''绝招'啊。"是的，教书这件事情（包括当校长），在哪里都不会有太大的差别。当有人这么问我时，我便说："你来上几节课试试，也许就会有答案。"

老师与老师上课，还真不一样：我这样说，可以，但你同样说，却不行；我这样做，可以，但你那样做，却不行。为什么？你我与学生的关系，不一样：你是"教"学生，我是"和"学生；于是，你是"讲课本"，我是"讲自己"；你是说"考试的答案"，我是说"我之所理解"；你的课上，学生低头看书，我的课上，学生抬头看我；你的课，学生只要动脑，我的课，学生还要动心。

答案就在这里：教育不是谁教谁，而是谁和谁。

"和"，是一种新型的师生关系（也是同事关系和同学关系），是人与人之间的平等、和谐的相处与陪伴的关系。在真实的教育环境里，说不清是教师教会了学生，还是学生教好了老师；总之，每个人都能从自己之外的任何一个人身上，收获自我成长所需要的各种养分。

差老师，多是自己差出来的；但好老师，一定是蒙其学生而成就的。北京四中顾德希老师（全国著名语文教育家）在他的教育思想研讨会上动情地说："我感谢我的学生。"记得以前有人问过我："北京四中老师那么厉害，你们都是跟哪个专家学的啊？"我说："学生，学生就是教师专业发展得最好的指导专家。"

一味地跟在专家后边亦步亦趋，你会"老"得很快；善于向学生学习的教师，才能永葆年轻。

因此，教师不是蜡烛。师生关系不是蜡烛与黑暗的关系，而是生命与生命的关系。教师是一支永不熄灭的火种，始终（先）照亮自己的生命，又（而后）随时能点亮学生的生命。

以上都在说"教师"，同时也句句适合"家长"。

初为人师的时候，意气风发，经常责怨学生这也不会那也不行；等怨气消退，冷静下来时才想到这一点：我要是有这个学生的学习成绩，怎么可能会在这里当老师呢？

同样作为家长，每当我倚老卖老地对孩子指手画脚的时候，我就会深深地责问自己："我自己在这个年龄时，在干什么？做得怎么样？"

想通这些，我也就会当老师了，会当爹妈了。

我们成立"教师学校""家长学校"，并非要在已有的学校中再创设一个独立的"子学校"来专门培养教师、培养家长，而是用这样一个名称，来纠正（或者说丰富）我们对于"学校"的传统认识：

教育，不是谁教谁，而是谁和谁。

好的教育，不是谁教你教得好，而是教你的人自己在越来越好，而他恰好"和"你在一起。

学生来学校干什么：学生成长的18件事

北京四中每年都要为高三同学举行"成人礼"，时间一般设在12月，因为那个时候，大多数学生正值18岁（稍有前后）。这是一场格外隆重的典礼，它不仅表示一群少年自此成人，更寓示着一群人（几近）

完成了在四中的教育而成为真正的"四中人"。

我还在北京四中做老师的时候,有一年有幸作为教师代表之一给即将成人的学生做演讲,发表师长寄语。我记得我是接着前边老师的发言而说的。

他说:"越是在光明的地方,越要做光明的事情。"

我说:"如果有一天,你站在了光明的地方,千万别忘了,这个世界还有人身处黑暗。"

后来,这两句话被很多四中毕业生记住并逐渐流传开来,被誉为"寄语双璧"之一。

尽管紧接高考,但北京四中的成人礼,从来没有什么"高考宣誓",甚至都不怎么提高考的事情,我们关注的,只是一个"人"的真实的成长。后来我做校长,在北京四中房山校区的一次成人礼上,我给高三的学生们讲过《道之以德,齐之以礼》《看好你自己》等。

学生在校,学习和考试只是他们所要做的其中一件事情,是一个人成长中的一部分,而绝不是全部。换句话说,即便是为了学习和考试,学校教育也不能使它的教育狭隘到"一切都赤裸、粗暴地指向学习和考试",况且,那也不是成就"学习和考试"的最好方法。培养一个完整的人,为人的成长生成更多的意义,反倒能让教育的促进作用在各种目的之间相辅相成。

21世纪初,在北京四中建校百年的前后,北京四中刘长铭校长在一次关于北京四中教育传统的演讲中列举了"北京四中学生在校常做的事情",后来我在房山校区做校长时将其归纳整理,并提出比较具体的量化指标,称其为"学生成长的18件事",作为学校教育的纲要。

学生成长的18件事

1. 读书。学生要热爱读书，这些书要涉及人文、科技、艺术等广泛的领域；在每个领域中，至少精读10本经典作品。鼓励并教会学生选书、买书、藏书，每年不少于50本；鼓励并教会学生使用学校图书馆和社会图书馆进行借书、阅览、查询、复印、自习等。绘本、故事、科普，诗歌、散文、小说、戏剧，历史、艺术、科学、哲学、美学、文学、史学等；一个学生从小学到高中12年，大约需要（可以）总计阅读1500本书，大约6000万字。

2. 行走。不出去走走，你会以为这里就是全世界。身边的博物馆、主题展览，远处的文化圣地、名胜古迹、异域他乡，乡村与都市、南方与北方、国内与国外，都是我们行走的目的地。跟着师长、同学、家人，或者就是自己，去参观、体验、游学、考察。学校应该为学生建设人文游学、科技研学、艺术采风、参观考察、社会实践等行走课程，同时鼓励并指导家庭旅游、同伴出行。低年级有公园、游乐场、郊游、营地、博物馆，进行郊野远足、乡村体验，高年级可以有国内游学、国外游学、科技研学、艺术采风活动、极限穿越、乡村实践、志愿服务、国际交换生等。

3. 听讲。学校要指导学生不仅要学会听课，还要参加丰富多彩的讲座、报告。你听过一讲，你的世界从此更宽；你讲过一次，你的世界从此不同。每个月至少听2次专业讲座，每3年争取听100讲；每学期至少开1次专业讲座，每3年努力讲10场。

4. 演讲。表达，是最好的思考。学校要充分重视学生的口语表达和公众表达的素养与能力，为学生提供各种演说、主持、发言、辩论的机会，并要求学生在每学期至少要有 1 次当众表达的锻炼机会。比如，班级演讲（主持）每学期至少 3 次，年级演讲（主持）每学期至少 1 次，全校演讲（主持）每学年至少 1 次。

5. 社团。学校要将社团活动视为社会化学习的重要形式，要求所有学生都要参与社团组织，鼓励学生策划组建社团、管理运营社团，创新社团组织形式，并根据实际需要为学生社团配置活动导师。学生每学年都要参与 1~2 个社团，并选定其一长久地坚持下去；争取成为社团骨干或管理成员，尝试自主组建社团。

6. 领导。学校要通过自主管理、合作学习、社团运营、项目推进、集体生活、班团队管理等途径，帮助学生养成以"自律"为基础、以"表率"为核心、以"协作"为方式的未来领导力。学生可以竞选学生自治组织的干部（如班长、学生会主席等），也可以组建社团、带领球队、组织研讨……都是锻炼领导力的平台。

7. 挑战。学校教育应当提倡挑战精神，鼓励学生在拓展中不断地发现自己、发展自己。"人是被自己打败的"，因为最困难的事情，就是挑战自己，就是要刻意去做几件自己素来不敢或不能做的事情。你不做，怎么就断定自己不行呢？学生要在强健、勇敢、坚毅、智慧等方面每年至少有 1 项成功的挑战。

8. 尝试。学校教育要注重保护和激发学生的好奇心，期望学生对世界葆有持久且热烈的新鲜感，因而充分鼓励学生对一切未知领域乐于尝试。好奇心之泯灭，即死亡已始。学生要经常尝试新的领域、新的技能、新的体验，争取每学期 1~2 项、每 3 年 5~10 项。

9. 锻炼。学校教育要特别重视学生的体育锻炼，除了充分保障每天 1 小时的体育活动时间之外，还要求学生参与适合自身的体育专项锻炼，希望学生在速度、力量、耐力、体形等各方面均获得有益于健康的显著发展。北京四中要求学生必须学会游泳，学会跑步，学会至少两种球类运动，拥有至少一项室内运动和一项户外运动的特长或爱好，养成健身健美的终身习惯。"男生要伟岸，女生要挺拔"，是北京四中对学生体质体能的形象生动的要求。

10.交友。学校教育要提倡并教会学生广交朋友，特别鼓励学生结交异龄朋友、外籍朋友、师长朋友，以及与自身生活境遇迥异的朋友。网上曾流传一句话："一个人的水平，就是他身边五个人的平均数。"这句话来自商业哲学家的"密友五次元理论"，充分体现了朋友对一个人的影响。学生要经常结交新朋友：密友、诤友、战友、忘年交等。孔子说："三人行，必有我师焉。"这里的"三人"，也应该各有不同，所谓"闻道有先后，术业有专攻"。

11.服务。学校教育要重视培养学生的社会公德意识和志愿服务意识，告诉学生我们是美好社会的享有者，也应该是美好社会的建设者，我们更需要通过帮助他人来教育自己，永葆向上的精神和向善的道德。要求学生通过担任干部、当志愿者、参与社会实践等方式，每学期都要完成一定量的公益服务活动，坚守岗位，秉公服务，有益他人。

12.获奖。每个人都要通过自己的努力，去获取属于自己的荣誉。"优于我心，秀给自己！"学校教育要鼓励学生通过自己的努力和拼搏，不断赢得自我鼓励；学校要为每一位学生的自我努力，搭建成就梦想的舞台。

13.劳动。学校教育应要求学生参与并学会家政劳动、田园劳作，帮助学生获得职业体验，增加社会理解，培养生存技能。

14. 选修。学校教育要重视并帮助学生为自己的世界打开更多窗口，建设涵盖体育、艺术、语言、科技、人文、文化等领域的充分且丰富的选修课程，鼓励学生尽量开拓自己"零基础"领域的学习。学生每学期要修习 1~2 门选修课，每 3 年 5~8 门。

15. 研究。学校教育要鼓励学生就自己感兴趣的主题，在导师的指导和帮助下，以实验论证、调研考察、创造发明等方式，开展自主探究或合作探究的学习。

16. 对话。"与人交流，当面讨教"是最高效的学习方式。父母、师长、同伴，乃至陌生人，各有所长，各有故事，各有阅历，都是良好的学习资源和成长导师。学校教育要提倡、鼓励并教会学生就学术、社会、人生等话题多与他人进行对话。

17. 写作。写作是最好的思考方式，除了语文课程中的写作学习之外，学校教育要通过校刊、演讲、辩论、书信、论文、报告、自媒体等多种形式，鼓励学生开展或参加书写活动。

18. 坚持。事不妨小，因恒为贵，所谓优秀，就是将一件有意义的事情做成自己的习惯；美德和能力，往往就存在于良好的习惯中。

于是，一个学生，尤其是中学生，他的日子应该这样来过：

越来越好的学习状态，当一两届干部，参加一两个社团，有一两项运动爱好和艺术爱好，长期坚持一项公益志愿者服务活动，读一些喜欢的书并写几篇像样的文章，交几个好朋友并常与自己崇拜的老师聊聊天，去几个"远方"，关注一个现象并琢磨一个问题，长得越来越好看（模样、文明、气质、向上的心态……），常有好事以鼓励自己。

每一个学生都要努力地向上生长，做一个"干净、端正、新鲜"的青少年。

教师学校：教师成长的 10 件事

我在北京四中房山校区做执行校长的时候，之所以会想到要成立"教师学校"，是因为在这样一所新创立的普通公办学校里，我的全部"家当"，就是一群"新教师"：一半是真的"新"教师，刚刚迈出校门的大男孩和大女孩；另一半还是真的"新"教师，刚刚转到一个全新环境里的男老师和女老师。这些"新教师"，还每年都成倍地增加。我这个校长所拥有和所能优化的教育资源，就是这群我在每周教师例会上可以全部见到的教师。

每一位教师都先是他自己，但我需要这群教师成为北京四中的教师，"教师学校"应运而生。在我的导师顾晓霞校长的支持和指导下，我很快就对教师学校的课程体系做出了粗略的设计，并且很快地开张起步。

我把"教师学校"的想法和做法，从北京四中房山校区带到了容闳公学。学校入职的教师，直接成为"教师学校"的学员。每每一位教师应聘并被录用，他除了收到学校人事部门寄送的《入职通知书》外，还必定会收到校长颁发的《教师学校入学通知书》。我以此告诉并提醒每一位入职教师：我们是来工作的，但我们首先是来学习的；只有一个越来越好的我，才会有一群因我而好的学生。正如我在每一届"教师学校"开学典礼上的讲话中永远不变的标题——教师的第一专业是发展自己。

教师的第一专业是发展自己

我们是来工作的，但我们首先是来学习的

只有一个越来越好的我，才会有一群因我而好的学生

教师学校里，有这 10 件事（或 10 门课）：

养成读书的习惯，享受读书的乐趣，并为更好教育和更美人生认真读些好书

每月读书不少于 1 本，每年读书不少于 20 本；每月购书不少于 1 次，每年购书不少于 50 本，个人藏书不少于 1000 本；主持读书分享会或在读书分享会上做专题分享，每学期不少于 1 次；为"师生共读"推荐阅读文章，每学期不少于 1 篇。

所有校长都会鼓励学校的老师们多多读书，有的校长还对老师的读书提出了具体且严格的规定，甚至是有计划、有组织地开展相关活动，比如"必读书目""读书交流会"等。

读书的益处，毋庸赘言。只是，我总以为读书之于教师来说，情形又大抵不同。教师不是学者，不需要像教授或研究员那样成天埋在学术的书堆里皓首穷经；教师也不是学生，不需要依照既定的教材或给定的书单一本一本、一级一级地读在登堂入室的长路上；教师更不是大众闲人，不能什么流行读什么，什么畅销读什么，什么轻松读什么。教师读书，有其职业特殊性的要求：教师，不仅是在为自己读书。

一般人读书，可以关起门来自己读，地点越僻静越好，身旁越没人越好；夜深人静时披衣床头，就着孤灯独享，最是读书之浪漫。教师读书，则不尽然。教师读书，还要"读给学生看见"。因为教师的称谓，本就是相联系于学生而存在的，教师的行为，就不能不和学生联系在一起，其意义就必得由学生反馈而方能显现。

我也期望教师多读书，但最主要的还是期望教师的读书状态能够引领和带动学生的读书愿望。教师读书的价值，更在其教育的意义。

好的学校里，学生应该能够经常看见他们的老师们在读书：在学生们上课的时候，在老师们下课的时候；在办公室，在图书馆，在校园的石凳上……就在学生的身边，随时随处。然后，这个学校的学生，也会纷纷捧书而读。专业的教育，就是以教师的行为，引领学生的行为。这就是好学校和好教育应该有的样子。

所以，只要条件允许，我就会给教师办公室装配一个大书架，让老师们把自己的藏书，摆到办公室的书架上来；然后，把自己读书的时间，调一部分到白天在学校上班的时候；那些写教案、判作业等事情，倒是可以躲起来悄悄地做。伏案批阅，那是教师的"职业"标准像；而教师的"专业"形象，应该是他读书时的书生模样。

很多学校喜欢在楼道的各种墙上写满号召读书的标语，我倒以为不如有几个真人在那里真的读书。我把我的办公室搬到楼道里，希望用校长读书的样子，来碰撞原先不怎么爱读书的老师和学生的样子，撞出来的火花，就是教育的火苗；星星之火，可以燎原，可以照进每个师生的心底。

好的教育，就是"优秀被看见"。爱读书的教师，就是值得被看见的优秀。

经常听各种讲座并能偶尔给别人开个讲座，努力使学校成为学问的殿堂

线上或线下聆听文化讲座、学科专业讲座和教育讲座，每周不少于 1 场；为学生或同事开设主题讲座，每学期不少于 1 场。

好学校之所以是好学校，无论是大学还是中小学，恐怕正是因为在这样的学校里，学生们能够经常听到各种主题、各种领域和各路

大师名家的讲座吧。一所学校，师生能够经常听讲，能够随时开讲，那它一定就是学问的殿堂，一定是一所在做专业教育的好学校。

教师尤需如此：善于开讲，乐于听讲。

诚然，教师的天职是"讲课"而不是"讲座"，但是，讲课的本领是要练的。北京四中的同事们，无论是否已然特级、正高，谈起教学追求来，都是一句相同的话："用毕生努力，站稳讲台。""站稳讲台"，也就是"把课讲好"。可见，讲课不难，但把课讲好，很难。我曾不时地问自己："假如学校突然允许学生在上课期间随意出入教室，假如我所教的学科突然取消了考试，那么我的课堂还会有多少学生从上课坐到下课？"是呀，今天我们能够比较有威严地站在讲台上讲课，不是因为我们的课讲得很好，而是得感谢学校有校规、国家有考试。

而讲座是没有这样的靠山的：听者自愿来自愿去，听或不听也无关成绩；讲座以外，有的是更有趣的事情。那么，你还敢讲吗？你还能讲吗？你必须能！因为你想成为好教师、专业的教师，而讲座正是教师获得"讲"的训练的最好的阵地。

我说的讲座，包括那种"有组织、有纪律"的听众坐好了等你上台、还没开讲就给你鼓掌、听得再烦也没人敢离场的讲座，但更多的是指那些像大街路边摆地摊"瞧一瞧，看一看，走过路过不要错过"的你先讲着，谁也不知道有没有人来听的讲座。两者都要练：先练好前一种，努力让被迫来听的人感觉"还好，并不煎熬"；再练后一种，努力让走过的路过的都变成"在座的"，因你而驻足、坐下、听完、鼓掌。几经历练，你就能成为真正会讲课的人，不需要老拿着校规校纪吓唬学生，不需要老用粉笔敲着黑板再声嘶力竭："这个，考试要考！"

我曾在校园里各个合适的角落，摆块黑板，装个投影，放几把小凳子，鼓励老师们没事就去"开坛"，随时讲、随便讲；唯一的规矩就是不得使用张贴海报之外的任何一种招揽听众的手段。我自己带头，坚持了一年；慢慢地，开讲的老师多起来了；慢慢地，我有时候想开个坛却发现连空地都没了，插不进档期。老师们开讲，我都去看看，听众多的时候人满为患，少的时候只有两三位；还有时个别老师自己跟自己讲了半天，没人听（这种情况我就一个人坐在他的面前，极度认真地从头听到尾）。无论哪种，都很好。

要想能给别人讲，那就从听别人讲开始吧。

校园里、校园外，都会有各种讲座，只要有心，总能得到此类讯息。这些讲座大部分都不需要报名缴费，你尽管去听。爱学习，机会无处不有。我们做老师的，几乎都有听讲的机会，各种进修，各种培训，各种会议，其实我们有很多学习演讲的课堂和教材。讲得好的，看看人家好在哪里；讲得不好的，想想是什么原因，也是一种收获。遗憾的是，我知道很多老师并不愿意接受这些"听讲"的机会，更别说社会上的文化讲座了。大学里天天有，书吧里经常有；讲座、报告、演讲、沙龙、茶话、座谈……"新冠"（新型冠状病毒感染）疫情防控期间，各种讲座活动转战线上，坐在家里就能免费听，多好。然而，我们又关注过多少呢？我们又听过多少呢？

在这条路上，教师要多多努力。

自己要习惯出门走走看看并有能力带领学生开展社会实践和人文游学

每月出门游玩、旅行、参观等不少于 1 次；每年出远门旅行不少于 1 次；每学期组织或参与学生外出社会实践或游学活动不少于 1 次。

我自己真正尝到"行走"的甜头是在 2009 年夏天，北京很热，我结束了两天的高考监考工作，背起小背包，走出考场的大楼，穿过校门外拥挤的人群，直奔机场，飞往西宁，踏上青藏高原，走向黄河源头，去赴一场公益教育的约会。那是我第一次作为背包客的"说走就走的出门远行"。

　　我独坐在青海湖边与海心岛相对凝视，路过茶马古道的系马桩触摸未曾见过的繁华；在日月山口东望长安，在倒淌河边淌下眼泪，在赞普林卡的壁画里读完文成公主入藏的前前后后；我向吉美坚赞学校的一位玉树籍老师表达过我的问候，在吉美坚赞学校这座神奇的校园里支教。海拔 4000 米，那是我站过的最高的讲台，我第一次以我两岁女儿的名义，将身上所有的钱递到了校长手里——愿天下所有的孩子都一样地有饭吃，有学上，有可以自力更生的未来。回到家，收拾了这一路上随手写下的札记，竟有五万字；整理一下图文，自己动手，印装成一本小册子：《高原红》。

　　后来，这样的冲动似乎就成了习惯。这些年，我乘着科考船去过北极，为了邂逅北极熊在茫茫冰川上一直走；在南太平洋的小岛上喂海豚；在沙漠里徒步穿行，又陶醉于摩托车飞奔时扬起的漫天黄沙；爬过雪山，走过草地，钻过溶洞；寻访过圣贤遗迹，也领略过都市灯火。

　　中国人很早就懂得"读万卷书，行万里路"的道理，将"出门远行"的意义抬高到和"闭门读书"一样的崇高地位。我还始终忘不了意大利导演朱塞佩·托纳多雷（Giuseppe Tornatore）执导的电影《天堂电影院》里的一句台词："如果你不出去走走，你会以为这就是全世界。"

　　有幸在北京四中工作多年，学校要求学生在校期间必须完成几次"行走"：走出国门，到大洋彼岸去体察异域的文化与风情；走出城市，到老少边穷地区去体验农村的艰辛与幸福；走出现代，到故地遗址去体味历史的久远与厚重……这是学生必须做的事情，比上课重要，比考试重要。因为我们坚信，走出去，生命才能获得更丰富的色彩，才能具有更坚实的质地。

我还会在每一届学生的语文考卷里，要求学生以"行走"为话题写一篇文章。对于作文来说，生命的色彩，将直接决定文章的色彩；生命的厚度，将直接决定文章的厚度。而这一切，都须从行走中得来。教师尤其如此。由于工作性质所限，我们生活的天地其实是很小的。老师当久了，天地可能就只剩下了小小的校园，外边的世界会离我们越来越远。当你将自己的足迹限定在家与学校之间，当你将自己的眼光限定在黑板与作业之间，当你将自己的见识限定在书本和考试之间……教师的人生格局，就会变得逼仄不堪。

在还教书的日子里，我每年都要带学生去我的农村老家进行一周的社会实践，美其名曰"知识青年上山下乡"：住农户家，吃农家饭，上山摘果子，下田插稻秧……当那些在城市中长大的孩子们第一次走进江南农村，第一次光着脚丫子踩着松软的泥土，走过田埂，走下水田，第一次插秧，第一次点着了真正的篝火，第一次看见蚂蟥，第一次见着辣椒树，第一次从山上摔滚下来，第一次读懂了"满架秋风扁豆花"……作为老师，我是幸福的。你会看到，当他们从田地里回来，回到课堂，回到考试时，他们的作文，都变了：有生活了，有情感了，有思考了；有鲜活的题材了，有质朴的风格了。

你读，一位男生这样写道：

当我踏上田间小路，眼前是一望无垠的梯田，耳边传来农人赶牛的吆喝声的时候；当我呼吸着南方湿润清凉的空气，嗅着牛粪味道的时候；当我双脚踏入稻田的水中，把一束嫩绿的秧苗插进柔软丰腴的泥土中的时候，我感到一种难以言状的亲切感和归属感。

就是这位男生（后来在北京大学读书，现在应该早就博士毕业了吧），就是他，在当时返程的列车上，和我彻夜探讨着一介都市书生求学、工作和人生的终极意义。我知道，那晚的师生对话，必是有用的。

作为校长，我特别关心老师们周末和假期都在干什么。每每在朋友圈里看见某位老师在外出，在旅游，在各地行走，我就很高兴；尤其是看到有些老师没有跟旅游团，而是自己背个包在行走，我就使劲地为他们点赞。

同样的书本知识，为什么有的老师讲起来干巴巴，而有的老师讲起来就生动得很？因为人家亲眼看见过，人家亲手触摸过，人家亲身体验过。大凡发生过重大历史事件的地方，历史老师应该都去走走；地球上那么多特殊地貌，地理老师应该都去看看；教英语的不能没有去过英美；教生物的你得叫得出身边每一株植物的名字。于是，你的书，教得真是好啊！

教师多多行走，不仅能让知识变得真实且鲜活，还能增长社会经验，积累育人的资本。校园不是象牙塔，学生不是永远养在温室里的花。校园和社会是紧密连接和息息相关的，学校教育不可能也不应该和社会割裂开来。我们所教的学生，是要飞向天空的；而我们教师，却连天空什么样都不知道，这显然是一种灾难。外边的天地有晴有雨，外边的世界有善有恶，教育需要帮助学生自知冷暖，明辨是非，应对善恶，帮助他们尽可能多地认识社会，增长阅历，积累经验，帮助他们具备基本的社会生存能力。好的教师，自己要先有这样的能力。

教师自己能走世界，才有能力带领他的学生走世界。清华大学著名校长梅贻琦在《大学一解》中有这么一段话："古者学子从师受业，谓之从游。……学校犹水也，师生犹鱼也，其行动犹游泳也。大鱼前导，小鱼尾随，是从游也。从游既久，其濡染观摩之效，自不求而至，不为而成。""师生从游"课程，应该是学校教育的常态，是必修课。它要求教师有团队建设的能力，有课程研发的能力，有文化传播和精神引领的能力。

我说过："一个人年少时的趣味和见识，就是他未来最美的诗和最远的田野。"这份伟大的教育，要始于教师自己习惯出门走走。

要经常走进别人的课堂向同事学习并习惯通过研究课来磨砺自己的教学

每周听其他老师的课不少于 1 节，每学期不少于 20 节；每学期去外校听课不少于 2 节；每学期举办研究课不少于 1 节。

相比于国外的观念，在中国，"听课"（听与被听）基本是一种常态。不仅是学校在大力倡导教师之间要多多观摩，就是教师自己为了更好地获得专业成长也非常自觉和乐意走进别人的课堂和开放自己的课堂。这是教师专业发展进程中最便宜（没有培训成本）、最快捷（随时随处就可以进行）、最有效（照着样子搬来就用）的路径。

我们目前的教育培训水准，基本也就是"经验的传承"。即便如此，听课，也不是简简单单地听并记下"讲了什么""怎么讲的"。"听课"之"听"，乃"观察"之意；"听课"是个俗称，其学名应该叫作"课堂观察"。观察，即就事物或现象进行仔细察看，它是一种研究方法，也是一种学习方法。比如教师在听课之前，要有较为明确的目的（即学习目标），然后与授课教师做些必要的沟通，可以在事前制作一个观察量表；听课过程中，要投入，要参与，要随时记录；听课之后，还应该与学生及授课教师进行交流。

而"做课"，更是教师专业成长的必由之路。

教师平常授课，称为"上课"；一旦有意让别人来听自己的课，便往往会改称为"做课"。"做"难免会有"秀"的感觉，但我们更应该自觉地突出其"努力"的意味，因为"做"是天生带着心思和力量的。当然，你的所有准备，在学生那里都应是"无痕"的；不可以原班预演，不可以粉饰太平。我们不能遗忘初心。

教师还应该"评课"：如何评价他人的课堂，如何接收他人的课堂评价。这也是每一位教师的必备功夫，即听懂课堂并做出判断。教学的目标、内容和形式是一个三角关系：目标是顶点，是由内容和形式所构成的课堂教学过程所支撑起来的结果。顶点的高度，取决于内容和形式的匹配度。这是教学的专业问题，这里不多展开。

教师要不断地磨砺自己的课，要像武侠小说里那些武林高手那样，一招一式地练，一生不停地练，尤其是在自己还是新手的时候。

理解专业本质，拓宽教育视野，能策划组织学科教学活动及学生教育活动

每学期策划组织学科实践活动不少于 1 次。

专业的教师，首先应该是课程开发的主动研究者和参与者，之后才是课程的自觉实施者。国家课程标准，越来越侧重于课程的顶层设计和宏观指导，而将具体的课程编制权力逐级下放，学校和教师越来

越清晰地成为课程建设的主体。教师不再只是个"教书匠"，这是教师专业化的必然进程和重要路径。

这是一件好事，更是一件难事：长期以来习惯听命于教材和考试的教师要有能力对学科教学进行专业构建。

教师常常跟"课时"较劲，永远觉得课时不够，永远以"活动"为敌，总以为冲击了教学；又永远视"讲练考"为王，"讲"是小王，"练"是大王，"考"简直就是"王炸"。究其原因，无外乎教师自身对学科专业的理解和认识不够，对本学科的学习规律和学习方法的研究和探索不够。教师长期被困在教材和考试的深井里，以为一门学科只能按照教材去讲，学生只能为备考而学。如果学生考试不好，教师就归咎于"自己讲得不够，学生练得不够"；然后继续讲，继续练；重复讲，重复练。

我们是否思考过这样一些问题：（我所教的）学科是什么？为什么要学这个学科？该学科的学习是一个什么过程？该学科对于寻常人有什么意义？如何学习这门学科才是有助人的发展的？……这类问题的综合思考，就是对学科专业的本质的思考。这种思考，是每位教师走向专业化道路必经的一个重要节点，具有里程碑的意义：它能让我们明白自己手上正在做的事情究竟是一件什么样的事情，从而不会对自己的工作手足无措，瞻前顾后，斤斤计较，患得患失。

"艺高人胆大"，教师要在理解学科本质及其学习规律的道路上下足功夫。教师要拓宽学科学习的视野，要丰富学科学习的形式和渠道，要给学生的学习减轻负担，还要让学生在学习的过程中体会到学科的丰富多彩。没有什么知识是必须如何如何才能学会的，也没有哪种能力的习得是非如何如何不可的。教师对教与学的理解，不能总停留在某个经验的漩涡里打转。只有理解了学科专业的本质，理解了学科学习的路径，教师才可以将自己的学科课堂做得更宏大、更宽广、更自由。

北京四中语文组老师用半个学期的时间来让高二的学生体验话剧艺术（编剧、导演、表演、舞美、道具、化妆、灯光、音响等），也没见学生们的语文成绩有什么减损；相反，此类舞台活动还大大提升了学生对语言艺术的理解力和感受力。大自然藏着那么多神奇的数学奥秘，难道我们不可以将数学的教材和课堂延展到整个大自然中去吗？何况还有那么多巧夺天工的数字游戏和数学游戏、数字技术和数学技术，七巧板、九宫格、魔方、棋盘、华容道、扑克牌……可以生发数学教学的教具真是可以信手拈来。

任何一个学科的学习，都不是书斋学问，不是书本学问，也不是课堂学问，不是教室学问；真实的学习，不仅发生在书斋里、书本里、课堂里、教室里，也应该发生在课本之外、教室之外。

一个懂得如何学习的老师，就必定擅长通过搞活动的形式引发学生思考；他就一定会热衷于兴趣小组，热心于学生社团，热切地关注学校里的各种活动和事情。校长要努力让老师们知道并相信：学习有很多方式；学生在学校里参与的所有事情，都和学习有关。

这样的老师，他绝不会抱怨："学校里天天这个活动、那个活动，学生还学不学习了？！"

结合工作主动开展课题研究，从中学会思考、敢于尝试、善于反思、勇于开拓

每学期参与各级各类课题研究不少于 1 项；每学期完成（并被学校文集收录）教育教学成果（论文、总结、案例、反思等）不少于

123

1 篇（2000 字以上）。

尽管我如此鼓励教师们要做一点"研究"，但我极其反对在中小学校搞"教科研室"（也就是收收论文，还要占一个"主任"的待遇），也不太说"科研兴校"这样的话，更不会拿老师们有多少论文获奖来标榜学校的工作业绩，因为我所说的"研究"，与"论文"不是一回事。

研究，就是"提出（或遇到）问题—（科学、系统地）分析问题—解决问题（提供方向、思路或方案）"。个别老师可以做理论研究，那是个例；普通教师只能做一点实践应用型的研究（教学模式研究、工作方法研究、成果应用研究等），即通过调查、实验、总结、反思等途径来优化工作，形成诸如校本教材、专题讲义、活动方案等教育教学资源。

教师的主要工作是教育教学实践，而不是研究，对此，我们必须保持清晰的认识。我们提倡教师做"研究型教师"乃至"专家型教师"，并非要求教师成为专业研究者乃至教育研究专家；这里所说的研究型和专家型，指的是"在实践中研究"和"实践型专家"。不能理解并坚守这一点的话，教师很容易飘向"重研究而轻实践"甚至"有研究而无实践"的云端。真有教师整天忙着写论文、发论文、拿论文奖，反倒将自己的本职工作搞得一塌糊涂，还以为自己成了教育专家。

我所说的"研究"，是非功利的，是为己的，是就着自己手头上的工作而进行的，是为了直接改善和改进本职工作的，是为了自己变得越来越专业的；它无须传播，无须向任何人汇报，也无须以任何形式呈现，它更不需要经营奖项；只要是我自己的，我喜欢的，对我有用的，就好。

教师做研究最朴素的方式，就是收藏和梳理自己的工作痕迹。在这个过程中，我们会发现自己居然在某一个领域或某一个方向，做了大量工作——我们都说不清自己当初是有计划的还是无意识的，总之，就是做了，并且做成了。那么，接下来，我们就可以就着这个领域的工作，进行专题式的回忆、总结、梳理、升华，来一次属于我们自己的"课题研究"，得出想要的研究成果。我们可以给自己建立一个资料库，以备后用；也可以总结出几条教学经验，供今后参考；当然也可以就此写一篇论文，乃至出一本书；那将是我们下一轮教学开始时，比以往更高的起点。

天天找校长要求加课补课的老师、职业倦怠裹足不前的老师、总是抱怨学生的老师，多是不怎么做研究的老师。教师要有意识地在专业发展的维度上去反思和创造。因为这是教师自己的工作，是为了自己的进步。善于反思的老师，才可能站上自己的肩膀。

拥抱艺术，有自己的社团生活，并能指导学生开展社团活动提升艺术修养

拥有艺术爱好不少于 1 项；每学期参与（并被评为合格以上）学校组织的社团不少于 1 个；每学期策划组织或参与学生艺术活动不少于 1 场。

有句话说："中国的扫盲教育，扫光了文盲，却扫出了美盲。"我以为，文盲诚然可怜和可悲，但美盲更加可怕。大量美盲的出现和恐怖的美盲现象，有其复杂的社会原因，然而，学校教育的美育缺失，也是难辞其咎的。我不是说学校里没有艺术课（尽管有也并没有什么实际效果），我指的是更重要的责任：学校的老师，缺少艺术和审美修养。

越来越多的学生，不愿意到学校里去，因为"学校太不好玩"。

学校的课程不好玩，课堂不好玩，课下也不好玩。连学校的那副样子，长得就不好看，也更是不好玩：像火柴盒一样，像厂房一样，甚至像牢笼一样，这样的校园，遍地都是；空间和形状，颜色与质地，更是毫无讲究。不讲究还好，起码落得个自然自在，可怕的就是"瞎讲究"和"乱讲究"。我见到太多的校园，外墙被刷成了十分扎眼的黄色，或被贴上红红绿绿的瓷片；我见到太多的校长，非常乐于往墙上贴字贴画，在空地上立各种奇奇怪怪的石头和雕塑；我也见到太多的教室，被班主任布置得花花绿绿的，杂七杂八恨不得把整个世界都装进来搞得像个杂货店的仓库。只要你走进这样的校园，它就会让你感觉到一种无处可逃的俗气。

为什么？我们教师，教育者自己——首先是校长——少了些艺术修养，少了些审美能力，情趣不高，品位不高。虽然我们天天喊"美育美育"，可我们自己往往连衣服都穿不好看。我知道，绝大多数的学校也都有学生的艺术社团，但据我所知，很少有学校的老师，会成立一个像模像样的艺术社团。

我倒不是说，每一位做老师的，都必须同时是某项艺术的行家，我是提倡，教师应该有必要的艺术修养（当然如果还能拥有一两项艺术的技艺就更好了），从而拥有必要的审美修养，比如一个人对色彩、空间、声音等的情绪体验感，等等。老师，不能是文盲，更不能是美盲，因为美是教育的重要内容和重要载体。我们要通过起码的审美感知力，为学生设计能够发挥美学教育意义的校服，在备课和上课的时候给学生展示具有美学教育意义的讲义、PPT等，我们要以教师自身的粉笔字、普通话、演示动作等来给学生做示范。

教师一旦有了足够的艺术修养，就能更好地理解教育和实施教育。

艺术修养的培育难度，要远远大于某项具休艺术门类的技能训练，它是基于技能而超越技能的对于美的体验，从这种体验所获得的经验，能够提升人对世界的观察力和感知力，从而提升人对世界的认识和改造的能力。艺术，对于发展人的智商和情商，发展人的动手与实践能力，都是极好的路径。最好的教育，一定是基于最好的艺术和审美教育而产生的。教育和教学，本身就是基于生命科学与学科科学之上的一种专门艺术。教育方法和教学方法的有效性和先进性，很大程度上就表现为教育教学的艺术性。因为，艺术是最具感染力的，艺术的力量是最容易直指人心的。

更何况，艺术本身就是生活的必需品。

做老师的人，是需要经常走进艺术世界的，去听听音乐会，去看看美术展；唱唱歌，跳跳舞，写写字，读读书；摸得到阳光，听得见风雨，会闲坐，会独处。一个不够艺术不懂何为美的人，是没法当好老师的。

在多年的教师招聘面试的经验中，我确实发现，我们当老师的，好好穿衣服，也是很重要的加分项呢。

有习惯有爱好有特长地锻炼身体并能带动身边的人积极运动、健康生活

拥有体育爱好不少于 1 项，养成锻炼习惯；每周参与健身运动不少于 1 次；每学期策划组织或参与学生体育运动不少于 1 场。

且不说健康强壮的身体是胜任工作的最好的本钱，单说学生喜爱老师的缘由，往往不在其学科专业本身，而常常在于这个老师"很会玩"。一个每天早晨在操场跑步的老师，一个会和学生一起打篮球踢足球的

老师，一个把自己锻炼得健美强壮的老师，难道不是更能受到学生的欢迎和拥戴吗？

当然，更重要的是，学校里的每一位教师，无论是否任教体育学科，都要承担起育人的责任，这其中就包括了"体育"。每一位教师，都要成为学生自觉锻炼的榜样。

在传统里，我们似乎一直都将教师的形象，定义为女性的、母性的，柔性的、慈性的，文性的、温性的，柔柔弱弱、文文静静，那种书生或书卷气，已经成了我们脑海中固有的教师形象；花白头发，微驼着背，戴着粗框的老花眼镜，嘶哑的嗓音，蹒跚的步履，咽炎、咳嗽、胃痛、颈椎病、腰椎间盘突出……就是老教师（其实也还没怎么老）的标配。教师很容易将自己视为"蜡烛"，还是一支立不直、细细短短的蜡烛，烧不了几时，就成灰了。

我自己向来爱运动，且善于运动。我喜欢跑步，长跑短跑都飞快；喜欢打球，各种大球小球都爱玩；沙漠也穿过，冰川也走过，雪山也爬过……很少有学生能够"玩得过我"。最近，我还学会了游泳，大众体育项目上基本全能了。尽管近年来因身患疾病而日有所衰，我也依然尽我可能而有所坚持。

教师乐于运动，善于运动，是一件利己利他的大好事。利己自不必说，只谈"利他"，即对学生会产生积极的影响。健身、锻炼、运动，人们对健康生活的意识和态度，是需要在小环境中获得"传染"的。

我当校长不提倡加班，每到下班时间，我就在教师微信群里喊："来打球啦！"见着学生在操场打球，我也乐于凑过去说："加我一个哈。"比起表扬"病而不休"，我更乐意倡导"无病可休"。

在衣食无忧的时候不做物欲和世俗的奴隶，学会有情有品、优雅地生活

努力改善生活，但不炫富，不攀比；拥有生活爱好（情趣）不少于 1 项；会做家常菜不少于 8 菜 2 汤；每学期接受高雅艺术熏陶（音乐会、戏剧、舞蹈、美术展等）不少于 1 次。

虽然教师并不算是一个能够给人带来富裕生活的职业，但在眼下的中国，相对于每个地方的经济状况和消费水平，做教师实现"衣食无忧"，大概还是可以的，尤其是对于中小城市和乡村而言，教师职业，可以算作一个中等收入的工薪职业。我所说的"衣食无忧"，也还是基本可行的。

况且，我说的"有情有品"，大抵和金钱没有太大的关系。比方说，教师应该将自己的衣着打扮收拾得妥帖一些，穿得合适一点，讲究一点型、款、样，这并不难；比方说，教师应该习惯于去书吧坐坐，要杯香茶，来本好书；比方说，教师应该有时间有机会把自己送进音乐厅、电影院、戏剧院、博物馆；比方说，教师应该利用寒暑假去走走看看"世界有多大"；健身，插花，品茶，烹饪，逛街，交友，发呆……都可以是教师的生活方式，不攀比，不媚俗，有情，有品，就好。

教师，应该首先是一个健全的人、完整的人、幸福的人。一位同事在说到自己的未来规划时谈道：我要做一个孝女、一个贤妻、一个慈母。虽然只字未提"优秀的教师""伟大的灵魂工程师""勤劳的园丁"，可我却听出了一个女教师的追求。我们当然希望学生应该成长为这样的人：对父母孝顺，在家里贤惠，对子女慈爱。所以，我们的教师自己就应该是这样的人。反过来说，教师如此，学生就很可能也如此。

这是一种超出了"知识与能力"、超过了"过程与方法"、超越了"情感态度与价值观"的教育信念：以人育人。无论在何种领域，无论面对何种工作，我们的原则始终应该是"以人为本"。"人"是第一位的，是我们工作的出发点和归宿；更何况我们的教育工作本身面对的就是"人"。

因此，不知从何时开始，我把自己的目光从教材中抽离出来，从考试中抽离出来，从教法中抽离出来……我开始关注我眼前的每一个学生；关注他们的昨天、今天，更关注他们的未来。在与"作为一个独立个体"的学生的对话交流中，让学生去接触"知识"，去培养"能力"，去熏染"情感"；这样，我们的学生才是知识的主人、能力的主人、情感的主人；而不是像过去那样，背负着所谓的知识、能力、情感，沿着考试的道路艰难地攀爬。

一个不能拿自己当教材的人，是不适合做教师的。

一个不能拿自己的情感当课堂情感的人，是不适合做教师的。

一个不能拿自己的人生方式当教育方式的人，是不适合做教师的。

因为倘不如此，他的教育和教学一定是生硬的、做作的、形式主义的。即便他看似"得心应手"，其实只是"唯手熟尔"。

我不愿意做一个"唯手熟尔"的工匠，我更愿意"唯心"一点、"唯己"一点——在我依然自信的时候。

教育即生活，生活即教育。不管这话是不是完全科学，但起码在某个维度上来看是合情合理的。不会生活的老师，如何做生活的教育？生活贫乏的老师，如何做出教育的丰富性？生活肤浅的老师，如何让他的教育做得深刻？

我用一种文学化的语言，描述这种生活状态：有情、有品、优雅。

如果换作更学术更直接的语言，也就是：丰富、深刻、崇高。教师要广泛涉猎社会生活的方方面面，要充分洞察各种各样的人性，要能透过现象看到本质从而对生活具备深刻的思考，要具有良好的世界观、人生观、价值观，要脱离低级趣味，要满怀阳光，要像一个"小太阳"一样能够照亮和温暖他身边的小宇宙。

当然，所谓"生活阅历"，有直接的，也有间接的；可以是亲身经历的，也可以是间接感受的；可以是自己的，也可以是别人的。总之，心存之处皆故乡，用过心，动过情，一切都是自己的。

有了优雅的教师，才会有优雅的学生。优雅，是在人与人之间感染出来的。会生活的教师，才会做出符合生活常理的教育来。语文教师尤其如此，书斋式的教育，只会生产出一批批的孔乙己。优雅，意味着"缓慢""充实""从容""淡定""有序"……这其中，我最看重"有序"一词。我见过身边那些"优雅"的教师同事，他们"忙而不乱""难而不惧""愁而不怨"，真是令人羡慕得不得了。心中有序，手头有序，这是需要修炼的。教师的工作，多、繁、杂、难、碎，还因大部分工作都会循环往复而显得"陈旧""老套"，更需要教师自身在专业上多下功夫，将一件件旧事、琐事和难事，做得有环节、有逻辑、有因果、有轻重缓急，即做得"有序"。这之后，优雅可得。

常怀一颗感恩的心走进人群，参与志愿劳动和公益服务并学会感动自己

每学期参与校内外的公益活动不少于1天；每学期策划组织学生进行公益活动不少于1次。

我刚到北京四中教书的时候，接手高二班主任。有一次学生团支

部开会，研究志愿服务的工作，我就去旁听，从会议开始坐到会议结束，团支书终究也没请我这个班主任讲两句。后来，他们在一次班会课里做志愿服务体会交流，最后一个环节照例是请班主任讲话。这事也难不倒我，我就讲，讲了5分钟。然而，和我平常讲语文课和开讲座不同的是，这次的掌声稀稀拉拉。事后我和团支书闲聊，谈及此事，她很努力、很善意地对我说："老师，你自己并没做过志愿服务，对吧？我们听得出来，空洞，套话。"

那是我教师生涯里受到的最严重的一次打击，当头一棒，还是当众一棒啊！这件事成了我人生中的一个非常重要的转折点。我开始当志愿者，做公益服务。我去给马拉松长跑活动做路引，我去街道社区和大妈们一起当安全监督员，捡过垃圾指过路，捐过款捐过物也出过力；我去过很多老少边穷的地方，去做社会调查，去义务支教，去给学生上课，去做教师培训。这些年来，内蒙古、辽宁、甘肃、山西、陕西、河南、江西、山东、贵州、云南、福建、青海、宁夏、广西、安徽、四川、河北……除了西藏和新疆，我几乎走遍了全中国的经济贫困地区和教育欠发达地区的中小学校。

从这之后，我才真正体会到"志愿""公益"的意义，我才知道我当年给学生志愿服务总结会上所做的那次讲话，是多么错误和幼稚：做志愿者和做公益，从来都不是"帮助别人，服务社会"，而是"教化自己"。后来，我每年都要在学校的游学活动中设计一门"社会实践课程"，带学生去乡村，去贫穷落后地区，去做社会调查，去体验另一种生活，去结交另一群朋友，于此，洗涤自我，获得新生。

学生要做的事情、学生会做的事情，老师未必都要亲自做过，未必都要有所体验。但是，《课标》里明文规定的学习内容，教师必须有所经历；学生通常都要经历的成长课程和学习活动，教师也必须有所体验。自己没做过的事情，没有亲身的体验，真的是无法去指导学生的，有时候学生都"懒得带你玩"。

我们看到太多的教育，老师总是冠冕堂皇地说着自己都没做过的事情、自己都没体会过的情感、自己都没验证过的道理。教育中的情感、态度、价值观，它首先必须是老师自己的情感、态度、价值观，然后才可能成为学生的情感、态度、价值观。在教育有效流动的过程中，教师这个桥梁，是万万回避不了的；一旦绕开了这个桥梁，教育就会变成假大空的东西，显出狰狞的面目。

几年前，我应上海复旦附中五浦汇实验学校黄玉峰校长之邀，参加学校举办的以"教师素养与君子养成"为主题的教育论坛。玉峰校长是"做君子之师"的倡导者和践行者，他本人的谦谦君子气质着实让人敬仰。发言中，我以上文 10 件事描述"君子之师"的养成路径，也就是教师成长的 10 件事，在总结的时候，我想起了《论语》中的几个短语：

博学于文、约之以礼、文质彬彬、反求诸己、君子不器、修己以敬

教师的成长之道，其学术、专业、业务等自然是必修之课，而超越学科之上的教师通识性的修养，我认为更是教师成长的核心课程。还是那句话："教育的本质，是一群人的学习成长和另一群人的学习成长发生联系和影响，产生相互促进的作用力。"还得紧跟补充另一句话："教育最怕什么？最怕一群自己不学习不成长的大人，向另一群正在学习和正在成长的孩子提各种要求，并以考试来吓唬他们。"

每到学年教师考核的时候，我就会读到每一位教师的《工作述评》，

诸如"敬业爱岗""爱生奉献""经验增长""成绩提高"等高频词汇，像繁星一样在我眼前闪烁。有时候我的心头会替老师们掠过一丝悲哀：一个年头结束，当一个人对自己的回顾全都指向"德、能、勤、绩"的时候，我们很可能会把自己的日子过得越来越干瘪：把自己从初级过成中级，再过成高级，除此无他，然后还觉得自己很不错。

犹记得有一次我的学校需要急招一位高中语文老师，人力资源部的同事给我挑了一份特别漂亮的简历：有经验（多年高三把关）、有干劲（年富力强）、有办法（课堂几步走，提分好几招）、严要求（管理学生有一套）、肯付出（舍家为校）。我说："我亲自接待面试。"

第二天早上，我泡好一壶茶、一壶咖啡，坐在办公室恭候。老师敲门进来了——一身大花衣裤，染的黄头发应该还烫过，大红嘴唇。

还没等我开口，她急急地说："您是校长？您说吧，教哪个班？哪天开始上课……"

"哦，您是来应聘的吧？不急，先坐。"我打断她，"您喝茶还是咖啡？"

"校长，我不渴。"她不肯坐，"您说吧，我教哪个班？"

我一手举着茶，一手举着咖啡，坚持问："您喝茶还是咖啡？"

"校长，我不渴。"她边说边撸袖子，"我专教高三的，要我教高一、高二也没问题。我现在就可以上班。"

我非常尴尬，顿了顿，找了个借口，匆匆结束。

尽管我极力说服自己，招一个"老"教师会省很多心；但后来我还是招了一个实习生。

岁月它明明已是一把"杀猪刀"，为什么有人偏偏还要"夺刀自残"？

我越来越相信：先有教师的发展，才可能有学生的发展；先有优秀的教师，才可能有优秀的学生；若有不断进步的教师，那必定有不断进步的学生。

当然，先有校长的发展和进步，才有教师的发展和进步。

家长学校：家长成长的18件事

中国的父母，从来都是纠结的：为着孩子的教育、工作、婚姻、住房，乃至健康、快乐，多年未曾有解。这些"纠结"，像滚雪球一样，越来越大，越来越重：在今天，做父母，真难；难到越来越多的人不敢生孩子，或干脆就不结婚。

要说狭义的教育，就是今天所谓的"上学""读书""升学"，也足够父母操心费力的了。父母，似乎只有在"为生计奔忙"的时候，不太会想起"教育"；或者说，"对孩子感觉尚好"的时候，也会暂时忘却"教育"。其实，这两种情形还算好的，至少在这样的家庭，父母不会过于纠结。

然而，当有一天，曾经为生计奔忙的父母忽然"有了闲钱"，并且随之而来也有了"闲时"，就想起了孩子，从而想起教育来了。曾经对孩子感觉尚好的父母忽然感觉"孩子出了问题""孩子遇到困难"，或是"开始羡慕起了邻家的孩子"乃至"认识到自己的人生缺憾不能在下一代身上延续"，就想起了教育。

我将父母"想起教育"的缘由概括为三种情形："得了闲""遇到难""有了梦"。以我的经验，属于以上三种之一的，大概率就要沦陷为"教育纠结者"；更何况多数人不仅仅是之一，还有之二、之三。

因为"得了闲"的，教育之于他，就是一场类似逛商场的消费活动，今天找这个，明天比那个，他总得将手里的钱花出去才心安。

因为"遇到难"的，教育之于他，就是一次类似上医院的拯救运动，四处寻医问药，甚至病急乱投医，到头来身病没治好，心病又犯了。

因为"有了梦"的，教育之于他，就是一座类似在梦工厂的造梦工程，基于想象，不懈试验，止于屡战屡败。

我以为，家长对于子女教育的纠结，无外乎以上缘由。想想看，家长们常挂嘴边的是不是这么几句话："我该给你的都给你了。""没想到你会这个样子。""你看看人家。""我不能让你和我们一样。"

句句都是"你"：都为了你，你必须得好；你应该怎样，你不应该怎样。那么，"我"呢？家长（父母）自己呢？

在关于家庭教育的各种观点中，"父母是孩子的第一任老师"之类的说法，几乎没人会反驳。是的，用我的话说就是："父母怎样，孩子就怎样。"有什么样的父母，就有什么样的孩子。家庭教育，首先是家长的自我教育；因为孩子是倚靠着父母而长大的：你直，他就直；你歪了，他就歪了。以人育人，在这一点，父母所施行的家庭教育和学校里的教师所施行的学校教育，没有什么不同。

值得注意的是，现实中有不少家长，其自身很好，有学问，有成就，也有修养，有品位；然而其子女却未能显出和父母一样的好来，甚至还表现得与父母背道而驰。你能看到，不是所有的好父母，都能造就出好孩子的。因此，我所说的"父母怎样，孩子就怎样"，并不是说孩子天然会长成父母的样子。亲子之间连基因都不可能完全复制，更何况是具有极不确定性的教育呢。

尽管我对我自己还算满意：当年学习还不错，现在工作也还行，

有什么样的父母，就有什么样的孩子

家庭教育，首先是家长的自我教育

因为孩子是倚靠着父母而长大的：你直，他就直；你歪了，他就歪了

遵纪守法，诚信友善；但我绝不能保证我自己的子女一定能如我一样。事实也在不断地证明：子女是子女，我是我。我的乐于且善于运动的天分，就没能遗传给孩子；而她那么喜欢看书，又是我小时候所不曾有的习惯；倒是孩子的缺点，都能在我身上找到根源，比如，不够专注、不能坚持、羞于交际、失于规划等。

父母之好，这是前提。父母之好，要成为子女之好，除非父母和孩子之间建立了良好的关系。这样的父母才是真正的好的父母。

遗憾的是，我们的社会自古至今还没有建成系统的、科学的、完善的"家长培训"体系。承担了"孩子第一任教师"大任的家长，从来都是"无证上岗""自然而为"。做家长真是挺难的。当我还是年轻教师的时候，还不太能理解有些家长"怎么会把孩子教成这样"，后来自己做了父母，成了家长，才知道没有不想把孩子教好的家长。只是，要怎么教呢？又要谁来教呢？

我不知道，也没人教我。（社会上倒是不乏"家教大师"，但提醒各位，须谨慎拜师。因为他们大多都将教育搞成了形而上的教条，费钱费时不说，还会让人"中毒"。）我不能因为做了老师、当了校长，就以为自己也是"家庭教育"的专家。我连"家庭教育的成功人士"都不算，哪有什么资格去培训别人？然而，如果学校不主动去把家庭教育指导的担子挑起来，那还能指望谁呢？

所以，我所创办的"家长学校"，不是以某个人的成功经验来帮助广大家长塑造一个"别人家的孩子"，也不是抄某个人的高深理论来让广大家长听上去觉得很美好。我只是想找几件必要的事情——还得是每个家长都能做的事情——来改善父母自身并优化亲子关系，从而（也许能）达成（一定的）教育效果。

于是就出炉了我所倡导的"家长要做的18件事"。

读几本和教育（家庭教育）相关的书，听几场讲座，思考并实践几个想法

家庭教育，基本只能靠自学。而成人自主学习的最好途径，就是读书和听讲。

市场上不乏关于家庭教育的书籍和讲座（培训），但质量良莠不齐。家长要根据自己的需求，谨慎地从中选择适合自己的、作者（或演讲人）比较靠谱的。有几种书和演讲是不能接触的：从理论中来、到理论中去、搞得你云里雾里晦涩难懂的，作者（或演讲人）自己没有养育过子女却敢夸夸其谈的，为贩卖焦虑而极度夸大教育功效的，因为自己有个"成功"的子女而后四处兜售成功经验的，将教育做成了迷信、教条的……所以，虽说开卷有益，但还是慎重为好，毕竟我们的时间和精力都有限，我们的子女也不应该是任何人赚钱和试验的工具。

书是要读的，还要去寻好书读。

读到好书，认同其中的某些观点，欣赏他人的某些做法，不妨在实践中加以借鉴、应用。边实践，边反思，慢慢地就有可能找到适合自己的方法论。

了解孩子所在学校的办学理念和教育风格，并去学校实地走两趟

学校是孩子接受教育的重要阵地。家长要尽可能地对学校有所了解：学校的教育理念及其教育设计、校长的办学风格及教育主张、学校的教育传统及惯例，以及孩子的各学科教师。

了解的途径，除了听讲（听校长讲、听教师讲）之外，还有主动走到校园里去，走到教室里去，走到孩子活动的地方去，尽可能地去观察和体验。

校长要为家长了解学校创造丰富的机会，要真实客观地为家长呈现学校教育的状态。没有完美的学校——包括校长和教师，因此没有必要去隐瞒、粉饰、虚夸，任何不够坦诚的教育都会因为伤害了教育对象和教育伙伴而到头来伤害到自己。

每学期和班主任（任课教师）约一次谈话，三年里和校长约一次谈话

面对面谈话是最好的沟通方式，学校要提倡并鼓励教师和家长经常见面沟通。家长要主动和孩子的教师约谈，每学期至少一次。约谈的时间点最好不选在孩子的敏感时期（比如考试前后）。约谈的前提和动机，也未必非要针对孩子的具体问题，目的在于彼此沟通和相互了解。

和校长约一次谈话，应该是很有价值的事情。校长要愿意和家长见面、聊天；当然，前提是校长要对学校的学生有比较多的了解，能熟悉到每个学生就更好了。试想，如果家长自我介绍时说"我是某某学生的家长"，这时校长能说"哦哦，我知道，我认识他，他在某某班……"，那么，家长会很开心，因为他感受到了学校对其孩子的关注。

记得在创建北京四中房山校区的时候，主管部门的领导就学校招生规模征询我的意见。我说："全校不超过1000人。"他问为什么，我说："我只能认识这么多孩子，再多就认不全了。"控制学校招生规模，就是要保障校长（也包括教师）能够更加清晰、更加具体、更

近距离地关注到每一个学生。

每个月和孩子有一次深度交流，谈谈"情感、态度、价值观"

亲子沟通是家庭教育中极其重要的要素。父母和孩子的谈话，其实并不容易；且随着孩子年龄增长，这种难度会越来越大。所以，父母要尽早培养亲子沟通的习惯，并坚持不懈。

我说的"谈话"，不是自发的闲谈，而是自觉的沟通。谈学习，固然也是谈话的话题之一；但亲子沟通，还要有更多话题，比如"情感、态度、价值观"，诸如对事情的看法、对人物的评价、对真善美的判断、对自己的反思、对未来的规划、对人生的思考等。

做几件让孩子（和家人）都为你感到自豪、惊喜或感动的事情

一家之长，是一个家庭的支柱，也是家庭的灵魂。家庭，作为一个组织，也是需要建设的。家长如果能够偶尔给家人（不仅是孩子）创造一些惊喜、感动或自豪感，也是对孩子很好的教育。父母要努力成为子女的偶像。

每年陪孩子逛两次书店，任性地买各自喜欢的书

两次，其实很少了；逛书店，越多越好；去一次，就使劲逛一整天。

我需要强调我所说的"任性""各自""喜欢"。任性，就是不惜代价，不惜钱。书并不昂贵，父母应该在自己的经济能力范围内，让买书成为家人的"自由"。各自，指的是"你买你的书，我买我的书"，没有谁陪谁，大家都是逛书店、看书和买书的需求者；切忌只是"陪"

着孩子。对于看书和买书这样的事情，喜欢就是真理，万不可"这个没用""我觉得那个更好"地控制孩子对书的选择。陪孩子逛书店的家长不在少数；但我所提到的这三点（尤其是后两点），做得好的人并不多。孩子稍大一些，完全可以自主逛书店，但我还是希望家长能"陪"着，重要的是"以人育人"。

尽管网购很方便，但我还是建议偶尔要去实体书店，因为我们要的是教育，而不是采购。

假日里带孩子（和家人）去参加一次社会公益活动（扶贫、支教等）

公益，与其说是责任，我倒觉得更是一种情怀。情怀的培养，需要的是"感染"、潜移默化，更需要"以人育人"。家长要寻找机会，带领孩子一起参与到社会公益活动中去，共同体会和分享志愿服务的收获与快乐。

周末经常带孩子去学校图书馆（也可以是"国图"等地方）待一整天

学校都有图书馆、阅览室，这些地方，要尽可能地对学生乃至对家长开放。北京四中房山校区的图书馆就是全年开放的，从早开到晚，周末、节假日也从不间断。有一年春节，我值班，遇见一个学生，他拿了几本书和作业本，来到图书馆坐在窗边有阳光的那张书桌上安安静静地学习，那场景真是太美了。

如果孩子所在的学校没有这个条件，那就去社会上的图书馆吧。每座城市都有自己的图书馆，那是一个很好的去处；和孩子一起，找张书桌（并肩或对面）坐下，从开门待到关门。

坚持参加学校的"家长学校"活动，聆听讲座，参加沙龙

如果孩子所在的学校里设有"家长学校"，那真是一件幸运和幸福的事情。家长要努力参加所有课程的学习，必修的、选修的、自主学习的，都要认真对待。父母的学习状态，会被孩子看在眼里，印在心上，成为"以人育人"的最直接的教材。

尤其是"爸爸"，要尽可能多地参与到"家庭教育"的工作中来。父教的缺失，很多时候是家教失败的重要原因。每次召开家长会或举办家长学校讲座，我都要数一数到场家长中"父亲"的占比，超过三成，我就比较满意。有一次应邀到外校讲课，我说："现场的'爸爸'请起立。"全场好几百人只站起来一位男士。于是我请所有女士为他鼓掌，因为愿意来学校开家长会的男人，一定是最帅的。我相信，那位爸爸当天从学校回到家，一定是挺胸抬头的。

参加学校组织的亲子活动，到学校做几次义工

但凡重视家校协同的每一所学校，都会经常组织亲子活动，为家长走进学校、走近孩子和理解教育提供丰富的机会和平台。家长要争取多多参与，以"义工""志愿者"的身份，亲身体验学校教育，增进自己对教育的认识和理解。

抓住时机，给孩子一个必要的惩罚和有效的教育

孩子总是会犯错的，惩罚（包括批评）也是教育的必要手段。罚，容易；但做到罚之见效，却并不容易。我所说的"必要"，就是要求

家长对孩子的"罚"，是"约法在先"的，是孩子"知情"且"认同"的。切不可因着父母自己的一时意气（心情、情绪、面子等），做出无依据、无分寸的"即兴"惩罚教育。

抓住时机，给孩子一个意外的奖赏和适时的教育

奖赏则不同。"意外"，是奖赏教育有效的前提条件。当一份奖赏在孩子眼里是"理所应当"的，也就失去了激励的价值。如果能让孩子产生"原来我还有这样的优点"的惊喜，这种奖赏教育才是最有效的。

像对待自己的婚礼一样，参加孩子的人生典礼（开学、获奖、成人、毕业……）

人的成长，像竹子一样，是有"节点"的。我所工作的容闳公学就流行"生命拔节"的说法，意思就是一个成长中的生命，会在某一个时节突然产生巨大的成长变化。这些"节点"，从学校教育来说就是"典礼"：开学典礼、毕业典礼、颁奖典礼、成人典礼等。

人们总是非常认真地对待自己的婚礼（当然也包括孩子的婚礼），希望每一位家长都能够如此认真地对待孩子的人生典礼：盛装而来，盛情参与。因为，典礼（人生节点）是最好的教育契机。

努力培养和增进孩子和祖辈亲人的情感

现代家庭大多都不是"三代同堂"（更别说"四世同堂"）了，与孩子朝朝暮暮生活在一起的，往往只有父母（兄弟姐妹都不常有）。因此，爷爷奶奶、姥姥姥爷这样的祖辈亲人，在孩子眼里，往往只是"亲

戚"，很难有"家人"的情愫。这与中国社会的细胞由"家族"分割缩小为"家庭"的现象有关。"长幼""天伦""规法"等家庭概念也变得越来越简单，甚至消失殆尽。于是，家庭作为重要的教育环境的功能，已经在某种程度上丧失了（且不说有的家庭已经把孩子养成了"小皇帝"）。

因此，父母要努力创造机会和条件，让孩子与祖辈之间增加相处时间。这不是说要把教育孩子的事情转嫁给祖辈，而是要让孩子所体验到的家庭生活里有祖辈的更多参与。

记得有一次家访，说到孩子在家学习的自主性和自觉性，家长很自豪地说："我家孩子这点做得很好，很自觉。我们每周末、每次过节日都要去她姥姥家吃饭，叫她去她都不去，自己一个人在家里写作业。"其实，这并不是件好事。

给孩子一次照顾父母或是分担家庭困难的机会

家家都有本难念的经，家庭总是会遇到这样或那样的困难。中国父母往往选择"暗自死扛"，多半不会告诉孩子，甚至还要刻意地隐瞒、粉饰，"可怜天下父母心"。我觉得，从家庭建设和家庭教育的角度来说，父母自身的劳累与病痛、家庭经济的困窘与艰难等，其实都是可以也应该让孩子知晓和体会的。给孩子一次分担的机会，就是帮助孩子成长的一场课堂。"穷人的孩子早当家"，说的就是这个道理。

支持孩子课外学习（文化补习、文体爱好及其他）

一个人的成长，是全社会共同作用的结果。即便学校教育的课程再完整、再全面，孩子的全面成长、个性培养及特长培养，也绝无可能仅靠学校教育就可以完成。在班级教学的规制下，学校教育只能关注"学生的群体性的主要需求和基本需求"。

在这个意义上，家庭教育就是学校教育最重要的补充。因材施教，必须从家庭开始，经由学校，再到家庭，才能真正达成。无论是成长课程的面宽，还是各类课程学习的纵深，都需要家庭教育来辅助完成。（实际上我并不愿意称其为"辅助"或是"补充"，因为这本来就应该是两条并行的路径，并无主次和先后之分。）

所以，想要"好上加好"，想要"多上更多"，课外学习（即学校教育之外的教育）就是一种必然的需求。家长要尽可能满足孩子对"更多学习"的需要：不仅仅是与升学相关的文化课，还有艺术、体育、劳动、实践、创造等发展性课程。

教育孩子学会与手机"和平相处"，并培养孩子健康积极的网络素养

手机（以及与此相关、相类似的电子产品）是现代人不可或缺的工具，它是生活的工具，也是工作的工具，还是学习的工具。人类自古以来还没有任何一项产品，能像手机一样，将人牢牢地绑定在对它的依赖上。

因此，我们不可能也不能完全剥离孩子与手机的连接，我们要做的是培养孩子与手机"和平相处"的意识、习惯和能力：表面上看，是人对手机的控制；实际上是人对自我的控制。一个具有自我管理能力的人，一切工具都只是他的工具；相反，没有自我管理能力的人，就很容易成为工具的奴隶。

最好的培养办法，就是"以人育人"。大凡父母没有"手机瘾"（刷

剧、玩游戏、刷社交圈）的，其子女大多都还好；至少，在这样的家庭里，父母的说教更有力量。

督促、支持并陪伴孩子完成他的18件事

孩子毕竟是孩子，他的成长过程（尤其成年之前）确乎需要父母的干预：督促、支持、陪伴。

学校教育设计得再好，要落实到每个学生的学习实践中去，才是真的好。这其中，父母的作用是非常可贵的。所谓的"拼爹"，拼的不是钱财、地位、学问，而恰恰就在于"爹妈是否将家庭教育当成了一件正儿八经的事情"。

孩子要做的18件事，父母其实可以一起做。

我经常应邀给家长讲"教育"，其实我也只是千千万万家长中的一个普通分子，我也没什么"招儿"。说起来都容易，做起来都是很难的，我也经常发现自己不是这里没做好就是那里没做对。我只是不断地告诫自己："人到中年，拒绝油腻。"因为我相信，父母不差，孩子就不会太差。

现实中，比起孩子，一些大人的问题太多：满嘴脏话、随地吐痰、衣冠不整、蛮不讲理、举止无礼、趣味低俗、抽烟喝酒、麻将赌博、不孝不悌、漠视弱者、受贿行贿、阿谀奉承、欺软怕硬、徇私舞弊、投机取巧、不求上进、得过且过、急功近利、利欲熏心、铺张浪费、大讲排场、夸夸其谈、吹牛神侃、官僚作风、土豪习气、贪小便宜、斤斤计较、爱嚼舌头、言而无信、欺上瞒下、不忠不专、崇洋媚外、愤世嫉俗、从不读书……

每个人的成长，都是诸多因素的综合作用：天赋基因、原生家庭、

基础教育、高等教育、生命同伴、工作历练、社会阅历，还有那么多的偶然因素，每一个因素都有可能是"决定性因素"，也都有可能是"危险因素"。因此，我们（尤其是为人父母的我们），必须"自我要求""学习不止""修炼不已"，方可"以己育儿"。

我常常建议父母"要成为孩子的偶像"。成为孩子偶像的条件，并不是财富、地位、学历、名气、权力，而是人人皆可拥有的美好品质，比如，有爱心、果敢、温暖、勇敢、简朴、大方、美丽、年轻态、有修养、风趣、幽默、有进步、丰富、有情义、健康、快乐……但凡具备几项，便足以成为孩子的榜样。子女一旦视父母为榜样、为偶像，那么，他必定会因为崇拜而模仿，必定会在模仿中超越；又必定会在超越中越发尊敬，在尊敬中油然骄傲。成为子女的骄傲，是为人父母的最高目标。

父母永远都是"菜鸟"，我们不仅只能自学成才，还永远没有毕业的那一天。

若要问我："父母凭什么教育孩子？"我只能回答："凭自己！"

第五章

教师的第一专业
是发展自己

教师的专业发展史

以我这个教育一线普通教师的经历来看，教师成为一种专业，其历史并不长。曾几何时，就连作为一个基本的职业，教师都未能得到应有的社会尊重。俗话说："家有三斗粮，不当孩子王。"教师，长久以来只是"孩子王"。

在教育规模有限的古代，教师是社会中的绝对精英。我这么说，并非鼓吹古代教师的专业性，相反，几千年来，大部分教师还只是一种个体行为、业余行为，并未形成"社会职业"，更谈不上什么"专业性"。很长一段时期，教师是以"师傅"的形式存在的：术业有专，闻道在先，乃收徒而为师。

席卷世界的工业革命，声势巨大，疾风骤雨。社会还来不及为工业人才的培养造就足够多的称职教师，模拟工厂运营模式而诞生的所谓"现代学校"，一夜之间暴增。无数"术业可能专，闻道可能先"的人，转身成为"教师"。

真正出现"培养教师的专门学校"（即师范学校），只是近百年的事情。即便如此，教师也没有因此便获得应有的专业地位，而是经过了一个极其漫长的发展过程。

"职业"和"专业"是两个相关联又具有不同指向和指标的概念。"职业"，只描述"干某事"或"以干某事谋生"；而"专业"，强调的是"十某事的资格与标准"，这种资格与标准还必须获得全社会的共同认可。

我曾在阅读叶澜教授《教师角色与教师发展新探》一书后，对教师专业化的进程问题进行了梳理，获得了清晰的启发。

人类第一次认识到一种职业的专业性，或者说人类第一次为某种职业争取其专业性，得益于"工会"的诞生。这种"获取专业性"的斗争，最初也只是从为行业争取其经济利益乃至政治利益而开始的。请愿与罢工，是两种最常见的斗争方式。教师也是如此。

因此，教师专业化（我们将教师专业性的获得称为"教师专业化"）的最早表现形式，是教师群体的专业化：以教师工会、教师协会等团体的组建为代表，以教师社会地位的获得为目标。这个阶段，实际上还称不上教师专业化，更像是教师合法化，即受社会认可，被政府承认。

教师群体专业化发展的第二个阶段，建立了教师从业许可制度：以教师资格认证为核心标志。这个阶段，诞生了教师资格证考试、教师继续教育、教师行业进入及退出机制、教师职业规则及道德规范等具有法律效力的行业制度及其标准。

至此，教师作为一个职业（行业），基本完成了群体专业化的历史任务。我们常开玩笑说：孔子是无证上岗。说的就是孔子那个时代（以及后来很长的千百年里）教师还不是专业，谁都可以当，全靠自封和自然形成。放在今天，孔子想收徒办学，还得先去考个"资格证"：教育学和心理学还好办，英语、计算机、普通话就惨了。

这之后，我们谈论"教师专业化"，大多指"教师个体专业化"，也可以说成"教师个人专业水平的达标与发展"。教师个体专业化的进程，也是经过了它的初级阶段，而后发展到今天的（相对的）高级阶段的。

我们至今还熟知的"职称评定制度"，就是教师个体专业化初级阶段的具体表现：依据工作经验、水平及其业绩而评定初级、中级、高级职称，以及与其相关联的各类评优争先。今天，尽管我们都知道"职称"并不完全能够客观描述教师的专业层次，但它是教师专业层次的直接证明，并且与切身利益相关，所以，职称之争，依旧是教师个体专业化的主要路径和必由之路。以前是争高级，现在还要争特级、正高级。

无论是"职称评定"，还是"评优争先"，这些促进教师专业化的方法，都是外在的力量：教师的专业化，是在被动的推力中被裹挟着前行的。随着"职称""荣誉"等外在力量所能带给教师的职业利益的日渐减弱，或者说，随着教师个体对专业化发展的日益自觉，我们很高兴地看到越来越多的教师开始"主动专业化"：持续终身学习、凸显个性化学习以及开展基于需要的研究，以提升专业素质，改进专业实践。

校长的职责之一，就是要促进学校教师的专业化发展——特指教师个体专业化发展，自然也包括以"职称"为典型路径的"被动专业化"，更要包括以"终身学习"为持续路径的"主动专业化"。这就是我认为学校既是学生成长的学校也是教师成长的学校并特别创建"教师学校"的缘由。教师的专业化发展，是学校教育发展的重要驱动力，因为教师的专业发展可以直接提升教育教学质量与效果，更为重要的是，教育者自身的发展可以激发受教育者的自我发展愿望。说得直白些，我希望学生看到的，更多的不是老师在备课改作业，而是"我的老师也在学习"。对于教育来说，这是更为重要的价值。

作为一种职业，教师与其他职业有着基本相似的"职业周期"。

正如费斯勒（Fessler R.）所描述的那样，教师自入职至退出（离职或退休），其间一般要经历五个阶段：形成能力、热心与成长、职业受挫、稳定与停滞、职业泄劲。假如这五个阶段的周期时长大致相同的话，那么我们会惊喜地发现，教师是一个比较容易成熟的职业（刚上岗，很快就能获得能力，并因为满腔热情而很快成熟）；但同时又会悲哀地看到，教师也是一个容易"衰败"的职业（刚成熟就很快受挫，然后停滞，直至泄劲）。

事实就是这样。学校教师队伍里最鲜活的力量，大抵都来自较为成熟的年轻人：他们教过了几年书，还葆有教育的初心与热心，积极进取，勇于开拓；他们往往还处于初级和中级职称阶段，对于业绩和荣誉有着强烈的需求；他们的教育教学行为还没有形成太过固化的个体风格，也还愿意对学习与进步敞怀接纳。

相对应的另一面是，教师一旦获得了"职称满足"，来自外部的刺激就不足以对其产生持续专业化的推进力；一旦因为长久的经验而形成了自己的工作模式，就很难再有勇气进行自我否定和自我提升。因为学校教育，终究不能算作一个会被快速迭代的"日新月异"的行业，其工作内容和方式在一定时期内相对稳定。也就是说，教师是可以凭"就这样了"的心态，度完职业生涯的。

这种"越老越吃香"（实则不然）的职业特征，决定了个体教师对自我专业化的内在需求往往不足（不够长久）。因此，校长对此有一副重要的担子。

近年来，随着教师职业的吸引力日渐增强，越来越多的优秀大学生（高学历的、重点大学毕业的）进入中小学教师队伍。这是好事，是社会进步的标志。校长要努力改变教师在社会（就业市场）中的职业形象（一直不是很有吸引力的形象），努力改变社会偏见，以我们的专业状态，努力增强教师职业魅力。

但是，"优秀大学生"（哪怕是优秀师范大学生）并不等于"优秀教师"。

有研究表明，教师专业能力的形成时期，如果划分为中小学、大学和职后三个阶段的话，教师专业能力形成的绝大部分（60%~70%）需要在"职后"时期完成；除去"语言表达能力"可能在较早时期定型之外，其他的能力要素，在一个刚毕业的大学生身上，很难超过30%。这些能力包括：与学生交往、组织管理、方法与手段、教学机智、内容处理、教学科研等。

这同时也说明了：（新）教师有足够宽广的成长空间。

教师的专业内容和结构

美国学者维恩曼（Veenman S.）在研究中曾总结出新教师最常遇到的 24 个困难和问题（从大到小）：维持课堂纪律、激发学生学习动机、处理个别差异、评价学生作业、处理与家长的关系、组织班级活动、教学材料与设备欠缺、处理个别学生问题、准备时间不充分导致教学负担过重、处理与同事的关系、制订授课和教学工作计划、有效运用各种教学方法、对学校政策及规则的意识、确定学生的学习水平、学科知识不足、行政工作负担、处理与校长及行政人员的关系、学校设备不足、处理学习困难的学生、处理不同文化和生活背景的学生、有效利用教科书和课程指导、缺少闲暇时间、缺少指导和支持、班级规模大。这24个问题，其实几乎涵盖了教师专业的全部要素。毋庸置疑，新教师必定会在以上所有方面都遇到困难，只是各项困难的难度指数不同而已（并且不同教师的难度指数也会不同）。

长期以来，人们在解决这些问题的同时，也逐渐对教师专业内容及其结构有了日渐清晰的认知模型。

叶澜教授将教师专业素质结构分为"教育理念""知识结构""能力结构"三个维度。教育理念，包括教育观念（教育观、学生观）和职业素养；知识结构，包括普通文化知识（人文、科学、美学）、学科专业知识（基础及前沿）、教学法知识（一般教学法及学科教学法）和个人实践知识（社会生活实践和学科专业实践）；能力结构，包括一般能力（智力与行动力）和特殊能力（表达、组织、教学、研究等）。

这是对教师专业内容及其结构的一种非常好理解并且能够得到普遍认可的常规解析。我们的师范教育，普遍是按照这个逻辑来进行教育设计和课程设置的；师范教育的行为，也是按照"知识与技能""理论与方法""观摩与实践"来展开的。对照维恩曼的研究结果，尽管每一所师范大学（更别说其他综合性大学）都无一例外地将"学科专业知识"作为师范教育的主要内容，但是大学毕业生在应对中小学教学工作实际需求的时候，还是显现出了"学科知识不足"的弊端。这可以归咎于师范大学为学科所"规定的知识"与中小学教学"所需要的知识"之间的脱节，以及大学教育的有效性堪忧。

关于厘定教师专业内容及其结构，多数研究者和汇报者都不是一线教师，其成果往往呈现出过度的理论色彩。我自己在多年的亲身实践和必要的观察、思考中，采用一线教师比较熟悉的话语系统，对教师专业的内容及其结构做了一番梳理，不妨与同人分享。

我将"教师"分为"教""师"来看："教"是动词，指教师的行为，是教师的职能；"师"是名词，所以为师，必因教师的专业，即为人师范。

先说"师"

师范教育中流行一句话："学高为师，身正为范。"这是一个人足以为师的两大条件：具有足够的学识与能力，拥有足够的道德与情操，即能人与好人。为师之"学"，包括知识、技能、方法与理念，这是为师之术，须专攻所得。为师之"范"，包括素养、智慧、道德与情怀，这是为师之道，须经修炼乃有。术与道是相对应的，是事物的一体两面。素养要基于知识，但有知识未必就有素养；智慧要基于技能，但有技能未必有智慧；道德要基于方法，但有方法未必有道德；情怀要基于理念，但有理念未必有情怀。"师""范"二者相辅相成、相得益彰，才是最好的"师范"。我们所歌颂的"德艺双馨""品学兼优"，就是这个逻辑。

至于"方法""理念"，校园内外的专业培训涉及得太多，我只重点谈谈"知识""技能"。

教师自身须要拥有"学科知识与技能"，这自是不必强调的事情；人们往往会以为"老师还有不会的吗""以大学所学来教中小学还有不够的吗"，事实却并不如此（因为教师资格证考试并不以应考者的学科专业知识为重点，而只是要求提交学历证明来充当"知识足够"的证据）。韩愈所说"弟子不必不如师，师不必贤于弟子"，指的是人与人的全面比较，但在"专攻之术业"上，为师则必须"贤于"弟子。

我自己在教书（尤其在北京四中教书）的时候，每每在课堂上一番慷慨激昂之后，常常自己躲在被窝里惴惴地想：我凭什么教他们呢？我自己会吗？我当年高中学得够好吗？考分够高吗？是啊，我所教的学生，他们中的最后一名学生，其高考成绩也不至于落到我考入的那个大学的档次，我当年的高考语文成绩放到眼前这个班里来，那只能是倒数的。我哪来的勇气如此慷慨激昂呢？资格在哪儿？

记得有一次招聘考核，面试者应聘数学教师。我了解到他的求学经历后，问了一个不甚礼貌但我必须要问的问题："请问以你400多分的高考成绩，如何去教未来要考600多分的学生呢？"他回答："我虽然高中没学好，但我大学专门学了4年数学专业，还读了3年数学专业的研究生，我还发表过核心期刊的论文。"我当然知道并相信，一个人的学习水平是可以事后提高的。于是我拿出近两年的数学高考试卷，让他从几道大题中自选一题作答。结果，他选了好几道，不会一题又换一题，换了一题又换一题，全都不会。他说："我们读大学时不学高中的数学，我们学的都是比较前沿的研究。"我问："那你最近关注的世界性最前沿的数学问题是什么？"他答："哦，我们专业重视的是数学应用，不是数学理论。"我问："那你说说我国芯片技术中的数学短板是什么？"他："……"他想顾左右而言他，也没找到可以转移的话题（语文水平也不怎么样）。

我叙述的这件事情，代表了一种普遍现象。那个"他"，也可能是"我"：当年如果有考官这么考我的话，我也会脸红红、汗涔涔、泪满面。后来教书还算差强人意，亏得自己愿意深刻反省，勤奋补习。一日不读书，次日都不敢进教室。刚教书的那几年，特别是刚到北京四中的前几年，因为可以"现学现卖"，对"上课"还不甚恐惧；而最战战兢兢的是有学生敲门来求教，学生问的问题，我根本不知道如何回答，甚至连想都没想过。当年应聘时侥幸通过，到后来常常"脸红红、汗涔涔、泪满面"，真是应了那句"欠的债到底都是要还的"。

数学老师不会证明"2 的开方是无理数"，物理老师说不清"航天器在太空如何减速转弯"，生物老师分不出"校园里的桃花和梅花"，学地理的在北京读了 7 年大学没出过"五环路"，学历史的不知道钓鱼岛的位置在哪里，语文老师自高考之后就再也写不出一篇像样的文章，体育老师的百米跑还不如我这个中文系的文弱书生……

我之所以无比敬仰和怀念北京四中的同事，是因为他们个个都是"学科专业"的达人。教历史的，古往今来天下大事无所不知；教地理的，走过戈壁爬过雪山到过南极；教英语的，把美国逛得比北京还熟悉；教数学的，用眼睛就能把题给"刷"了；教体育的，教到快退休的年纪还能说跑就跑，说倒立就倒立……

对于一个学科专业，自己真会，才能真懂；自己真懂，才能真教。对于教师而言，在从教之初无论自身的学科专业知识技能如何，都应该在"职后"持续学习，努力进步，向着"学高为师"的目标不断前进。

当然，"弟子不必不如师，师不必贤于弟子"，没有人是百科全书，没有人能无所不知；自知不足，学而不已，就很好。可是很多老师往往会觉得自己"无所不知，无所不晓"，这就很糟糕。招聘面试的时候，我常常问老师一个问题："请问您在这么多年的教学生涯中，觉得自己的专业知识够用吗？有没有回答不出学生问题的时候？"我得到的回答基本都很"铿锵"："绝对够用！从来没有！"这样的老师，我一般是不收的。

学高为师，身正为范

自己真会，才能真懂

自己真懂，才能真教

再说"教"

"教"是为师者的职责，是职业行为，是本职工作，是教师的职能。我也把"职能"分开为"职""能"来理解。

职，是具体行为，即教师常规的工作内容：课堂、作业、活动、考试。这就是教师所务之"业"。无论你在哪里教书，你的"教业"都无外乎这几件大事。

能，是具体能力，以及教师胜任教业所需的技能，它不同于指向知识的学科技能，它是指向教育对象的教育教学技能：管理、组织、激发、引领。这也是教师专业化的重要内容，是教师专业之所以区别于学科专业的核心价值。我们说能为师为范者未必善教，道理就在这里。"能"的聚积，会形成"场"的力量；优秀的教师，都具有独特的"能量场"，学生靠近他，就能感受到教育的作用力。

"上课"，是教师主业中之主业。课堂是需要"管理"的，包括外在的管理（安全、秩序、环节等）和内在的管理（认知、逻辑、方法等）。教师要具有资源管理能力，善于对学习主体、学习资源、学习方法、师生关系、学习环境等课堂要素进行有效管理，发挥各要素的最大效益。

"作业"，是课堂的必要延伸与重要补充。作业是需要"组织"的。如果说"课堂"尚有纲有本有法可依的话，那么，"作业"就显得更为开放自由（弄不好就成了随意乱来）。作业，需要教师进行自主设计、规划、命制、布置、指导、收阅、反馈，这是一个系统工程，很能体现教师的系统组织能力。缺乏"组织"理念的教师，很容易将"作业"做成无甚目的、无甚理由、无甚逻辑、无甚效果的如鸡肋般的任务。倘若将"作业"视为一个广义概念，那它还包括教师的课后答疑、辅导等。

"活动"，是常规知识教学之外的重要教学途径。孔子说的"学而时习之"，活动就是"习"，是训练，是实践，是学以致用也是学于致用。活动的意义在于"激发"，教师要善于通过"活动"来帮助学生找到学习的目的、学习的兴趣、学习的灵感、学习的方法、学习的意义、学习的效果。"学习"需要通过"活动"，产生"看得见的成长"。

"考试"，是基于标准的再学习。真正科学的、有效的考试，是要通过评价的力量（是鼓舞，也是鞭策）来引领学习理念、学习方法。考试，不应该是追在身后的"大棒"，而应该是悬于眼前的"萝卜"。关于这部分内容，本书将在后边有专门章节加以说明。

总之，教师就是这样的人：自己会，还能帮助别人会。教师的功用，表现为看得见的"术业"，更表现为看不见的"道场"。"术业"可他仿，"道场"须自炼（参见本书关于"教师成长的10件事"）。

教师基本功的要素及其训练

各行各业都有从业的基本功，中医有"望闻问切"，戏剧演员有"唱念做打"，教师也不例外。过去的师范教育中有"三字一话"（钢笔字、毛笔字、粉笔字和普通话）的说法，如今这些还是教师入行的基本要求之一；随着时代发展，又加进了计算机、英语等，"三字"倒是被忽略了（这实属不该）。在当老师的时候，我多次被要求参加基本功培训、考核，也参加过各级各类的教师基本功大赛。大家普遍将教师基本功具体分解为：板书、朗诵、演讲，以及教材分析、说课。

我以为，教师应具备如下基本功。

衣装

我在教语文时收阅学生的习作，经常会看到学生描写自己曾经和现在的老师。凡写到教师的外貌特别是衣着打扮，倒不至于遍身补丁，但多般都会是"普通的""俭朴的""朴素的"。"朴素"，这倒是符合教师的职业身份，但对"朴素"的理解和界定，又各有各的标准。一不小心，有时难免会将"朴素"滑向"不讲究""不修边幅"甚至"不合体""不合时宜"。

我记得在参加工作的第一所学校教书时，我似乎是那所学校里第一个穿正装去教室上课的"另类"；后来这种另类渐渐多了起来，以至于学校专门请来礼仪专家给老师们做"衣着"培训。北京四中对教师的穿着有明确的标准和要求，比如"教师的衣服不得无领、无袖"。是啊，"领袖"是衣着中最重要的部分，怎么能没有？

我做校长，对教师的穿着打扮也是有明确的标准和严格的要求的。

男教师：不蓄长发，不剃光头，不染发；脸部干净，不涂涂抹抹；不穿无领、无袖衣服，不穿短裤，不穿凉鞋、拖鞋，提倡职业装束，非体育锻炼不得运动休闲装扮；不抽烟，不酗酒，不赌博。

女教师：不披散头发、不染彩发；衣服不得短、薄、露、透，不得无袖低领紧身，颜色不宜过于艳丽；不穿高跟鞋、凉鞋、拖鞋；不染指甲、趾甲，不浓妆艳抹，提倡职业装束，提倡淡妆淡香。

我们要培养"干净、端正、新鲜"的学生，就先要塑造"干净、端正、新鲜"的教师形象：从穿衣打扮开始。

为什么"衣装"如此重要？因为教育是"以人育人"。教育的靶子是"人心"，但教育的力量须先透过"外表"而后方能进得"内质"。一个人对衣装的态度（价值观和审美观），会对这份教育力量进行过滤，并将其所接触的教育全都染上这种态度的色彩。因此，发出的教育大抵相同，但每个人的内心所接收到的教育各个不同。

教师更是如此，我们不仅是教育的接收者，更是教育的辐射者。当我们的知识、情感、态度、价值观，穿透我们的衣装抵达学生时，会变异成什么样子呢？是更加严整，还是变得烂俗？

尽管我也不会同意教师也来个全国法定职业装（像警察那样），但我绝对倡导每个学校都能依据自己的学校文化，给教师设计必要的工作着装。

每当招聘教师的时候，我都会"以貌取人"（这里指衣装），因为教师就是以人育人的。

说话

虽然教师所需的专业能力基本（70%）可以靠职后的在岗培训来养成，但其中"语言表达能力"是个例外。据研究，教师所需的语言表达能力有60%在其"职前"（中小学和大学时期）就定型了。这就是教师招聘考核必须设有面试环节（说课、试讲、对话、答辩、无领导讨论等）的理由。

我甚至认为，一个人的语言表达能力，在其刚刚成年的时候就已经差不多定型了。所以我强烈建议师范大学招生增加"面试"环节，帮助考生了解自己并对自己是否能够胜任教师职业做出判断：说话的能力，就是一个关键指标。教师，毕竟是靠嘴吃饭的。

教师"说话"的问题，包括"普通话""方言口音""语速""音量""表现力"等。

我是在来北京教书后，才突然遇到了"说话"的问题，我只要一张口，身边的同事和学生就头疼："说什么？""讲慢点！"语速快，音量小，虽然口音不重，但怎么也发不出卷舌音和后鼻音，简直要了我的命。怎么办？唯有"练"：咬破舌头磨烂嘴唇地练。北京四中校园里有座"漱石亭"，可能只有我才能深谙其旨。到如今，我"说话"可以勉强合格。

教师，普通话要标准（并非京腔），方言中的明显口音要改掉，特别具有地方色彩的用词、用语习惯也要努力避免。在正式的公共场合（比如课堂），教师的语言最好不要体现地域色彩，不可以让人一听就是"东北人""四川人""河南人"。在国家推广普通话之后，学校作为语言习得的重要阵地和环境，是必须依法推广普通话的，这也是校长依法办学的重要指标之一。

教师说话的语速要适中，音量要合宜，要让学生听清楚。音量过小当然不好，但嗓门过大则过于吵闹。这里所说的"适中""合宜"，具体标准就是"让人舒服"。

教师说话，特别强调"表现力"，因为我们要通过说话来传递知识、情感、态度、价值观，要通过说话来激发学生的学习兴趣并帮助学生理解、记忆。所以，说话时的语调、顿挫、缓急、轻重，乃至辅助说话的肢体、表情，都是语言表现力的重要元素。

写字

在这个电子化的时代，尽管"书写"正在逐渐被"输写"取代，但是，在教育领域（尤其是中小学学校教育），"书写"依旧是主要且重要的记录方式。

在电子白板、触屏电视等电子媒体几乎成为教室标配的今天，依然还没有哪个学校取消黑板（或白板）；教师对作业、试卷的批阅，即便可以利用网络平台，也还是寄望于它的"手写"功能。

往大了说，书写本身就是文字文化的一个重要部分；对我们的表意汉字而言尤其如此。文字，需要在一笔一画的书写中，得以体会其义与其意、其韵与其味。书写，其本质不是艺术，而是科学。

所以，汉字书写，就应有其科学讲究：大小、形状、结构、比例、笔顺及其之间的字距、行距，以及于此之上的清晰、流畅和体格。人们常说"字如其人"，这里说的字之所"如"，当然不是人的长相，而是指人的文化修养和审美修养、举止习惯和性情品格。

教师的书写方式，除了使用常规的硬笔（圆珠笔、铅笔、钢笔等）在普通的纸上书写之外，因其工作环境的特殊性，常见的还有用粉笔在黑板上和用水笔（如马克笔）在白板上书写。以前师范教育中将教师的书写课程称为"两笔字"，即钢笔字和粉笔字，这"两笔字"就是上述两类书写方式的典型代表。

教师的字，没必要写成艺术品（实际上太艺术的字对于教学来说也不适合），但必须写得"像样"，也就是方才说的"大小、形状、结构、比例、笔顺及其之间的字距、行距"等都比较合适、和谐。

学生的书写，（除刻意接受专业训练）多半从他老师的书写中"目染手临"而成，特别是那些字写得好的老师，会对学生的书写产生巨大的影响。

工具

每个职业都有自己的劳动工具，教师的工具是什么？有哪些？

孔老夫子当年杏树开坛，是"凭一张嘴游列国"；后来有了固定的教室，老师们便还需要持"一支粉笔走天下"。说之不足，则以手写之，这几乎成了教师职业的标准画像。以前学生上课只需要听，而声音是无所谓方向的，所以，学生可以随意围坐。孔子在上"人生理想"班会课的时候，曾点同学就坐在角落里自顾自地低头弹琴，但也没耽误他听讲。后来上课教师要写，学生要看，需要统一视线的方向，所以，"秧田式"排排坐的教室布局产生，一直延续到今天乃至以后很长一段时期。今天很多学校倡导"合作探究"，让学生分小组围着坐，增加了交流却又妨碍了"写"和"看"，于是就把教室的四堵墙全部安装上了黑板。

看来，工具的演进，对于教育理念和教育方法的变革，也是一个重要的推动力量。

近些年流行并基本普及了的"多媒体集成讲台"（包括投影仪或电视机等影像投射设备、音响设备、电脑、黑板或白板、互联网等），其本质上虽与"粉笔"没有区别，但客观上极大地拓展了视听功能和交互功能。教师自然要与时俱进，熟练掌握现代多媒体技术的应用技能。

为了使用这些计算工具、网络工具和媒体工具，教师除了要熟悉机械硬件操作外，还需要学会以 Microsoft Office 办公系统为主的多项应用软件的操作（如 Word、PowerPoint、Excel、Outlook 等），以及各学科的专业软件（如数学画图工具、实验演示软件）等；对自我要求更高的教师，还可以学会音视频剪辑、动画制作、摄影、录像，甚至可以简单地编程、排版、修图等。

近几年诞生的"远程线上授课"，也是今天和未来教师需要掌握的网络授课方式。因为未来教育一定会是"线下""线上"相结合、"现实课堂""虚拟课堂"相结合的模式。（其实这种"双课堂"的教学模式早就开始了，北京四中从 20 年前起就做出这些尝试和实践，取得了良好的效果。）教师需要了解、熟悉并能自如运用此类工具：视频会议系统、网络教学平台、视频直播平台等。未来还有可能催生出专门用于教学的网络工具。这些对于年轻人来说都不困难。

人工智能工具也在逐渐走入校园和课堂，成为教师需要掌握的最新教学工具。

审美

作为教师职业基本功之一的"审美"一直处于被无视状态。

教师的审美能力，分为"专业审美力"和"通识审美力"。

所谓"专业审美力"，指的是教师要具有发现、认识、理解和创造学科专业美的能力。语言有语言之美，文学有文学之美，数学有图形与逻辑之美，科学有规律之美，音乐有声音之美，舞蹈有韵律之美，体育有身体之美，美术就更不必说了。缺乏专业审美力的教师，是不大可能激发学生学习兴趣的，他只能通过"敲黑板"的方式来警告学生"这个高考要考"。我以为，中小学教师，未必非要在学科专业领域具有多么高深的造诣（实际上真的不需要），但他必须真正懂得所教学科的美感和趣味。

再说"通识审美力"，指超越具体领域的对美的一般感受力和创造力，比如，一个人对声音、线条、空间、色彩、文字、结构中美感的接受力、理解力、判断力和创造力，它是一个人最基本的"审美趣味"和"审美品位"。一个具有基本审美力的教师，会自觉地对自己的形象、语言、动作提出自我要求，设定自我标准；也会对自己的作品（包括自己写的字、说的话、画的图、写的文章等）提出自我要求并设定自我标准。这种审美意识和审美能力，往往可以从教师制作的PPT、讲义、板书等，非常直观地体现出来。

有些教师会在腰上别一个导游使用的扩音器，把PPT做成"大花被面"，把板书搞成涂鸦，给学生发的讲义毫不讲究字体、字号、字距、行距、居中对齐，等等，实际上都是缺乏审美力的具体表现。

这简直是教育中可以致命的问题。因为一代又一代的青少年，基本要靠学校教育获得审美趣味和审美能力。校长要起到表率作用，不能在校园里私搭乱建，不能把墙壁刷成可能伤害眼睛、侵犯审美、有碍教育的颜色，不能往墙上乱贴乱画，也不能把自己弄成油腻中年人。

以上五条，仅为"职业基本功"，教师还需具有以下五条"专业基本功"。

认识儿童

具有基于同理心的儿童认知力，这是教师对通识教育的基础理解。

不理解儿童的人，是不能从事教育的。然而，要能够从理论上解释儿童成长的各种问题，又不是普通教师所能为的。作为普通教师，我们对儿童的认知，可以借理论为指导，但更多的应该来自教师本人对儿童的同理心，即学会以"如果我是他"为前提来观察、分析和判断。借用更形象的语言来表达，好比"设身处地""换位思考"或"他还是个孩子""遥想自己当年"。

我并不赞成或并不推崇教师（尤其是新教师）阅读过多"教育学""心理学"书籍，因为缺乏实践经验基础的理论学习，很容易走入"玄玄乎乎"的怪圈。

读懂《课标》

认识并理解所教学科的本质及其学习规律，这是教师对专业教育的基础理解。

教师，必须是"内行"，即学科专业的懂行人士。你所教的语文、物理、数学……它是什么？怎么学？这是每一位教师走向讲台之前必须搞清楚的问题（当然，实际上需要教师通过相当长的教学实践和思考来回答）。《课标》就是这个问题的宏观答案和参考答案。《课标》之于教师，其意义相当于《宪法》（即《中华人民共和国宪法》）之于律师。事实上，主动研读《课标》的教师，少之又少；被动读一读、看一看的，也并不多。绝大多数教师的教学行为，都处在"办事不由东"的自发状态。

我不确定师范教育是否设置了"《课标》解读"这样的必修课程，我想这是极其必要的。就算没有接受过任何培训，我作为曾经参与过一点点《课标》修订工作的普通教师，可以向你保证：《课标》语言清晰明了，教师完全可以凭借自己的基本阅读能力，读懂《课标》。

设计活动

设计活动，这是教师对教育实施的基础执行力。

如果把教书只看成一件"我讲给你听"的事情，那就大错特错了。真实的教育和教学，都需要借助活动为其载体。

所谓"活动"，就是在共同目的和规则下群体所采取的共同行动。在学校教育里，大到一场运动会，它是一场教育活动；小到一节课，它是一节教学活动；更小的还有一次对话，它也是一次交流活动。严格来说，"我讲给你听"，也是一种活动；只是，它不是学校教育的全部。

活动是需要设计的。教师备课，实质上就是在设计师生活动：教师的活动、学生的活动以及彼此之间的相互关联。既是活动，就必须依据参与主体的多样性而分别设计。以往教师教案中那种以"教师教学步骤"（即先讲什么，再讲什么）为单一线条的设计，就是未能将课堂教学视为师生活动。所以，在"教育即活动"理念指导下的教学设计，一般都是师生双线推进的，彼此独立又互相联系。

在日常的"课堂教学活动"之外，好的学校教育还会有多种多样的"课外活动"：有那些与学科教学紧密相关的拓展性和实践性的教学活动（如演讲辩论、科学实验、合唱节、运动会等），还有那些以教育为目的的体验性的教育活动（如升旗仪式、学生代表大会等）。

学校教育，就是由一个一个或大或小的活动组织起来的。这些活动的设计、组织、实施、评价、反馈，都需要教师来完成。

单拿"备课"来说，教师要完成对课堂教学的设计，就要能够理解教材、分析学情、寻找资源、选择教法、优化环节等。每一节课（每一个活动）都是一个系统工程，要求教师具备基础的系统思维。

作答试卷

作答试卷，是教师在学科专业上的硬实力。

教师"自己会"的最直接的表现，就是"会做题""会考试"。我曾经给学校的老师提了一个要求：教师不仅要能够非常顺利地完成本学段最高年级的考试试卷，还应该能够比较顺利地完成高一个学段的试卷。比如，小学教师要百分之百会做小学毕业考试试题，还要会做中考试题；初中教师应该作答中考试卷并能获得满分，还要能拿下高考试题的 90% 以上；高中教师，高考试卷那是必须能够基本搞定的，除此之外，还要能应对一些大学的考题。艺术教师要永远能唱能跳能画，体育老师干到退休也要努力让自己的运动成绩稳定在学生标准的良好等级以上。

现实情况往往是教师教什么就只会什么，再多一点就都不会了。小学教师工作几年后，就只剩下小学水平；初中教师教了几轮下来，也只会初中那点东西。这是非常可悲和可怕的事情。可悲在于教师在专业上的自我毁灭，可怕在于一个不能够"俯瞰学科"的教师怎么能够对其教学有宏观的把控？

所以，教师要经常"刷刷"题，因为学生和教师，总有一个需要跳进题海，不是你，就是他。

建设关系

建设关系，体现教师在人际关系上的情商。

在学校教育中，与教师直接相关的关系，主要有同事关系、师生关系、家校关系。

教育（哪怕只是某一门学科的教学），看似一个班主任带一个班级，一个学科老师教一个班级，实际上它绝不是"一个人的事情"。学生在群体中生活，在集体中学习成长，很难说学生的哪一点学习所得能够清晰地归结到是哪一个老师的功劳。教师，往往是以一个群体形象的力量作用于学生的。因此，教师要善于和同事合作，乐于和同事分享。更何况，教师的专业成长，绝大部分资源都藏在与同事的交流分享中。

师生关系，是教师必须面对也必须做出最妥善处理的关系。师生关系，其实是很复杂的。教师会获得学生的尊敬、喜欢乃至崇拜，教师会被学生当成父母，也会被学生当成大哥哥大姐姐，教师还可能会遭遇来自学生的过度亲近或是过分冷漠；教师严格过头，会导致学生的抵触；过于松散，又会纵容学生的造次。教师总是拿捏着"师道尊严",会显得冷冰冰；倘若"和学生打成一片"，又往往不可收拾。在此，我也是说起来容易，做起来很难：教师要努力把握住师生关系的主动权，严爱相济，距离适中，冷热有度。最忌讳教师为了赢得学生喜爱而刻意讨好，也最忌讳教师为了树立师权而强作威仪。

家校关系也不可忽视，公办学校如此，民办学校更甚。教师要学会和家长打交道，这也很难，因为教师和家长之间，并没有什么法定的关系，肯定不是师徒，但也不像客户，也不像伙伴，也不能是朋友；但也好像都可以是。家长需要从教师这里获得指导，获得服务，获得支持，获得理解。如何在家校关系中不卑不亢、有礼有节，并且能在家长面前树立教师自身的专业形象，也都是教师的基本功。

当所有专业机构乃至全社会都仅以为教师基本功就是写个板书编个教案的时候，我竟给教师罗列了十大条。不是我刻意要苛刻，而是经验告诉我，做好一个教师，以上十条必不可少。说是"基本功"，其实，教书一生，都得为此修炼一生。

"基本功"，也永远没有够用了的时候。

教师的工作如何考核与评价

教师的工作是不太好考核和评价的，尤其不好获得精确的量化。但是，教师工作的好坏，又是很容易被感知到的。在一所学校里，哪个教师好，哪个教师不够好，哪个教师很不好，大家心里都有一杆秤，可如果非要拿出什么指标来对照的话，那又会是一笔糊涂账：记考勤吗？查备课本？算工作量？数论文？比职称？学生打分？家长满意度？似乎哪一条都不客观，都不科学。就连最硬杠杠的教学成绩（班级考试分数），都无法让人信服：班级的好坏有时候是天然的，和运气有关；谁教得过谁还不一定，和手段有关；学习成绩特别好和特别不好的学生其实与谁教他并没有必然关系。

然而，在职场，是工作，就必须被考核、被评价。教师也不例外，这是学校办学质量管理的要求，也是教师专业发展的需要。

做教师二十几年，被考核和被评价是经常的事，每学期一次，每年两回；还不算时不时地要接受各级各类的考、评、选、定。我深知，尽管每一次都是以公平、公正、客观为原则的，但确乎没有任何一次的考评是可以让我真正感受到公平、公正、客观的。这不是谁的错，而是因为教师所做的是"人"的工作，大凡以人为对象的工作，都不太好进行业绩和能力的考评。

我听过一个朋友讲述他所就职的学校关于考评的故事：学校已经连年没有考上"一本"的学生了，那年，校长坐不住了，许以重金悬赏：谁班里能出"一本"生，每出一个奖励班主任 10 万元（我至今不知道这笔巨额奖金可以从学校的哪笔款项里支出）。那年，我这位朋友作为新教师入职并当班主任；那届，他的班里 12 个学生考上了"一本"；他拿奖金买了 3 套房。我的那位朋友至今也没成为什么优秀教师，他所得势的那年，恰好全国高校开始疯狂扩招。

在创建北京四中房山校区的时候，作为校长，我也要牵头编制教师考核标准与方案。对于并不提倡个人英雄主义也不主张成王败寇的学校来说，这是一个巨大的难题。在日常的教育教学管理的过程中，我的导师常常告诉我："管理的要务是过程管理；好的过程，必有好的结果。"类似的话我们常常听到："但问耕耘，不问收获。""谋事在人，成事在天。"这为我提供了一个崭新的思考方向：变结果考核为过程考核，变结果评价为过程评价。

教师自评

相对于"结果"而言，"过程"往往更难以被看见，尤其是教育，它不是流水线。因此，校长要想清楚第一个问题：考核什么？我们的考核靶向，是教师为工作做了什么的"过程"，还是教师为更好地工作而在个体专业发展上做了什么的"过程"？这是两个不同的概念，前者指向对工作的直接作用力，是"输出"，意义在于发展；后者是为更好地工作而指向教师自身的作用力，是"为输出的输入"，意义在于优化发展和可持续发展。对于学校教育来说，我以为二者都重要，且二者也是相互关联的；也可以视后者为更重要，其考核比重可以随学校发展而逐年加大。而后的基础工作，就是将"过程"进行"看得见"的描述。

因为有"教师学校"，每位教师都是教师学校的直接学员，所以，教师在学校工作，其实可以看作"半工半读"。"半工"就是"做了什么"，"半读"就是"为更好地做什么而学了什么"；刚好应对上文所说的考核评价工作的"两条腿"：输出以及为输出的输入。如此一来，所谓的教师考核与评价，就转变成了"教师学校结业考评"。

以《北京四中房山校区教师学校结业考评量表》为例，我将考评指标分为五个大项：职业素养、专业发展、教学工作、教育工作、特殊表现。每一大项又细分为若干具体指标。如：

职业素养，包括工作考勤、师德师风、教师形象、工作态度。

专业发展，包括读书、听讲、听课观摩，参加校本教研、市区教研并自主开展教育教学研究，以及撰写教育随笔。

教学工作，包括课时量、备课、上课（现场教学）、开展第二课堂、组织非现场教学，以及教学工作的基本质量。

教育工作，包括承担教育任务、实施教育活动、建设家长学校，及其教育工作的基本质量。

特殊表现，指为学校发展所做出的特别贡献。

每一个具体指标，还都需要进行"行为描述"，也就是可量化、可评价、可操作，同时还要具备公平性、公正性、客观性和发展性。

值得注意的是，这份考核量表，不是供"领导"使用的，也不是给"评委"参考的，而是发给教师，以供"自评"的。我以为，可以自评的考评，才是真正能够促进发展的考评。为了让教师进行认真的反思和自评，我们对每一个具体指标都设置了一个赋分区间，教师可以根据"自我评定"，在这个区间给自己打分。由于所有指标指向的"过程"，都是"看得见"且可以"被看见"的，因此，教师在自评时就能够自觉地保持客观态度；否则，教师在"自评交流会"上就会很尴尬。

考评，不是为了排名，不能造成教师之间的"你争我夺"，因为同事是伙伴而不是对手。考评，强调的是自己和自己比较，今天和昨天比较。所以，教师学校结业考评，只是"合格性"考评（当然它也可以用作其他综合性评优评先的重要依据）。"不合格"的标准只有一条：在五大项之下的任何一个小项里，自评为零分。零分，就是没做，就是没有"过程"（或"过程"不符合基础要求）；如果"没有过程"（或"过程有误"），那么，"结果"就是无根之木、无源之水。

要做好"一票否决"的考评，就必须将考评指标放在行动之前，让行动者获知。这样一来，这张量表，就不是考核，而是"指南"了。

至此，才是初心。

家长满意度

民办学校会更加重视家长满意度，一来是因为民办学校需要增强家校黏度，二来是因为民办学校家长对学校有更强的了解愿望和了解条件。我自己在公办学校和民办学校都有任职经历，对此体会尤深：公办学校的校园里只有老师和学生，而民办学校的校园里，有教师、家长、学生三个群体。因此，同样是做家长满意度调查，从客观性和准确性来说，民办学校要大大好于公办学校。当然，重视家长学校建设的公办学校，家校关系紧密的学校，家长对学校办学理念、教育实际情况、教师行为等都比较了解的学校，通过家长满意度来对教师（乃至学校）进行考核评价，也不失为一种有益的方式。否则，我不建议随意对家长进行满意度的问卷调查：得分高，也许是因为家长并不在意；得分低，可能是家长心有积怨。

此外，家长是教育的非专业群体，也是学校教育的非直接参与者，甚至是非全面了解者，因此，家长所能考核与评价的，不能是"教育行为的专业性"，而只能是"教育行为的合法性"和"教育的感性质量"。比如，课程设置是否合乎国家标准、作息时间是否利于孩子健康、校园是否安全、教师行为是否合法，以及作业量是否合理、孩子是否喜欢学校喜欢老师、孩子对学习是否有兴趣、孩子在学校是否有朋友，等等。

家长满意度调查的指标及其量化，应当由学校和家长代表（家委会）共同协商编制，切不可简单了事交给第三方，或是由家校任何一方独裁。

学生评教

很多学校都会开展"学生评教"的活动，也就是"发动学生给老师打分"。这的确是一种很好的业绩考核方式，因为"客户满意才是王道"嘛。企业常用这种方法，因为企业的宗旨就是"让客户满意"，且"为客户满意"可以不择手段（当然不能违法乱纪）。

教育则不同。教育，对其客户（学生、家长）负有提供教育服务的义务（比如传授知识），同时也拥有实施教育手段的权力。也就是说，教育是一种特殊的服务，它带有一定的强制性，不能完全以"客户满意"为宗旨。但凡有"强制"性，就极容易造成服务对象的"不满意"，甚至是"反感"，从而使教师陷于两难境地。比如，一位教师倘若得知自己的工作即将"被学生打分"，那么，他就很可能要开始纠结：我是应该以提升学生成绩为目的对其严苛，还是以满足学生舒适度为追求对其"宽松"一点呢？

教育的不同，还有其二：客户的认知成熟度。企业面对的客户为具有成熟判断力的成人，而教育面对的，是尚未形成成熟稳定的认知判断力的未成年人。中学还稍好一些，小学尤甚。因此，学生提交的考评结果和意见，具有一定的不稳定性（比如受情绪影响）、不科学性（比如是非判断力不足）、不客观性（比如易走极端）。

这两种不同，也正是每位校长在选择"学生评教"之前需要反复思考、权衡的问题，也由此得出两个不同的决议：不能做且不必做，可以做且必须做。

北京四中是"能做且必须做，可以做且好好做"。我在北京四中房山校区任职时，基本沿用北京四中本部的策略与方案，尽管学生情况和老师情况与本部都大不相同，但"学生评教"工作的质量和效果，与本部没有差别。

学生评教，看似"学生给老师打分"，实则不然。就像任何一场检测或考试都不是"教师给学生打分"那么简单一样，教师接受学生评教，并无损师道尊严，也并不需要过于紧张；学生给老师评教，也并无翻身做主、借机报复之必要。当然，完全消除这种感受和情绪，是不可能的；重点在于我们如何把握这个"分寸"。

唯一的办法，就是校长要给予"学生评教"工作及其"评教结果"一个合理的定位：目的是什么？如果就是"为评而评"，如果"一考定评"，如果再搞一个"以评量绩"甚至"一评定聘"，那么，以上问题不仅无法解决，还必定会越闹越大。管理者应牢记并坚守其初心：一切考与评，皆为促进步，求发展。

因此，我把"学生评教"工作的主题命名为"接受自己，享受鼓励"，并添了一个副标题"从'评教'看我们自己的昨天与明天"。

无论一个怎样的"自己"，都是我们自己的作品。90分也好，80分也罢，那个人，就是"我自己"；接受他，无条件。同时还要意识到，"今天"的意义，就在于连接"昨天"与"明天"。《论语》有言："往者不可谏，来者犹可追。"陶渊明也借此告别昨天走向新生。"接受鼓励"后，人人都能做到最好了吗？当然不是。然而，我经历过多次"学生评教"，还从来没见过哪个老师的得分会低到80分以下的，我记得我入职北京四中的第一年，得分在全校排名倒数行列里，那也是86分啊。老师们，不管哪一次考试，我们给班里最后一名学生这么多分了吗？你看，学生多善良啊！这难道不是在"鼓励"我们吗？

真的，每一位教师，都要学会在学生给我们打的分数中，接受自己，享受鼓励；学会心怀感恩，争取更大进步。

学生评教工作的流程，一般包括如下六大步骤：评教指标及问卷研制、教师大会说明与动员、学生大会说明与动员、学生评教、评教结果统计、评教总结与反馈。每一步都非常重要，都关系到此项工作是否能达成我们的初心和使命。通常我的做法是：每一步都亲力亲为。

既是"评教"，那就是对"有教育教学任务的教师进行考评"，分两类：学科教师（教学类）和班主任（教育类）。其中，学科教师也分两类：一般学科教师（如语数外史地政理化生等有考试任务、作业辅导等的学科教师）和音体美劳等其他学科教师。于是，"评教"量表也就相应地有三个版本，考核指标在通识部分之外会尽可能地体现岗位特点的差异。

对"学生评教"的内容，我们设有四个项目："满意度问卷"（单项选择题）、"我给老师提三条意见或建议"（简述题）、"我认为优秀老师最该具备的三种素质"（多项选择题）、"《我身边的好老师》"（作文题）。

以下是项目一"满意度问卷"学科教师版的调查指标，分别对应"德、能、技、勤"，加上"总体印象"共5大项23小项。（当然，这些指标都将随着教育的发展变化而变化。）

满意度问卷调查指标（学科教师版）

（一）以人育人，共同发展

1. 品行端正，作风优良，能给学生传递积极向上的世界观、人生观和价值观。

2. 谆谆教导，诲人不倦，关注每一个学生，并能给予有效的引领和指导。

3. 衣着打扮大方得体，言行举止文明优雅。

4. 热爱工作，好学上进，勤奋进取，堪为师表。

（二）学科素养

5. 对自己所学所教的学科专业表现出较高的尊重和热情，并能感染学生。

6. 具有丰富的学科知识和良好的专业素养，令学生崇敬并使人乐意前往求教。

7. 能借助专业能力和学科修养，丰富生活方式，提升生活品位。

（三）教学基本功

8. 教学活动的示范性：教态大方，语言流畅，板书美观，操作规范，示范到位。

9. 教学活动的严肃性：课前进行必要且充分的教学准备；目标明确，内容充实，重点突出，条理清楚；学业考核严格、公正、规范。

10. 教学活动的全体性：对课堂纪律进行有效管理，能调动每一个学生参与到课堂学习之中。

11. 教学活动的有效性：注重学习习惯的养成，注重学科方法的指导，注重学习能力的训练。

12. 教学活动的创造性：愿意尝试新的方法，增加学习趣味，提高学习效率。

13. 教学活动的教育性：重视知识教授的同时，能关注并落实相应的教育功能。

14. 课后作业的数量和难度均适中，不会挤占其他学科的作业时间和休息时间，且会为不同学生布置不同的学习任务。

15. 在学生完成作业的过程中，会尽力地予以关注和指导。

（四）作业及辅导

16. 对作业全批全改（含面批等），及时讲评反馈，并能指导学生改正错误、总结经验。

17. 对拖欠、敷衍甚至抄袭作业等现象能及时制止并对有关同学采取有效的教育措施。

18. 所留作业均为自主创设，不会将现成的教辅资料原封不动地复印成练习作业。

19. 编印的教学讲义、学习资料、练习试卷等，字迹清晰、文图齐整、版式美观，且字号均不小于小四号。

20. 能为学生提供充分的答疑辅导时间，学生如有学习困难或专业发展问题，能很容易地找到老师；即便是周末或假期，也能为学生提供可供交流的通信方式，甚至能应约面谈。

21. 能够开设课外选修课或举办课外活动，丰富学习途径。

22. 能够针对有特长或有特别兴趣的学生开展有效的指导和帮助。

（五）总体印象

23. 不单独考虑任何一个方面，你对该教师的综合评价如何？

以下是项目一"满意度问卷"班主任版的调查指标，共 4 大项 18 小项。

满意度问卷调查指标（班主任版）

（一）以人育人，共同发展

1. 品行端正，作风优良，能给学生传递积极向上的世界观、人生观和价值观。

2. 谆谆教导，诲人不倦，关注每一个学生，并能给予有效的引领和指导。

3. 衣着打扮大方得体；言行举止文明优雅。

4. 热爱工作，好学上进，勤奋进取，堪为师表。

（二）到位与陪伴

5. 在晨检和午检、课间操及其他集体锻炼、升旗仪式及班校会等集会、班级重大活动以及自习（住宿生还有晚自习）的时候，班主任都在我身边。

6. 在我需要鼓励的时候，在我需要赞美的时候，班主任都会惊喜地出现在我身边。

7. 在我退步的时候，在我犯错误的时候，在我需要教育和鞭策的时候，班主任都会主动且及时地来到我身边。

（三）教育基本功

8. 班主任不仅关心学生的学业成绩，更加关心学生的全面发展以及不同学生的个性发展需求。

9. 班主任能尊重学生，公平对待、合理要求并有效教育学生，师生关系和谐。

10. 班主任对班集体的建设有健康且明确的价值导向。

11. 班级常规管理制度明确健全，落实到位。

12. 班主任能针对学生成长阶段及班级问题的需求，有计划地设计主题班会等班团教育活动，班主任的教育引导有深度，有实效；善于把握教育契机，及时发现并处理班级中出现的各种问题。

13. 班主任是非分明，严爱相济，能坚持正确的舆论导向，形成健康的主流价值观和融洽的班级风气。

14. 班主任能在班级中树立良好的学风，营造最有利于学习的集体环境。

15. 班主任善于培养学生干部并发挥其积极作用，善于调动每个学生参与班级建设。

16. 班主任能深入学生，经常与学生谈话，做有针对性的心理和思想教育工作。

17. 班主任能通过家访、谈话、书信等有效形式与家长沟通，鼓励和引导学生与家长积极沟通、和谐相处。

（四）总体印象

18. 不单独考虑任何一个方面，你对该教师的综合评价如何？

"以人育人，共同发展"，旨在考核教师在贯彻落实学校教育理念方面是否能让学生感受到并感到满意。教师自身要有修养，有境界；并且要有能力将自己的修养和境界通过朝朝暮暮的潜移默化，移植到学生的身上。这种生命对接生命的教育，才是"有温度"的教育。

"学科素养"，旨在考核教师自身所掌握的学科专业知识及技能是否能让学生感受到并感到满意。教师必须在自己的学科专业领域表现出较高的、足以让学生信服的专业水准，同时，教师必须热爱自己的学科，且善于通过教学将这种热爱表现出来并传递给学生。教师的生活，要带有他所学并所从事的学科的味道；我们要相信并践行，所有的学科素养都能美化我们的生活。这也是学习的意义之一。

"教学基本功"，旨在考核教师的具体的教学行为是否能够达到职业标准和胜任工作需求，以及能否展示在日常教学过程当中让学生感受到并感到满意。教师要努力践行"课比天大"的原则，无论是教学的设计和课堂的组织，还是讲解、启发、板书、示范，都要努力增强课堂教学的严肃性和有效性。从来没有可以抛弃"教育"的"教学"，也从来没有可以随意放弃任何一个学生的教师。

"作业与辅导"，旨在考核教师在组织作业、辅导等非现场教与学活动时，是否能够科学、合理、高效地完成并能让学生感受到和感到满意。实际上，（多数的）学生并不是不想写作业，只是不想写"这样的作业"：买一本练习册丢给学生逐页逐题地往后做，剪刀加糨糊地剪剪贴贴、拼拼凑凑印给学生，天天就是算呀抄呀背呀，然后又是背呀抄呀算呀……教师务必要关注作业的必要性、有效性、趣味性（也就是新鲜感和成就感），并且一定要通过监督、指导、帮助等有效活动干预学生完成作业的过程。会的当然会，不会的还是不会，这样的作业就很浪费学生的精力，没什么价值。在编印校本讲义、练习的时候，教师要肯于和善于对图文进行必要的编辑和排版，以保证其舒适美观，这也是对学生和学科的起码尊重。除去正常和必要的休息时间外，教师应随时能为学生答疑解惑。建议教师主动将自己能够接受答疑的时间以及预约联系方式等提前告知学生。

"到位与陪伴"，旨在考核班主任在施行班级教育的过程中是否充分发挥了"就近"原则（即学生在，老师在，教育在）并是否让学生感受到和感到满意。"到位"是教育的最基本要求，"陪伴"是最好的教育。师生距离，就是学生转头能看见老师、老师伸手能帮助学生的距离。

"教育基本功"，旨在考核班主任的具体教育行为是否能够达到职业标准和胜任班主任工作需求，以及能否展示在日常教育过程当中让学生感受到并感到满意。师生关系，是教育中最大的生产力和最廉价的生产资料。教育是一个系统工程，要有"一以贯之"的要求；零零碎碎的管理，那叫"一地鸡毛"。班主任还要谨记：考试平均分不是班主任的唯一业绩；只盯着考试，也不可能获得高分。我们常说"班风"："风"，就是教育最有形的力量、最强大的力量；"风"，源自哪里？——班干部。班主任要善于建设班干部队伍，还要勤于沟通、善于沟通。沟通与谈话的目的，也许不在于能马上解决一个问题，而更可以是"谈一次话，培养一个 Fans（粉丝）"。这个 Fans，可以是学生，也可以是家长。

若干年以来，许多次的"学生评教"反馈显示，教师在学生评教中得分最低的项目都一直相对稳定。如（第13条）教学活动的教育性：教师重视知识教授的同时，能关注并落实相应的教育功能。（第12条）教学活动的创造性：教师愿意尝试新的方法，增加学习趣味，提高学习效率。（第22条）教师能够针对有特长或有特别兴趣的学生开展有效的指导和帮助。（第21条）教师能够开设课外选修课或举办课外活动，丰富学习途径。（第17条）教师对拖欠、敷衍甚至抄袭作业等现象能及时制止并对有关同学采取有效的教育措施。（第10条）教学活动的全体性：教师能对课堂纪律进行有效管理，能调动每个学生参与到课堂之中。（第18条）教师所留作业均为自主创设，不会将现成的教辅资料原封不动地复印成练习作业。

这些弱项体现了教师（整体上）教育教学观念落后、教育教学方法陈旧、教育教学缺乏趣味性和有效性、学科专业素养不足、课堂组织能力欠缺、校本讲义开发意识和能力均不足等问题。

教师倚仗自身的优势和强势开展教育教学工作，日复一日，年复一年。教育又是个慢活儿，不管是对或错还是好或坏，大多不会立竿见影，教师有时便难免自我感觉良好。看一看学生写给我们的意见和建议，应该会看见另一个自己。

> 请尊重学生，公平公正地对待每一个学生；请提高自己的教学水平；请老师练练字，好好写板书，提高普通话水平，提高音量，熟悉教具操作；请增加课堂趣味性，语言多些幽默，让课堂再活泼些；请备课认真些，充实课堂内容，突出学习重点和知识逻辑；请严格管理课堂纪律；请老师自己编写作业，不要总拿教辅练习册当作业；请及时布置作业，及时批改，认真讲评；请老师记住自己留了什么作业；请学会控制自己的情绪，不要在课堂上大发脾气，不要拿个别人的问题在全班进行批评教育；请把PPT做好看些；请老师不要拖堂，不要抢课占课；请不要老拿自己上学的经验来教我们；请老师不要总拿我们和其他班学生去比；请多鼓励，少说教，少打击；请老师早点到校，多在办公室，耐心答疑；请多与我们交流，多参加我们的活动；请拓展书本知识，多开展实践活动；请老师提高一下自己的精神境界；请老师也多才多艺，发展兴趣爱好；请多一点微笑，要懂得生活……

接着，在"学生评教"（班主任版）的第四项内容中，学生们从以下优秀品格中选取自己认为最重要的三条（这备选的十条，也是从北京四中学生的多次评教活动中所提的意见和建议以及所撰写的《我身边的好老师》中梳理、归纳出来的）：

人格魅力（正直善良，积极进取，胸怀天下）

学科素养（知识丰富，能力充分，专业优秀）

幽默风趣（表达流利，语言生动，善于交流）

爱岗敬业（备课认真，授课严谨，辅导及时）

率先垂范（行为世范，以身作则，严于律己）

懂得生活（爱好广泛，多才多艺，品位高雅）

尊重学生（平等对待，严格要求，善于鼓励）

积极进取（善于学习，勇于创新，关注未来）

和蔼可亲（关心爱护，和颜悦色，耐心细心）

风度修养（衣着得体，仪态大方，言行优雅）

被选中最多的前三条是：尊重学生（60%），幽默风趣（51%），学科素养（50%）。这三项均超过了五成。学生的选择，代表了学生对教师能够具备这些品格的强烈意愿和由衷希望。结合上文中学生对教师的意见和建议，我们可以看出，这三条，也是教师表现最不如人意的地方，但它们恰恰是一位优秀教师的必备品格：尊重学生，体现教师的教育理念、情怀和道德；幽默风趣，体现教师的基本功；学科素养，体现教师有资格为师的基础条件。这就是一位博学、善教、高尚的好老师的品格，别说缺一不可，甚至"瘸一"也难成。

校长要秉持"接受自己，享受鼓励"的初心，向全体教师反馈"学生评教"的结果、数据，更重要的是依据数据反观现象，分析现象反思原因，循着原因找寻方向。没有什么是解决不了的，只要我们真的想解决。

当然，我更喜欢说："每个人的任何一种行为表现，都是他一生中全部修为的总和。"

教师的第一专业是发展自己。为发展自己而做出的努力，从来就没有白走的路。

第六章 / 怎么做教育

提到"德育"，我喜欢称"教育"，不愿意叫"德育"，尽管两者的实际意思我们都明白且也无甚差别，但我还是喜欢称"教育"。

广义的"教育"可以指学校里以学生为对象所做的一切，狭义的"教育"一般与"教学"相对，除去"教学"之外的一切，都是"教育"。相较于"教学"而言，"教育"的特征是：没有知识，不好教授；没有纲要，不利操作；没有考试，不得重视。智力（包括学识、思维、技能等）是看得见的、可测量的，是不容易造假的；而德行（包括道德、操行、习惯、意识、文明、修养等）是不太能被直接看见的，也是不大好测量的，是很容易伪饰的。

当我们在提倡"全员德育"时，当我们在要求"学科教学渗透德育"时，实际上就是在承认"教学"与"德育"工作的一体化。我一直反对将"教育"分为"教学"和"德育"两个概念，更不主张将学校治理结构分为"教学"和"德育"两条线。没有可以脱离"教"的"育"，也没有不必基于"育"的"教"。传统上将其分而治之，是长久以来"政治挂帅"的产物。那个时候，"德育"也非"德育"之名，而是"政教""训导""教导"。今天很多学校将"德育"的主管部门称作"学生处"，便是一大进步。我在创建北京四中房山校区的时候，就将这个部门叫作"学生发展中心"；相应地，又将"教学"工作主管部门叫作"教师发展中心"，借以强调"以人育人，共同发展"。

相对"智育""体育"乃至"美育""劳育"等，"德育"工作因其无本可循而最为困难。长期以来，学校德育工作的办法，无非就是"规矩"加"说教"，于是德育工作的行为形象就是"检查"加"批评"。至于"立规建制"，也没什么标准可依，往往是各个学校各具特色，宽严不一，重心也各异，更别说"批评教育"了，那基本上就是"说"了不行就"罚"，"罚"了不够就"处分"，"处分"不足就"开除"。老师力不从心就移交主任、校长，学校管不住就请来家长协同。总之，学校教育的一般做法，基本停留在"扬善止恶"的水平，且主要是"止恶"，搞得从班主任到年级组长到德育主任，都是一副铁面包公的不好亲近的形象——用现在"网红"的说法叫作："长成了家长信赖的样子"。

然而，很多教育的悲剧，就是源于这种建立在不专业基础上的所谓"信赖"。

因为"德育"没有目标，以为"遵规守纪""学风良好"，就是"德育"的全部使命。如此一来，德育一直在为教学服务。

因为"德育"没有路径，以为"管得住""说得服"，就是"德育"的全部能耐。如此一来，德育一直就不大受学生待见。

在无本可循的问题上，教育者要善于叩问良知。

教育的目标

学校教育的对象是未成年人，是在为国家和民族培养下一代；同时，在某种程度上来说，学校也是在为家庭培养下一代。基于服务于客户的思想，我曾经在很多次家长见面会上做现场调查：

"父母希望培养出一个怎样的孩子？"

这个问题一抛出，父母们便很兴奋。我从提问第一个家长开始，"还有吗？""还有吗？"一直问到第好几十个，依然有家长在举手，迫不及待地喊："还有！""还有！"

是啊，怎么可能会"没有了"呢？可怜天下父母心，有多少个"别人家的孩子"，就有多少条对"自己家孩子"的寄望，恨不得将整个世界都塞给孩子。

我说："假如，上帝只给我们的孩子预备了一条，你希望是什么？"

"健康！"没有任何人有异议。

"如果再赐第二条呢？"

"快乐！"没有任何人有异议。

够了吗？其实，已经够了。"健康""快乐"，不是我们在贺岁时送给至亲至爱之人的最温暖的祝福吗？

当然，健康和快乐，它们不会从天而降，需要我们自己去争取。于是我问：

"何以健康快乐？"

家长们七嘴八舌，议论纷纷，甚至还起了争论。

作为语文老师，我把大家的观点做了一下梳理和总结，得出大家提及最多的三条：有一份自己喜欢的、收入还不错的工作，有一个幸福的家庭，有自己的兴趣爱好。

是的，当我们冷静下来，理智一点，就能更清楚地认识"教育"和把握"教育"。

家庭教育的目标

每一个父母对孩子的期望和要求，无非四条：

其一，身心健康。这既包括生理上的健康、健壮、漂亮，也包括心理上的健康、阳光、坚韧。健康的人，才能拥有生命的最基本价值"生命长度"，才有追求生命更高价值的可能。

其二，自力更生。人是社会的一分子，是社会分工的有机部分，人只有为社会创造价值，才能在社会中获得生存和发展的条件，享受生存和发展的资源。

其三，品行端正。社会是讲规则的，讲道德的，讲礼仪的。每个人都要在遵守社会规范的前提下，获得生存自由和生命自由。正直、善良，是最基本的人品。

其四，生活幸福。幸福是一种感受，感受幸福也是一种能力。一个会恋爱、懂孝顺、有情趣的人，往往更容易成为一个幸福的人。

家庭教育，若能完成这个使命，足矣。这是家庭教育的使命，也符合教育的社会标准。

学校教育的目标

要说起来，教育可以有很多目标：凡是对人有益的要素，都可以揽过来作为教育的责任。然而，我们要清醒地认识到：教育不是万能的，也不是必须万能的；教育之所能并不多，家庭教育也有限，学校教育就更加有限。

想到这一点，我们做校长的就不会太过烦恼。"任凭弱水三千，我只取一瓢饮。"痛饮之，就足够。究竟取哪一瓢呢？我喜欢从结果回溯初心：我能接受什么样的学生？或者以负面清单反推积极目的：我不能接受什么样的学生？我不能接受"病夫"式的学生，不能接受"粗野"样的学生，不能接受"脸谱"化的学生；除此，都可以。

因此，学校教育的目标，可以概述为三条。

其一，学生身心健康发展。

学校教育，必须充分保障学生身心健康发展。这既是教育的基础条件，也是教育的基础目标之一。

随着时代发展，人的身体（包括心灵）逐渐被物质"异化"，"健康"也逐渐从"条件"变成"目的"。好比"钱"，它是"成本"也是"利润"。自打"升学"成为学校教育的第一要务，"健康"就开始沦为教育的"代价"。在"分数"与"近视度数"、"分数"与"脊柱弯曲度数"的较量中，人们无奈地选择了"分数至上"。

这里不奢谈身心健康的高级要素（诸如思维、审美、价值观等），只谈身心健康的基础要素，限定于"生理"意义上的身体和心理健康，一个仅关乎生理学、卫生学和医学的概念。

学校里的"体育课""心理课""卫生保健课程"，就是为这个目标的实现而保驾护航的重要课程，是促进学生身心健康发展的最前沿的教育阵地。这些课程（以及与其相关的各种活动课程、运动课程、实践课程等）的重要性，本书还会在专门的章节里予以说明。尽管如此，学校教育对身心健康教育的关注，还不能仅仅局限于这些显性课程，教育对于学生身心健康的保护与促进，更在于显性课程背后的理念、原则和支持。

比如，对学生作息时间的科学设定。校长在编制作息时间表的时候，首先要保证学生的睡眠时间、运动时间、休闲时间，包括时长（多长为宜）以及时间点（何时为宜）。拼命把课塞满，"作"完之后再考虑"息"的做法，是本末倒置的；何况那些为身心健康而必须有的课程行为和非课程行为，其本质也是"作"的一部分。心中装着学生身心健康的校长，都会自觉遵守学生的身心成长规律，满足其对时间、空间、资源等之所需。

比如，对学生健康生活习惯的关注与指导、训练与养成。北京四中提出"男生要伟岸，女生要挺拔"的形体美的教育口号，就是要为人的健壮、健美而塑形。学生的行坐跑跳、持书握笔、用眼习惯，都是学校教育的必修内容。

比如，对学生的人格尊重、隐私保护等。学生认为教师在师生关系中"居高临下"的感受是难免的，也是正常的现象，因此，负有教育义务的教师要真正做到"尊重学生"其实并不容易。本书前面的章节中谈到"学生评教"时曾提到过，学生对教师品格的第一大需求（也是意见和建议），就是"尊重学生"，这说明我们在这方面做得还远远不够。不被尊重，是学生产生心理问题的主要根源和重要原因，尤其是在成绩差或犯错误时。

比如，对学生学业负担的合理设定。学业负担过重，是影响学生身心健康的罪魁祸首。其主要表现为：课时多，作业多，考试多。"多"已"伤身"，"多且无效"则"身心俱疲"。有些校长总以为"越多越好（有用）"，于是无限制地加课时，考试要考的学科加了一节再加一节，加到学生每天起早贪黑，实在加不进了就挤占不考试的学科，音乐、美术没了，体育也没了；动不动就考试，月月考、周周考、天天测、堂堂测，所有教学活动都对标中高考，再拿着成绩单上小数点后四五位的数据，去给班里每个人排大队，还要公之于众（甚至有一种"鼓励式排名公布法"：告诉学生"你成功超越了本班 N 名同学"）。很多教师也总以为"越多越好（有用）"，于是无限制地留作业，你追我赶，生怕被别科老师抢了学生的时间。老师和学生里都流行起了"作业威力鄙视链"：谁的作业没人敢不交，谁的作业是经常被拖到最后写的。

比如，学校电子产品的适度使用。以我的经验和观察，我以为目前教室里投影仪（或电视机）的使用，有80%是毫无必要的。很多时候，老师打开电视，播放了第一张PPT，上边只是写了个课程名称（标题），然后整节课没再翻过页。这不仅挤占了手写黑板的空间，还伤害了孩子的眼睛。还有的校长为了鼓励教师利用现代技术辅助教学，将"使用投影（或电视）"上升到"一票否决"的高度：没有使用的课，就是"差课"。老师们为了用而用，荒唐至极。越是低学段的学校，就越爱使用电子产品，眼球都还没长好的孩子们，便人手一部平板电脑，以为这就是教育的现代化。

这些现象正愈演愈烈。少数学校的做法更加苛刻：比如，课间不许出教室，上厕所要集体排队前往，排队买饭时要求读书；教室不许说话，走廊不许说话，吃饭不许说话，总之在校就不要说话；见到老师十米外就要立正九十度鞠躬，犯错误要罚抄班规一百遍，坐哪里要根据成绩来排定，小组伙伴要"三好生"搭"三坏生"，把对问题学生的教育设计成批评会……举不胜举，这些就不在讨论之列了。

北京四中在20世纪曾和清华大学共同发出倡议：为祖国健康工作五十年！这是学校教育将身心健康摆在极其重要的地位的象征：教育，首先要为祖国培养健康的人、长寿的人、富有生命力的人。这样的人，才能成为终身学习、终身进步的可持续发展的人，富于执行力和创造力的人。所以，北京四中的体育目标是：人人会游泳，人人有爱好，人人有特长，终身有习惯。

我曾短暂工作过的浙江蓝润天使外国语实验学校，陈沪军校长就学生的身心健康这一教育目标，有具体的描述：近视率、肥胖率低于常规 30%，人人都会游泳，人人都有一个健美的形体，人人都热爱并擅长三项以上的运动。对于近视率和肥胖率的控制，我们深知这很难做到，但知难而进，正因难为而方显可贵。

每一所学校，都应该高举健康旗帜，鲜明且响亮地提出自己的"健康小目标"。

其二，学生文明修养发展。

毛主席倡导："野蛮其体魄，文明其精神。"在身心健康之上的教育目标，当然是"文明修养"。

孔夫子有言："博学于文，约之以礼。"在学识学问之上的教育目标，当然也是"文明修养"。

无论是古时常说的"仁、义、礼、智、信"，还是今天教育界所流行的"求真、向善、爱美"，还是国家教育方针所提的"立德树人"，都一致地指向人的"文明修养"。文明修养，是一个人由内而外、由己及人、由小及大、由此及彼、由近及远的规则、习惯、道德、礼仪、情趣、形象、气度、作风、品质、精神、情感、信仰等。

我创建容闳公学时，便带领同事们一起，对"学生文明修养"这一教育目标进行了具体指标的描述，共 25 条。

学生文明修养

1. 参加各项爱国主义教育和爱校教育活动，认识国徽、国旗、校徽、校旗，会唱国歌、校歌。校园升降国旗校旗时，停止一切活动，面向国旗，驻足肃立，脱帽行礼（少先队员行队礼，其他同学行注目礼），高唱国歌、校歌。学生在校期间穿校服，少先队员佩戴红领巾；升旗仪式及重要典礼节日穿礼服，佩戴校徽。爱护国旗、校旗，不得故意污损国旗、校旗。含外籍学生、港澳台学生在内的全体学生，均须参加升旗仪式等爱国爱校教育活动。

2.尊敬师长，主动向父母和老师问好。离家外出或回到家要主动向父母打招呼，在校园里见到老师要主动问好。主动为父母和老师做一些力所能及的事情。听从师长的管理和教导，不顶撞师长。尊重外籍教师和外籍同学的宗教信仰和意识形态观，不和外籍教师或同学谈论政治、宗教等敏感话题。

3.与同学友好相处，互相关心，互相帮助。不得恃强凌弱，不得歧视他人。尊重和帮助身心弱势的同学，不得有霸凌行为。尊重同学的民族习惯和生活习惯。与同学平等交往，不嫌贫爱富。教工子女不得借父母之名搞特殊化。

4.在学校请使用汉语普通话或英语交流，国际语言日或特定场合请按规定使用语言。

5.以礼待人，习惯使用文明礼貌用语（请、您好、谢谢、对不起等）。不骂人，不说脏话粗话。不给老师或同学取带有侮辱性的绰号。进老师办公室要先敲门喊"报告"，经允许后再进入。不随意翻动他人物品，不打扰他人工作、学习和休息。非运动场合不得奔跑嬉闹；经过教学区或工作区不得喧哗。图书馆要求静音阅览和自习，在非讨论区内不得说话。

6.诚实守信，不说谎话，不欺骗，不隐瞒，遵守诺言，说到做到，借用物品按时归还，犯了错误勇于承认并积极改正。作业不抄袭，考试不作弊，不修改分数，不伪造证据。

7.虚心学习，积极进取。取人之长，不嫉妒别人的优点；闻过则喜，不打击报复。遇到困难、挫折或失败，不灰心气馁，在自己不能解决的时候主动向师长或同学请教。经常与师长谈心，勇于向心理教师求助。

8. 勤俭节约，文明生活。爱惜粮食不浪费，穿用朴素不铺张，合理消费不攀比。不得将贵重物品或奢侈品带入校园，不得在同学中大搞吃喝送礼之风。

9. 学生在校按要求统一穿校服。衣装整洁，每天洗澡，早晚刷牙，饭前便后要洗手。不化妆，不文身，不染发，不留怪异发型，不留长指甲，男生不留长发，女生不披散头发。

10. 自己能做的事自己做，不给他人添麻烦。出门不让父母背书包、拿行李；在家自己归置物品，收拾房间。学会洗衣服、洗餐具、擦地板、简单烹饪等家务劳动；学会准备文具、收拾书包、整理行李；学会自主学习，自理起居。

11. 按时上学，不迟到，不早退，不逃学。身体不舒服要及时告知父母老师，懂得请假手续。放学后静校前要按时回家。不得有影响正常学习精力和状态的诸如熬夜、过劳等生活习惯和情形。

12. 上课前准备好学习用品，上课专心听讲，认真思考，积极交流，大胆提问，回答问题声音清楚响亮，不随意打断他人发言。不得发生睡觉、吵闹、哄乱等影响教学秩序的现象。会记笔记，会记作业。课间休息时活动有序，运动适度，预备铃响时回到教室。按时完成作业，书写工整，页面整洁，学会整理讲义。

13. 坚持锻炼身体，认真上好每一节体育课，积极参加课间活动和课后锻炼。注意行坐姿势和书写姿势，认真做好广播体操和眼保健操。

14. 尊重劳动，热爱劳动；养成劳动习惯，培养劳动能力。做负责任的值日生，学会扫地、擦黑板、摆放桌椅、布置教室；积极参与校园农田劳动，认识常见的谷物和蔬菜，了解种植常识。

15. 保护生态，美化环境，爱护公物。爱护花草树木，维护清洁卫生，尊重园林和环卫工人的劳动，不随地吐痰，不乱扔果皮纸屑等废弃物；学会垃圾分类。不在课桌椅、建筑物上涂抹刻画，损坏公物要赔偿，拾到东西归还失主或交给老师。

16. 积极参加集体活动，认真完成集体交给的任务，少先队员服从队的决议，共青团员服从团的决议，不做有损集体荣誉的事，集体成员之间相互尊重，学会合作。

17. 广泛发展文体爱好，勇于尝试，敢于挑战。积极参加学校组织的各种社会实践活动和游学研学活动，多观察，勤动手，善思考，肯尝试。

18. 遵守交通法规，遵守校车安全规定，过马路走人行横道，不穿马路，不闯红灯，不在公路、铁路、码头玩耍和追逐打闹。未满12周岁不得骑自行车上路。

19. 遵守河道水域管理规定，不在非游泳水域游泳。遵守卫生防疫规定。注意防盗、防火、防溺水、防台风、防触电、防中毒，灾害或意外事件中学会自我保护和自我救护，不参与危险游戏。

20. 不吸烟、不喝酒、不赌博，远离毒品。不参加封建迷信活动，不进入网吧等少儿不宜的场所。不沉溺于网络游戏，不浏览不良网站，不在网络和自媒体上发表或传播不实、不良信息。

21. 出入校门要遵守门卫管理制度。不得将大型玩具、宠物、游戏机以及危险品（钝器、利器、鞭炮等）等带入校园。不得将手机等电子通信工具带入校园，如确需携带者，由父母监护人提出申请经学校同意后方可带入校园，并交由学校统一管理。

22. 上课或其他教学活动期间，不得擅自离开教室或教学活动区。不得违反实验室、健身房及其他各类功能教室的使用规定和安全规范。

23. 未经父母允许未成年人不得在外留宿，遇到或知晓同学离家出走要及时报告对方父母或老师，不得擅自收留。

24. 男女生交往须有礼有度，要符合学生身份和年龄特点，男女同学之间不得发生过度亲密的两性行为，不得骚扰、恐吓同学。与教师保持纯洁的师生关系，在校期间不得与教师发生恋情及其他两性关系。

25. 代言学校形象，维护学校声誉。不得发表或传播任何有损学校形象和声誉的不负责任的言论；不得做出任何有损学校利益的不负责任的行为。

以上概括起来，就是容闳公学的育人目标：懂得尊重、愿意努力、善于发现、乐于服务、永葆希望。这25条，就是容闳公学育人目标在"文明修养"维度上的具体分解。

每一所学校都会有类似的内容，我们常常习惯于通过"负面清单"来把它写成《规则》或《规范》（事实上也合理，因为好的行为可以各有各的好，但禁止的行为大抵差不多）。不过，倘若只将其视为"保障学校教育秩序"的"规矩"来执行（相当于法律法规），那就大大降低了"文明修养"的教育意义：这是目的，不是条件。因此，学校要设置相应的教育课程和教育活动，来帮助学生获得"文明修养"，而不是在出了问题的时候再搬出这些条例来处罚学生。

其三，学生个性专业发展。

记得曾有个讽刺学校教育是"标准化、流水线"的漫画，讲的是原本各种形状的原材料，经过"学校教育"出来之后，都成了相同的样子。这里所针对的现象，就是学校教育对"学生个性"的忽视，甚至是抹杀。

教育不能完全剔除"标准化"，"标准化"的存在有其一定的合理性，毕竟，人和人之间到底还是存有相当的"共性"的：我们基于"人"的几乎相同的自然属性，我们生活在差不多的同一个时代和区域，我们甚至有着相同的民族基因和文化血脉，何况我们要共同迎接同一个未来的世界。否则，班级教育的体制就不会出现，更不会延续到今天，乃至未来很长的一段时间。

但是，人类社会之所以是所有物种群类中最具生命力的，正是因为人类种群中的每一个个体之间所存在和表现出的差异，都要远远大于别的物种。因此，尊重并发展人的个性，不仅是个体的需求，而且是人类总体生存和发展的需求。学校教育，必须承担起这个任务，必须以此为目标之一。

作为接受学校教育的学习者，学生的个性发展一般表现在几个方面：学习兴趣（动机）不同、学习内容（目标）不同、学习方法（路径）不同、学习程度（结果）不同。正是这些不同，使得每一个学生都成为一个独特的个体；也正是这些不同，使得每一个个体都有可能发展成为具有创造力的主体。

作为教育的目标，学校教育不仅要尊重个体的个性特征，更要促进学生的个性发展。

促进学生个体专业发展的前提，是要帮助学生了解、认识自己，从而发现自己。"认识自己"总是一件很难的事情，倘若获得外部力量的帮助，人们便可能或可以"认识自己"。最好的帮助方式（也就是最有效的"外部力量"），就是足够丰富的"环境"：课程活动，或实践体验。好的学校教育，必定是具有多种多样的表现舞台的教育。学生在学校里，可以拥有充分的体验、尝试、挑战的机会；他们时常能接收到新鲜的讯息，时常能接触到不一样的世界，时常能接受到拓展性的指导和训练。一个学生很可能因为被要求参与一场戏剧表演而忽然看见了自己的表演天分，另一个学生也很可能因为一次挫败的体验才发现自己原来并不适合这条路。发现自己，就是在跌跌撞撞中找寻人生的出口。在这个跌跌撞撞的过程中，谁来设置体验环境？谁来搀扶和反馈？谁来引领和评价？这是学校教育的使命，因为家庭和社会上其他地方，都没有像学校这样的安全、丰富、专业且集约的可能性。

认识自己并发现自己，不是一件容易的事情，它不可能靠什么"心理测试""职业取向测试"就能得出结论。人们通常要花费一生的时间来寻找答案，也未必寻得着。然而，青少年正处于"尝试欲"最旺盛的时期，利用好这段时间，能大大提高学生认识自己并发现自己的可能性和有效性。

学生接受学校教育的时期，就是认识自己并发现自己的黄金时期。学校教育，须不辱使命。北京四中在台湾有一所友好学校"明道中学"，其办学宗旨（或称教育理想）就是："在明道，发现你自己。"真好！

学校教育要努力为学生的个性发展提供自由的环境和丰富的平台。

说到底，教育的全部工作，就是创建"环境"，搭建"平台"。舞台、布景、道具、灯光都到位了，剩下就是演员的自由创造。校长要关注的，不是教师做了什么、学生做了什么，而是是否为教师和学生去做什么而提供了足够宽广且自由的天地。选修课、社团、兴趣小组、特长队，都是学校教育中的传统"平台"，项目化学习、社会实践、人文游学、自主研究等新兴"平台"也方兴未艾。学校教育更要从教育教学的日常"活动课程"中，为学生的个性发展创设"完整的系统""开放的过程"以求获得"看得见的成长"。

教育也是一门课程

有了教育的总体目标，还需要将"教育"视为"课程"，进行具体可行的课程建设。

相比"教学"而言，"教育"的课程建设就拥有更大的校本自主性。学校完全可以依据自己对教育的理解，依靠学校现有的教育资源，设计开发属于本校的教育课程。

我个人非常认可《礼记·大学》中的一段话：

古之欲明明德于天下者，先治其国；欲治其国者，先齐其家；欲齐其家者，先修其身；欲修其身者，先正其心；欲正其心者，先诚其意；欲诚其意者，先致其知，致知在格物。物格而后知至，知至而后意诚，意诚而后心正，心正而后身修，身修而后家齐，家齐而后国治，国治而后天下平。

这就是中国传统文人及传统教育所普遍倡导的"修身—齐家 治国—平天下"的儒士文化理想和民族教育文化传统。

我以为这段话尽管带有浓厚的封建社会的教化思想，但也深切地触及了教育（育人）的本质。只要运用发展的眼光来进行批判性的再审视和再解读，它仍然可以为今天乃至未来的教育提供完整的内容和逻辑。于是，我在创建北京四中房山校区和容闳公学时，都毫不犹豫地将"修身—齐家—走天下"作为学校教育课程的核心目标，它同时也是学校教育课程的主线。

修身

"修身"，指向自我，旨在完善个体，绘就生命底色，激发生命自觉，要求学生做一个有教养、有德行的人。"修身"教育，就是以教养为核心的养成教育和以德行为核心的修习教育，是帮助学生通过言行举止折射出家庭和学校的教育痕迹（形象干净、语言文明、举止端正、待人有礼），帮助学生通过举手投足反映人的内心修为和胸怀格局（积极向上、耐挫顽强、理想信念、心怀天下）。"修身"教育的实施方式为"教""养""德""行"："教"，即在模仿中感知；"养"，即在参与中自省；"德"，即在体验中感悟；"行"，即在实践中修习。

齐家

"齐家"，指向身边，旨在建设环境，养成生命习性，呵护生命成长，要求学生做一个能够融入集体和优化集体的人。"齐家"教育，就是为融入集体的相处教育，其核心价值为"不给别人添麻烦"（自理自律、行为自控、情绪调节、关心他人）；就是为优化集体的建设教育，其核心价值为"集体因我而更好"（合作共事、求同存异、集体荣誉、服务奉献）。"齐家"教育的实施方式为"了解与维护""参与并理解""角色与服务""建设与领导"。

走天下

"走天下"，指向未来，旨在发展自我，浸润生命品格，托举生命成功，要求学生做一个格局阔大和情怀高尚的人。"走天下"教育，就是与自然和社会建立联系的生活教育，强调"睁眼看世界"（探索校园、亲近自然、认识家园、走进社会）；就是与世界和未来建立联系的价值教育，强调"无穷的远方和无尽的人们都和我有关"（连接外部世界、扩大人生格局）。"走天下"教育的实施方式为：熟悉校园、走进自然，熟悉社区、体察生活，体验职业、行走天下，志愿服务、生涯规划。

以上是"修身—齐家—走天下"教育课程的横向目标、内容及其实施方式，对于学校而言，需要结合教育学段（小学、初中、高中，或低段、高段），进行学段进阶式的目标分解、内容设定及方式选定。如此，就建构起了学校的教育课程框架，相当于校本教育课程标准，使得学校的教育工作有法可依、有章可循，让教育也成为"看得见"的工作。

教育的最佳路径，一定是"体验"。引导学生在实践参与中获得体会与感悟，从而在价值和精神层面进行自我塑造。学校除了开展新生入学教育、晨会及主题班会、日常规范管理及教育、仪表及礼仪教育、升旗仪式及国旗下讲话、入队入团仪式及团课党课、心理教育及行为矫治、生命成长的阶段主题教育、节日文化教育、集体主义与英雄主义教育等常规教育活动之外，其他特色课程还可以有很多：艺术的、体育的，生活的、劳动的，实践的、研究的，个体的、合作的，等等。

教育的途径与工具

北京四中的校园，静静地矗立在北京古老的城区里，紧挨着一条名为"平安"的大街。这里的人流和车流来来往往，热闹得很。路过校园的人，都会扭头看一下。夜幕笼罩时，校园里的教学楼里灯火通明，在绿荫的掩映下，显得格外安详和静谧。关于这栋教学楼，一对路人曾有过这样一段对话：

问："那是什么地方？"
答："那是中国的希望。"

这段佳话所谈论的起点（也是焦点），是北京四中正在上晚自习的教学楼：安静得让人心动，它所反映的是北京四中学生的高度自律和自觉。这场景，也让我在刚刚入职四中的时候，大为震惊。

经验里、记忆中，以及我所能看到的几乎所有学校的晚自习，都是需要看守的：一个个老师坐守在一个个教室里，每个年级的年级组长巡回在楼道里，主管教学的副校长镇守在校园里；大校长也时不时要来楼里溜达溜达，透过教室后门的玻璃窗手搭凉棚瞧瞧看看，有时就推门进去，悄悄地走到某个学生身旁，如魔术师般地从学生的抽屉里掏出一部手机来，然后凯旋般地回到办公室……

这种我们司空见惯了的晚自习的教学楼，其实也是安静有序的。只不过，这种安静有序的背后，是强大的监管；这种安静有序的底下，是暗涌的躁动；这种安静有序的同时，是莫名的恐惧。所以，在坐守的教师和偷袭的校长面前，大家是屏声敛息；一旦他们离开，众人便长松一口气"嘘——"，而后就是鼎沸，直至教师或校长又出现在教室的前门框或后门框。记得当年我自己读高中上晚自习的时候，坐在门口窗边的同学，是要兼职"望风"的，他们几个的忠于职守，是我们集体安然无恙的重要保障。

北京四中的晚自习则全然不同：不仅没有教师坐守各班，就连老师想进楼去看看（为师总是不放心徒儿的嘛）都是被禁止的；整座楼只有一层门口坐着个守门人（一般是宿管老师），护着孩子们"不被老师和校长打扰"。

对此，我深表疑惑：教室里还不翻了天？有人说："不会，四中的学生都是好学生，很自觉。"我也不信："当年我也是好学生。"终于争得了一个机会，我抱着备课本和作业本进到教室里，寻了一张最旮旯的空座坐下，决计要亲探"虎穴"弄个究竟。晚自习第一节，教室里真的是安静，我也很安分。专注的时候效率真高，我备完了第二天的课，还改了几本作业。晚自习第二节，教室里依然很安静，我也很安分，因为还有几十本作业要改。晚自习第三节，教室里照旧很安静，我却不安分了，尽管还有许多本作业没批改。我抬起头来朝各个方向转了转，看见同学们都埋着头依旧在写着什么。我忽而想去卫生间，便轻轻地起身出门，等我开门后转身掩门的时候不小心发出了点声响，我发现同学们并没被惊着，只有几个同学摇了摇头。等我再回座坐下，我又下意识地觉得有人会打电话找我，手机里应该有了几条未读短信。

我掏出手机，快速瞄了一眼，什么也没有，便又放回裤兜。我继续批改作业，又因想去卫生间而出去了两回；也继续笃信手机里有未接电话和未读短信，以至于又掏出不知几回。待手头的活儿全部做完，还没到下课时间，我终于憋不住，起身在教室课桌椅之间的几条过道上前后来回溜达，看看这个学生（在干什么），问问那个学生（有没有不会的题）。而始终没有人理我，连头都不朝我歪一下。

晚自习结束，同学们兴高采烈地收拾书包，我拦住一个同学，告知了我的"卧底"身份和目的，认真地问："你们怎么天天都能这么自觉？我连一次都做不到。"那个同学看我是老师，带了点轻蔑的口吻回了句："因为老师违纪不会被处分，而我们学生如果违纪，那可是灭顶之灾。"她转身走了，留下一脸尴尬的我。

抛开她所谓的"师生有别"先不提，我急着去了解她所说的"灭顶之灾"。我知道了北京四中有一部多达数百条的《校规》，翻阅后了解到违反"自习课"规矩的最严最重处罚："退宿"！读者可以想象一下，面向全市招生的北京四中的高中住校生一旦被取消住校资格，其后果是不是"灭顶之灾"（京城那么大，离家百公里，他怎么上学啊）？哦，我好像明白了。

后来，我在创建北京四中房山校区的时候，也希望打造一座"中国的希望"的晚自习教学楼，便将这份"灭顶之灾"全盘复制。然而，几周下来，事实并未如我所愿。我回放一天一天的监控录像，研究许久，忽然找到了原因：那位楼门口的守门人，憋不住地总要溜达到每个教室的桌椅之间的过道去，挨着座地嘘寒问暖，拍拍这个打瞌睡的，敲敲那个玩手机的，扯扯那两个交头接耳的。摄像头前模模糊糊地传来她的口头禅："你们要好好学习，学校这么好的条件，你们要珍惜，想想你们的父母都不容易，你看人家张三同学，我们当年哪里有这么好的学习条件……把手机收起来，别睡觉了，大家都自觉点，再说话，我要算你违纪了，快，下不为例……"

至此，我真的明白了。我之前并没有真正理解北京四中"教育"的实质，我和我的同事们也都并未懂得如何"做教育"。

是的，没有人教我们如何做教育。长期以来，学校教育一直做得"很随意""很随性""很混乱"，因而"很低效"。用行内人的话来说就是"教育（德育）总觉得没有抓手"。

教学是有"抓手"的：有"知识"有"难点"有"重点"，你不教，学生就不会；有"教材"有"教参"有"教研"，你照着来，就不会差；有"作业"有"测验"有"考试"，你稍一挥鞭，学生就撒了欢地往前跑。有"内容"抓手，还有"形式"抓手：讲授、启发、讨论、探究、自学、合作、实验，等等。

教育呢？内容是"虚"的，形式是"无"的。学校里的德育主任，总是最"难"最"苦"最"愁"的那一个，还最具"挫败感"：学生成绩好，那是教学做得好；学生成绩差，那肯定是德育工作没到位。为了成绩，教学处天天哄着"三好学生"，德育处则永远在跟"三差学生"斗智斗勇，最要命的是，我们是赤手空拳，手无寸铁。

那么问题就是：教育的"工具"在哪里？是什么？怎么用？

仔细比较两校"晚自习'纪律'教育"的做法和成效，我发现了一些端倪，并扩而大之，逐步思考。教育的几项工具及其使用说明，渐渐地清晰起来：实际上我们是有"十八般武器"的，只是因为理解不当和使用不当，而自废了武功。我们的常规工具有：管理、教育、激发、引领、自觉。这些工具，被北京四中房山校区的那位"晚自习管理老师"全部挂在腰上，拽在手里，一股脑地在学生面前挥舞。（她常挂在嘴边的那段话，就同时藏着这五件工具，轮着用，合着用，混着用，颠三倒四地耍。学生们称她"李唠叨"。）而北京四中本部的养育"中国的希望"的晚自习管理老师"张无忌"，她非常清楚自己的工作职责和工作资源，因此她只取一件工具，运用到极致。（她只做一件事：管理。她知道，其他事情，不是她的职责，也不是她所能为。）

我分项讲述。

管理：用坚实的底线，创造让人敬畏的时空场

我说的"管理"，不是管理学，就只是管理，一种通过法规、制度来对集体中的成员做出强制约束的方式。所谓"坚实"和"底线"，就是要坚持"集体约法，众所周知；零容忍，零迁就，不讨价还价"的原则。管理的目的，是要为某一个特定的时空环境，建设一个能够统一集体行为标准的"能量场"。在这个场域里，当其行为符合主流价值观和价值标准时，该个体对"能量"无感；反之，当其行为不符合主流价值观和价值标准时，该个体会在第一时间遭遇"能量"刺激。

有调研表明，人们进入的酒店星级越高，其行为的文明程度也越高；相反，亦然。这就是"环境的力量"，高星级的酒店，拥有更多、更细、更严的规矩，这些规矩，并没有贴在墙上，也没有像散发传单那样递到顾客手里，而是在这个高星级空间里形成了"干净""安静""端庄""优雅"等可以制约甚至教化人的"能量场"。陈奂生进城住进了县长安排的高级招待所后会"不知所措"，林黛玉初进贾府也是"步步小心"，就是这个道理。

北京四中那个"中国的希望"的"场"之能量，其一来自"众人的

眼神"，其二来自"灭顶"的规章制度。大家都在安静学习，你忽然搞出点声响动静，会惹来同伴齐刷刷的鄙夷目光。这种目光"杀伤力"极强；不过，管理不能全指望于此，毕竟"久而久之也就堂而皇之了"。因此需要其二"制度"：转身、说话、喝水、离座、手机外露，都是踩线行为，更别说迟到、早退、喧哗了。

制度不难出，不论哪个学校，制度都是一摞一摞再一摞的，关键是执行制度的力度。"坚实"，不仅指制度本身的严厉，更指制度执行的严格。北京四中那个坐在楼门口防着老师护着孩子们的，很多年来一直是一位张姓退休女教师，被学生称为"张无忌"，意思是说她对违纪行为"无所不记"，也指她对学生的质疑抵赖等也"无所畏忌"。一句话，在张老师这里，没有"下不为例"。"中国的希望"，就是一位又一位"张无忌""李无忌""王无忌"培养起来的。每逢毕业典礼，"无忌"们都是学生必会隆重邀请并诚挚感恩的老师之一。

第一句"下不为例"，就是"管理"大堤的第一个"蚁穴"。北京四中房山校区的晚自习"管理"，刚起步就"蚁穴"斑斑。尽管后来努力修补，但代价太大。

教育：用明确的标准和理由告诉学生，应该更好、可以更好和如何更好

"张无忌"只做"管理"；而"李唠叨"兼做了"管理"和"教育"：既想以管代教，又想以教代管，结果管没管住，教没教成。人们往往都喜欢对子女、学生或对员工进行"管教"，殊不知，"管"和"教"是两回事。

在某种程度上来说，"管理"不算什么技术活；但"教育"是，

而且是个专业技术活。管理行为和教育行为，有一定的交集，有部分相似性，所以很多人容易将其"揉在一起，混用"。但二者更有本质上的差别，管理是"缚人手足"，针对的是表面行为的形式和程度，教育是"感化人心"，作用的是行为内在的动机与价值观。

学校里有很多"非教育专业岗位"，比如，保安、厨师、清洁工，还有一些教育教学辅助岗位，包括宿舍管理员和晚自习管理员。虽然我们都统一称其为"老师"，但他们都不是专业教师。没有教师资格证的不具备教育专业技能的"老师"，是不被允许对学生直接施行教育作用的，因为"非专业"就一定会"不专业"。

教育的专业性，就在于教育者不仅要有能力提出明确的行为标准，还要有能力探析真实的行为原因，更要能够清晰且具体地指导并帮助学生获得适恰的学习和进步的路径。"明确""真实""清晰""具体""适恰""路径"，这些关键词，就是对"专业性"的描述。倘若"教育者"所施行的教育，是"模糊""臆想""泛泛""空洞"的，那就是"不专业"的，也就是无益的。

现实中很多教师在对学生进行"教育"时所说的话，都很不专业，听上去像极了"自家妈妈"乃至"邻家奶奶"：说了一大通"不对""要改""再努力""争取更好"，但就是没听出来"为什么就不对""怎么个改法""如何努力""怎么做就能更好"。常人可以对人说"要保重身体""祝你健康"，但医生就不能仅仅如此，他必须确诊病症，指出病因，开出治疗的方子，给出保健的方案。

要把教育做成专业，没有理论肯定不行，但光凭理论也是不行的，读了几本《教育学》《心理学》，就以为会做教育了，那肯定是要误人子弟的。教师说不出"明确""真实""清晰""具体""适恰"的话，描绘不出"路径"，往往是因为教师自身缺乏"成长的经验和体验"。我个人以为，如果将教师和医生进行类比的话，教师不是西医，人和人的生理情形差别甚微，但人和人的生命状态却各自迥异，教育没有标准药和通用药；教师更像中医，望、闻、问、切，每一步都在指向对象的个性特征，开出的药方也因人而异甚至因阴阳冷热寒暑虚实而相反。教育就是这样，它和教育者自身的经验、阅历、智慧等密切相关。

专业的教育，不会"假大空"，不是"熬鸡汤"，不屑说"正确的废话"。"如沐春风"，形容的不仅是"让受教育者感到温暖"，更是"让感到温暖的人焕发新生"。

激发：用唤醒、鼓舞（含惩戒）等方式，使之为某种愿景而主动奋发

如果说"教育"作用于人的理智，它和"道理"相关，那么，"激发"则作用于人的情绪：是心理，是情感，是意气，是志向，是毅力，是趣味，它关乎"价值"。

教育家阿道尔夫·第斯多惠（Adolf Diesterweg）有一句名言："教育的艺术不在于传播知识，而在于唤醒，在于激励，在于鼓舞。"这也就是我所说的"激发"。无论是"知识的学习"，还是"生命的成长"，都是一件困难重重的事情。教育要帮助正在披荆斩棘、乘风破浪的孩子们找到前行的理由，使他们无惮无惧，不懈不怠。

任何"管""教"，都来自外部的作用力，而"激发"，是对人的内心原点的驱动。外驱力只是点火，内驱力才是燃烧。拿什么燃烧？激情！激情，就是人在受到激励和鼓舞后所产生的激动、昂扬且持久的情绪。"激情"从哪里来？对世界的好奇，对生活的热爱，对未来

的憧憬，对美好的向往，也就是我常说的人要努力保持"新鲜"的生命状态。

引领：让学生因为身边的优秀，而潜移默化地发生改进

教育者需要走到学生的前头去，给出"榜样"与"示范"，以令人向往的形象，引导和带领学生走向进步。这是以人育人的实质。教育要相信"人本向善"。学校教育要尽可能地将"真、善、美"的人、物、事，开放给师生大众。我说的"教育要绽放在孩子身边"，就是这个意思。

到北京四中工作之初，语文教学开展话剧演出活动，学生们正在热火朝天地排演剧目。作为老师，更仗着自己在大学几年里的舞台经验，看着学生们无比稚嫩的"闹剧"，我是又积极又主动又热情地这里指指，那里点点，忙得不亦乐乎。可学生们却并不买账，不一会儿，原本热闹的排演场面渐渐冷清了起来，一个个都坐在地上，不怎么动了。听着我滔滔的训话，一位"导演"终于耐不住了，说："老师，我们都不行，要不您上吧。"其他班老师都不怎么管，顶多在一边看着，时不时搭把手搬个这移个那的；他们的话剧演得也不咋的，但也没像我班那么松垮懒散还极不情愿的样子。对比反思中，我才明白：有些事情是不能也无法"教"的，要"引领"。

于是，我和几个同事一商量，决计由老师们自己排演一部话剧，请学生们观看。就这样，整整一年的时间，一部90分钟的大型历史话剧《郑伯克段于鄢》搬上了学校剧院的舞台，全校学生都好奇地来观看。第二年话剧节，学生们的演出作品，像是有了戏神附体，完全不是去年的模样，其专业程度接近甚至超越了老师的水准。接着，我们又演

了第二年、第三年，三遍之后，北京四中学生话剧的专业标准，就已然形成，并自觉传承。

"青出于蓝而胜于蓝"，关键是"蓝本"先行。

北京四中有很多教育课程和活动，都是教师引领的结果：乡村实践、爱心公益、读书漂流、新年舞会、校刊创编，涵盖科学、艺术、体育等学科。最鲜明的例子，是北京四中房山校区的"午间小讲堂"：起初始于校长，而后扩至教师；再后来，学生也纷纷走上讲台，还有家长。

记得有一次，主管教育的干部来向我抱怨："现在的学生，一点礼貌都没有，见到老师，连招呼都不打。"她的意思是想请我出面，以校长的身份给全校同学做一次校园礼仪培训。我说："礼，不是教成，而是染成的。"如果校长主动跟教师打招呼，如果教师之间能主动打招呼，如果教师也能主动跟学生打招呼，那么，学生跟老师打招呼和同学之间互相打招呼的场景，很快就会出现。后来，果真如此。

欲人行之，己先行之；必成。

人是很容易被优秀感染的，尤其是年轻人。校长努力将校园里"美好"的人、物、事都放到公众视野里来，一点一点地，"校风"就形成了。

自觉：所有人为的努力生效之后，所产生的无痕的自律与自强状态

自觉，不太可能是天然的，一定是在诸多人为努力之后产生了持久惯性的一种成长结果。"自觉"是一个形容词，形容的是结果的状态；"自觉"更是一个动词，描述的是一种行为——基于自我理解和自我标准的自我约束和自我追求。这是教育的最高境界，也是教育的终极目的。

在这五种教育工具中，"管理"和"教育"是基础，"激发"和"引领"是发展，"自觉"是归宿。这是教育者的工具，我们要努力理解，熟练运用。

教育的观念

知道去哪里，比纠结怎么去，更有意义

"凡事预则立，不预则废。"这是公理。

教育也是。一个活动如何策划，一次讲话从哪里说起，这些问题的起点，一定是"为什么办活动，要达成什么意义""为什么讲话，想取得什么效果"。学生发展中心汇报运动会活动方案，我问："该方案是基于什么考虑的？"得到的回答通常是："安全、有序。"安全和有序当然是大型活动的原则，但它不能成为活动的目的。学习是学生的天职，但学习本身并非目的；纪律是集体的规范，但规范并非目的。

做任何事之前，想好"为什么做"。出发之前，想好"去哪里"。

成长是一个缓慢而优雅的过程

慢一点，才可能优雅起来。

我们的教育太急躁了，恨不得"我讲了学生就会了""我说了学生就改了"。

我们的教育太粗暴了，以为一切都可以靠说来解决，以为挂几条标语、喊几句口号就能奏效。

我们的教育太功利了，无论做什么都忘不了要问"有什么用""可

不可以立刻见效"，"不见响"的事情一概不做。

"缓慢而优雅"，是原北京四中校长刘长铭就教育过程的本质要求所做的形象描述。我记得当年北京四中"校长推荐"上清北的学生中，就有一位女生以"气质优雅"成为其中一员。她是我所指导的学校文学社社刊主编，一位热爱文学、热爱生活的优秀青年。

教育，也有它应有的气质，这气质也应该"优雅"。它应该摒弃粗俗、鲁莽、鄙陋，更不应该充斥着戾气。然而，很多学校热衷于挂条幅，搞大集会，倒计时，喊口号，举拳头，搞宣誓，往死里学，增加一分，干掉一千……可休矣！

先做给你看，再说给你听

言传，不如身教。为师者，首先必是敢"率先"与可"垂范"者。

在北京四中带文学社的时候，有一天，社长来告状："老师，很多同学太过分，我们赠送他们校刊，他们连双手来接都不知道，连'谢谢'都没一句。"我说："你们是双手递送的吗？""是啊！""那就好，你做你的就是；另外，我们的文章有人愿意阅读，应该主动对读者说'谢谢'。"果然，慢慢地，全校同学都懂得要双手接物了，也知道说"谢谢"了。

帮助他人是为教育自己

春暖花开的季节，是很容易让人快乐的；更何况每年的 3 月 5 日"学雷锋日"。所有的学校都会组织各式各样的学雷锋活动，以传扬"助人为乐"之精神。

我们很多时候并不知道什么人需要帮助，也不知道究竟该向别人提供怎样的帮助，而只是一味地"自我觉得"可以去做这个，也可以

成长
是一个缓慢而优雅的过程

慢一点
才可能优雅起来

去做那个。每到这个时候，敬老院的爷爷奶奶们就不胜其扰，苦不能言；大街小巷的交警叔叔们也是胆战心惊，欲止而不能。因为我们的学雷锋教育活动的设计水平，大多还是梳头、洗脚、扫地、擦栏杆。很多人都是以己之心主观臆断他人的"贫穷""孤独""痛苦"，故而一厢情愿不容拒绝地出手以助。

实际上，这个世界上的每个人都需要帮助；只不过，你并不知道他需要怎样的帮助。比如我，我并不需要你花钱"买"我的书（回家后就束之高阁以示帮我助销），而是需要你费点心思"读"我的书。因为我写书的目的不是贩卖商品，而是传递思想。或许山里的孩子所需要的不是我们送去的书包，或许我们的歌声还会带给敬老院里的老人更强烈的孤独感，或许我们提着水桶拿着抹布只是在给这个原本就拥堵不堪的城市添堵添乱。

在很多年前，我也被我的学生邀请去参与他们自己策划的"敬老"志愿活动。在一个拥挤的小屋子里，围坐着几十位被院领导安排过来的老人。我听着身边一对老人的对话：

"哎，现在的孩子，上个学也真是不容易。"

"可不是吗，考试又难，活动又多，要求又多。可不比我们那时候简单了。"

"是啊，我们老了，闲着没事，折腾就折腾，能帮就帮他们一点呗。可怜的孩子们……"

当然，只要初心是好的，是善的，一切麻烦都可以理解。更重要的在后边。

我一直误以为雷锋的快乐是因为助了人，得了谢。想必你也是这么以为的吧？然而，直到有一次我自己（好像真的）帮助了别人。

那还是我三十出头的时候，趁着高考结束没课也没什么紧要的工作，就一个人背个包，依着好几年的夙愿，只身赴青海果洛（藏族自治州），到一所公益学校去支教。学生们年龄不同，有各种信仰、各种来源，相同的是都不用交学费；学生们就住在自己掏的泥洞里，很多人回一趟家路上要走一个月。贫穷，那是无须赘述的。

所谓支教，就是上了几节课。尽管这里的学生比其他任何地方的学生都更需要在中考和高考中取得好成绩，但他们毕竟不是我的责任田，所以，这几节课也上得很轻松、愉快。没有作业相折磨，没有考试相逼迫，没有名次相倾轧，我尽可以天南地北天花乱坠——这也是支教老师都会让孩子们恋恋不舍的缘由吧，这很不公平。

一周结束，照例离别。那天的告别，我在兜里揣着事先预备好了的几千块钱，决计要送给"最需要的孩子"。我照例鼓励孩子们好好学习，考上大学，将来走向城市，走向更广阔的世界。然而，孩子们却否定了我的希望，他们说："我们更想回到家乡。"我也照例问孩子们有没有什么困难需要帮助，比如经济上的，孩子们却以几个小时的欢声笑语告诉我："我们过得很好。"我终究也没能找到需要和愿意接受我的帮助（经济支持）的孩子，只好把钱给了校长——一个以公益教育为生的僧人。

我之所以会有这趟支教之行，其实缘起于我在北京四中做班主任时的一节班会课。班会课的内容，是团支部书记组织的"志愿者服务体验交流会"（北京四中要求学生人人参与志愿公益活动，并严格记录服务时长，达到一定标准方可毕业）。大家都发完言后，最后几分钟，团支部书记请班主任总结讲话。于是，我汩汩滔滔地讲了5分钟。作为语文老师，我不会被这种发言难倒；意外的是，学生的掌声稀稀拉拉的，远比不上语文课下课时的掌声——热烈且经久不息。等这届学生毕业了，我向团支书问起这件事情，她说："老师，我们一听，就知道您自己没做过志愿者，也没做过公益服务，因为您讲的都不对。"我问怎么不对，她说："帮助别人，其实是在教育自己。"是啊，回想起来，学生们的交流在说"受益"，而我的总结竟在说"奉献"。

后来，我带领学生学雷锋，也照样去敬老院，只是将我们表演给老人看改成了我们听老人们讲；我们也去山里支教，只是不再捐钱捐衣而是交友交心。

因为，帮助别人，是在教育自己。"学雷锋日"的教育，要记得感谢每一个被我们帮助（打扰）过的人。

君问养树，可得养人之术

每年"植树节"，很多学校都会组织学生种树。

柳宗元《种树郭橐驼传》，讲的是一个其貌不扬（橐驼，身体佝偻）的种树人，他所种（移栽）之树，"无不活，且硕茂，早实以蕃"（没有不成活的，树形硕大茂盛，果实还结得早），这还不算，最神奇的是"他植者虽窥伺效慕，莫能如也"（别人偷学也学不来）。

这就好比好的老师或好的教育，外人看上去，无非也就如此，就算看出几招不同，照搬过去，也不甚见效。种树嘛，挖坑，插苗，培土，浇水，无非这些；教书呢，备课，上课，作业，考试，也就这样。拿任意两所学校的课表来比对，究竟也是小异而大同。只是结果往往迥异，其间必有蹊跷。

郭橐驼说他之所以种得一手好树，是因为他尊重了树的"天性"。道理不难，关键在于我们"何以尊重"。

教育者（家长、教师、校长等）最严重的职业病，就是"爱之太恩，忧之太勤"。我们以爱为名、视忧为理，做了许许多多有悖于初心、有损于结果的事情。只要看不见、听不到、抓不住、管不了，就一万个不放心，朝朝暮暮，时时处处，事无巨细，直到学生都厌了烦了怨了恨了，还要还以："我还不是为你好？"对此，郭氏说得非常形象而生动："旦视而暮抚，已去而复顾，甚者，爪其肤以验其生枯，摇其本以观其疏密。"动辄就考，总是要测；堂堂清，周周测，月月考，天天拿着分数，对着红叉，找学生，约家长，不就是"爪其肤""摇其本"吗？

"其莳也若子，其置也若弃"，种的时候要像对待自己的孩子一样（认真细心），种好之后就可以弃置不顾了。这里强调的不是"若弃"，恰是"若子"。该讲的时候好好讲，该练的时候好好练；思考就充分思考，讨论就充分讨论；留作业就认真留作业，要考试就认真来考试。有此"若子"之心，何必"恩爱勤忧"？

柳宗元旨在借种树之说来批判"鸣鼓而聚之，击木而召之"的官理，说"长人者好烦其令"："促尔耕，勖尔植，督尔获，早缲而绪，早织而缕，字而幼孩，遂而鸡豚。"老百姓所做的一切，都在官命的催促之下；像极了我们的教育（家庭的、学校的）。

十年树木，尤其从容；百年树人，何以躁急？

其一，重评估而少测考。教育，要在其设计之初，就完成效果评估；而不是待教育结束再以考验效。其二，少催促而多引领。教师很容易将眼光直直地、紧紧地（乃至死死地）盯向他的学生们，而从来不转向审视自身。过去我们常说："学生在哪儿，教师就应该在哪儿。"现在更准确的说法是："教师在哪儿，教育就在哪儿；教师的样子，就是教育的样子。"

种树的季节，着实需要读一读郭橐驼。

让孩子像孩子那样成长

大人很容易健忘，尤其是自己当年的幼稚、淘气、浅陋、狂妄、盲目、贪玩……所以，教育的一个大问题就是：大人要求孩子像大人一样成长。

孩子就是孩子；每一个成长阶段，都不可跨越，也不可忽略。每个成长阶段的"缺点"，其实也正是这个成长阶段的"特点"；我们后来的某些优点，有可能正是那些缺点的延续。

教育要保护孩子原有的"孩子气"，不能刻意培养少年老成的"小大人"。所谓"懂事"，也只是基于某个年龄该有的礼貌礼节以及对人际关系和对集体社会的理解，而绝非城府、圆滑、世故。所谓"刻苦"，也只是基于某个学段该有的勤奋和为理想而努力的程度，因为刻苦是一辈子的事情，教育不能将所有的苦都谎言式地集中在孩子身上："今日吃得苦中苦，明日就是人上人。"

教育要容得下孩子的快乐。孩子天性喜乐、易乐，生命也理应在常乐中绽放。教育的反思，首先要反思学生是否快乐：上课快乐吗？下课快乐吗？上学快乐吗？回家快乐吗？玩得快乐吗？学得快乐吗？越来越多的教育人士开始意识到：孩子有笑脸的学校才可能是好学校，孩子有笑声的教育才可能是好教育。

让孩子像孩子那样成长，听起来似乎是句废话，可惜事实上却少有人做到，难能而可贵。

不给别人添麻烦

"己所不欲，勿施于人。"你觉得麻烦的事情，别人也一定会视之为麻烦。换成白话，其实也就是"不给别人添麻烦"。

这真是一句简单易懂、直接明了的教育口号，它奠定了人与人之间关系的基石：不打扰别人，不侵犯别人。我们习惯于宣贯一些过于崇高的道德，诸如助人为乐、乐善好施、古道热肠之类，但往往忽略了前提：先管好自己，先做好自己。人人都不给别人添麻烦，就是将秩序建立在自律的基石上，这才是牢固的秩序、主动的秩序、文明的秩序。

不给别人添麻烦，就是要求自己遵守规章制度，践行文明公约，履行本分职责，时时处处与人方便。

教育要绽放在孩子身边

教育要绽放在孩子身边，这句话有两个关键词：绽放、身边。

绽放，就是要求教育要美，要像花儿一样美。教育者所要做的，不是栽刺，而是种花；不是要让学生感到处处不舒服，这也不敢去，那也不敢动，而是要让学生感受到如沐春风如临花园，这里也很香，那里也很美。学校教育的任务，就是创造尽可能多的美好事件。记住，只有美，才能培育美。

但凡提及班主任、年级组长、德育主任等，其形象大抵是严肃的、冷板的，乃至凶煞的。教育者在日复一日的工作中，很容易给人带来这样的印象。这就要求我们要更多地"扬善""创善"。我在创建北京四中房山校区的时候，就将传统习惯中的"政教处""训导处""德育处""教育处"等散发着"凶煞之气"的部门名称统统撤掉，改成"学生发展中心"，意在指明教育的功能是促进学生的向善、向上、向前、向好。

教育需要去做的事情，是发现美、创造美、传扬美，是要以真善美来感染人、激励人、引领人、塑造人。因此，教育要灿烂地"绽放"。

在学生身边，就是要求贴近学生，要与学生紧密相关。花色要可见，花香要可闻；美好的事物要被人人看见，要被人人感受到。这就要求学校教育的种种，都要发生在学生的身边，要尽可能地离学生近一点，再近一点。

有所敬，有所畏，有所不为

有学生来请我给他们做青春期教育的讲座，我知道他们是想让我对中学生恋爱的话题表表态。我记得那次的演讲标题就是"有所敬，有所畏，有所不为"。这不仅适用于恋爱，也适用于日常行为规范教育的全部。

我们的每一步成长，都会更多地知道自己"还可以做什么"。这固然重要，但更重要的是：当我们从昨天迈出来，踏进今天的门槛时，我们也要更多地知道自己"再不可以做什么"。知道"可以做什么"，叫"长大"（自然生命）；知道"不可以做什么"，叫"成长"（社会生命）。学校教育必有规矩，"规矩"的目的是保障"他人的自由"；学校教育，就是要培养能够遵守"规矩"的人。

《论语》中说："居！吾语女。好仁不好学，其蔽也愚；好知不好学，其蔽也荡；好信不好学，其蔽也贼；好直不好学，其蔽也绞；好勇不好学，其蔽也乱；好刚不好学，其蔽也狂。"

"有所敬"，包括尊重父母师长，尊重同学他人；尊重自身尊严，尊重自身形象；尊重科学知识，尊重学习规律。"有所畏"，指对纪律法规心存敬畏，对蹉跎岁月心存敬畏。"有所不为"，不为非作歹，要做正确的事；不为所欲为，要做必要的事。

因此，学校教育要设有底线，划有边界，要上有天，下有地；是为"格"。

干净、端正、新鲜

每一届新生的入学教育，我的第一讲主旨永远都是：干净、端正、新鲜。这是我向每一位新生提出的成长标准和成长路径，是从外在形象到内心灵魂对人的素养的全面描画。

干净：衣着干净，脸面干净，言语干净，手脚干净，心地干净，心思干净。于是，少年就是一个纯洁的少年，就是一个纯粹的少年，就是一个纯正的少年。

端正：身姿端正，举止端正，态度端正，道德端正，作风端正，思想端正。于是，少年就是一个正派的少年，就是一个正直的少年，就是一个正义的少年。

新鲜：知识新鲜，情感新鲜，思想新鲜；对学习、对生活、对世界、对他人永远保持一份新鲜的好奇心。于是，少年就是一个明媚的少年，就是一个明智的少年，就是一个明亮的少年。

学校教育要从学生的衣着、脸面开始着手，站立行走、待人接物等言行举止，都是教育的重要内容。"冠必正，纽必结。""步从容，立端正。"指甲、发型、饰物、校服，都是好教育开始的地方。我们不可能去信任和期待一个乱顿污秽、箕踞摇髀之人能够思想干净、态度端正。"见人善，即思齐。"永远葆有热情、好奇、上进之心，是一个人葆有"新鲜"之气的关键。学校教育要努力保护学生的求知欲，激发学生的好奇心，用丰富多彩的校园生活和宽广鲜活的知识讯息，为学生提供一个开放的学习和成长环境。

附庸风雅，而后风雅自得

附庸风雅，在语文视野里是个贬义词，但在教育视角下，我以为完全可以是个褒义词：教育，在很多时候就是"挨"着"跟"着"学"着，而后不知不觉或自然而然地就"有"了"是"了"真"了。

风雅，往往需要附庸而得，比如衣着之风雅、举止之风雅、读书之风雅、审美之风雅、情趣之风雅，等等。见到了，走进了；感动了，喜欢了；向往了，模仿了；而后可能就成就了。

所谓"率先垂范"，学校里理应有一批"先者""范者"，供人以"附"；就是梅贻琦先生所说"大鱼前导，小鱼尾随，是从游也。从游既久，其濡染观摩之效自不求而至，不为而成"的教育的自然形态。

人生格局受限于年少时的趣味和见识

人生百年，总以为"来日方长，后'会'有期"，然而，有些事情错过了也就错过了，再也不可能"会"。心理学认为人的成长要经历一些窗口期，并且生命各要素的成长窗口期主要集中在年少时期（据说是3~12岁）。

难怪古话有言："三岁看大，七岁看老。"人的一生，知识可以持续增长，学问可以越做越大，能力可以越来越强，但是，"格局"的天花板往往很早就已经定型。我不否认可以弥补，但有些东西弥补起来，代价必定很大。

比如，一个人的空间想象力、语言表现力、色彩感受力、肢体协调度、挑战精神、创造意识等，其养成阶段都具有一定的"时效性"；

尤其直接或间接与人的习惯、性格、品格、情趣、品位、道德、情怀等相关的成长经验，往往都能回溯到他的年少阶段。其实每个人与生俱来都带着各种各样的种子，只是后来因为诸多因素有些种子未能开花结果，这些因素中，就包括了"错过了花期"。所谓的教育规律，就是成长规律，就是"尊重花期"。

学校教育，作用的都是人的年少时期，我们要努力拓展学生的见识，努力提高学生的趣味，因为这决定着他们的未来。

古人提倡青年要"读万卷书，行万里路"，也就是这个道理。我以为，"名校"就是能够帮助学生看到更大的世界的学校。阅读、游学、戏剧、大讲堂、社会实践，以及各学科超越教材和试卷的丰富多彩的学习活动，都是名校的共同基因。

第七章

教学行为的专业化

同样是教书，教的还是同一科同一本书，不同的教师也会呈现出不同的面貌；这种不同，甚至还会很"迥异"。当然有工作态度和工作投入等的个体差异（事实上这种非智力因素的差异已经很大），除此之外，我想说的是智力因素，即"专业"与否。

　　长期以来，社会舆论对教师的评价与要求，一直关注的是非专业的"态度"层面。各级各类"优秀教师"，往往也是因"态度"而优秀（比如敬业、爱生等），他们的共同画像是"鞠躬尽瘁"。这当然值得提倡，值得鼓励；但是，真正称得上教育家的优秀教师，还必须把功夫更多地下在"专业"的方向和路径上，这才是可持续的成长。他们的生命因专业的成长而日益年轻，这样的例子也是很多的。

　　"更专业"，就是用更少的时间取得同样的效果，或用相同的时间取得更好的效果。教师的专业化成长，就要走"更专业"的道路。教学行为（即教书）的每一个环节、每一件事情，都应该走向"专业化"。

教师与课程

　　课程概念的诞生之初，往往指的是"学习内容"（即学什么）或"学程"（即学的顺序）。朱熹所说"宽着期限，紧着课程""小立课程，大作功夫"，就是这个意思。直到近代教育开始越来越多地关注"教"，"课程"的概念才从仅仅指向"学"而渐渐转变为指向"教"，成为学生学习行为发生之前的"关于教学的内容、形式、资源和顺序的规定及安排"。也就是说，相较于学生，课程更紧密地与教师相关。

很长时期以来，教学一直以"内容"为中心，即以"学科知识"为中心（才会诞生照本宣科的机械做法）。惯性作用，我们也很自然地会认为"课程即教材"或"教材即课程"。

我因屡屡有创校任务而常被同行问及"创校何事最难"，我说"课程设计"，他很疑惑："选教材和排课表，很难吗？"（的确不难，教材基本没有什么选择余地，课表都有机器来排。）

在持这种观点的校长的眼里，课程设计，就是"选择教材"或"编写教材"；课程实施，就是"教教材"。他们以为，国家课程就是国家下发并要求必须教的全国统一教材；地方课程就是学校所在的省市区县下发的要求教的地域统一教材；校本课程，就是学校自主主持编写的教材。因此，当有人想了解"学校课程"时，这些校长就会搬出一摞一摞的"教材"，告诉你"这一大摞是国家课程，那一小摞是地方课程，还有那边一大摞，是我们的校本课程"，每一门课程必配有一本教材，每一本教材都对应一门课程。当你向某位教师了解他所教的"学科课程"时，老师们也无一例外地告诉你"我们学校这个学科用的是某某教材"而已。有些课程专家也持此观点，他们执拗地认为：没有教材支撑，就不能称其为课程。我在不止一次的被督导中，都遇到过这种批评。

把"教材"视为课程核心要素的校长和教师，常常会将教学的设计、教学的质量及其对教学工作的反思，都聚焦到"教材的选择"上，他们会觉得"这版教材好教，那版教材不好教"。当教材发生了修订或改编时，校长和教师就立即生出严重的焦虑情绪。2017年"部编版"新教材一问世，各种政策解读、专家培训、名师示范就开始贩卖焦虑：重构了，颠覆了，推翻了，全新了；革命口号甚嚣尘上。

随着人们在教育认识方面的进化，以约翰·杜威（John Dewey）为代表的"课程即活动"的观念被广泛认同并逐渐深入人心。"活动"更强调"学生中心"，更看重"学习方式"，也极大地扩展了"教学内容"的外延：学校教育里凡是以促进学生学习和成长的师生共同参与乃至学生自主开展的活动，都是课程。尽管比起教材来说，"活动"具有更弱的规定性和组织性，但这种对课程理解的更新，一下子让学校教育变得丰富起来、活跃起来了。

人们对课程的认识，还有很多别的门派，将来也应该还会有更好的理解。随着认识的进步，学校教育的课程必将越来越丰富。

课程的实施主体，毋庸置疑都是（千千万万的）教师，有时候甚至可以是学习者自身（比如一些自主课程），自古如此；但课程的设计主体，却并非自古如此。

在以孔子为代表的教育初级阶段，教师不仅是课程的实施者，同时还是课程的设计者。说是"设计"，其实也并不准确。早期形态的教育，是教师的个人自发行为，即便同时期同地域有不同的教师，他们之间也并无联系，没有也不必统一什么专业标准，春秋战国时期的诸子百家纷纷设坛讲学，也是各行其道罢了。因此，在教育的早期，"教师即课程"，"课程即教师"。

教师所教给学生的，就是他自己；学生向教师学习的，也就是教师自己。可以说，在早期社会，只要有师生关系存在的地方，教师想教什么就教什么，想怎么教就怎么教；"教师即课程"使得教育表现出自发、自然、自主、自律的状况。因为"教师即课程"，所以，早期并无"课程设计"之说，所有的教学内容、教学形式、教学标准、教学评价等，都由教师自己决定，由教师自然生成。在"教师即课程"的时代，课程的质量，完全取决于教师个人的学识、品格等。

因此，教师往往是"圣贤"之人，是"大师巨儒"，至少也是"德艺双馨"者。古时所谓"上学"，就是"从师"。韩愈在《师说》中说："师者，所以传道受业解惑也。"教师所传之"道"，就是教师自己的思想；所授之"业"，也是教师自己的学问与技能；解"惑"之法，也是教师自己的答案和标准。

教育进入"工业时代"，随着教育规模的爆炸式增长，社会对教师的需求也急速增长。为了满足教育标准化的要求，大批教师作为"教育标准化的执行者"应运而生。由于只需要"执行"，所以大批"普通人"（比如术业专攻或先学先会者）进入教师行列。至于教什么和怎么教等顶层问题乃至具体问题，也就是"课程设计"，则由"用人单位"来决定：先是产业或行业协会之类的社会组织，后来也有地方乃至国家权威部门的加入。于是，教育进入一个"课程"与"教师"分离的时代，即"教师只是课程的执行者"。

课程与教师分离，迅速造就了一大批教师，使得教师因其数量庞大（当然也因为其功能之重要）而很快成为一个重要的社会职业，乃至在近一两百年还开始出现了专门培养教师职业从业者的"师范"学校。师范学校的核心职能，就是为社会培养合格的"教育实施者"以从事各级各类教育事业。

作为"职业"的教师，对于"课程"的设计，并无权力，也无义务。

教师只是在各种"纲"的规定与指导下，开展实际的"知识传递"和"技能训练"工作。这里所说的"纲"，有"教学大纲""考试大纲"，有"教材""练习册"，甚至还有"教学参考"以及"教学培训"等。因此，教师的入职资格，就是"（学科学习的）学历证明＋教材教法考试合格证＋教育学、心理学考试合格证"；也就是"学"（教师自己会）与"术"（教师能使学生会）的拼盘组合。

课程的主权机构已经将与教学有关的内容、结构、形式、资源、评价等和盘托出，使得作为执行者的教师，只工作在操作层面。因此，教师才有可能"照本宣科"，才有可能"唯试是从"；并且在日复一日的"本本主义"和"考试至上"的执行过程中，渐渐远离"课程"：走得太远太快太急，竟忘记了从哪里出发和要到哪里去。

这种现象，几百年来一直持续到今天（甚至还有愈演愈烈之势），也必定还将持续到未来很长一段时间。2011年，作为教育部"新课标"实施情况调研小组的组员之一，我走访了全国不少的学校，有"北上广深"这样的大都市的学校，也有"三四线"的小城小县的学校。无论在哪里，我们都惊奇地发现，教师中绝大部分人并不关心《课标》，很多教师甚至从未听说过"课标"这个词，更从未见过那个小本本。老师们所依据的，只是"教材"与"考卷"；老师们也是从"教材"和"考卷"上感知到了教育的变革；至于为什么改、变了什么，则全然不关心，教学照例进行，完全不受影响。

这就是"课程"与"教师"脱钩的后果，尤其是在今天，教育越来越不被视为"标准件生产"的时代，教师如果依然一味地作为执行者而存在，将越来越难以适应教育进步的需要。在今天，当《课标》再次修订的时候，我们欣喜地看到，越来越多执行在一线的普通教师，对此表现出了比以往任何一次改革都更热心、更主动的关注和学习。

因为，"教师"理所应当被作为"课程"建设的参与者之一。在我所参与的上一次的《课标》修订工作中，我看到许多一线教师通过自己的实践和实验，对《课标》提出了丰富的意见和建议，并被修订版采纳。此外，普通教师参与课程建设工作，我以为有两条主要路径。

其一，国家课程的校本化建设。

国家统一发布的"课程"，是基于全国普遍学情的"教学标准"，针对的是"大多数"或"平均数"。任何一所学校，都需要将其进行"校本化"改造（增删、改换、拆合、升降等），使之成为符合本地区及本校实际（资源、条件、需求等）的可落地实施的、效果最优的课程方案。这个"校本化"的工作，就是学校教师的工作。

这个工作，也包括"地方课程的校本化"，还包括"国家课程校本化"之后的"学科组本化""年级组本化"，乃至"个本化"。每一位教师个体，都应该拥有经过了"个本化"的"我认同""我能行"的具体课程方案。这个课程方案，是每位教师千百个"教案"的总纲。

拥有这样的"总纲"的教师，才是"自觉"的教师，就是走上了"专业化"的从教之路。

其二，校本课程建设。

"课程校本化"，是对原始课程的优化改造；而"校本课程"，则是以学校为主体开发以供本校使用的原始课程。

《课标》为学校开发建设校本课程，提供了"必要性"和"可能性"，也留出了课程建设的实践空间；这也是"校校不同，校校精彩"的需要，是校长和教师的教育专业化水平的重要体现，是教育发展前进的活力之所在。

校本课程，多以通识性的"公共必修课"和专修性的"个性选修课"为主。

"公共必修课"，集中体现学校的教育理想、教育理念和育人目标。比如，有的学校为强调传统文化教育而开发实施相应的传统文化课程并要求全员修习；有的学校因重视体育而开发实施多于和高于国家体育课程标准的体育运动课程、体育技能课程、体育活动课程等。北京四中因要求"人人会游泳"而开发实施的"游泳必修课"就是典型的校本"公共必修课"；我在容闳公学主持开发实施的"戏剧课程"，也是校本"公共必修课"。

"个性选修课"，旨在为满足学生个性化的学习发展需求而开发实施。选修课程的开发，一般是依据学校现有和可能拥有的教育资源(师资、场地、器具、经费等)并基于本校学生的项目需求而尽可能地丰富、全面。因此，选修课程往往会以"门类全"和"数量多"为其特征。

在长期的"执行者"角色中，教师已经丧失了"课程建设"的能力乃至意识——不对，是教师从未有过这项意识和能力。但是，现代教育(更别说未来教育)要求教师(起码是部分)承担起"课程建设"的重任：设计、开发、实施、评价。这也是教师专业化发展成长的必由之路。

从哪里开始教书

全世界的教师，其工作职责和内容乃至方式，都相差不大。我们都习惯于称教师工作为"教书"："教书"，基本就等于"上课"。"上课"，必然是教师工作中最常规、最主要和最显性的行为。教师的岗位、使命及其工作质量（水准），都集中于"上课"这件事情上。

别人和教师聊天：

"你当老师的？"

"是呀。"

"你课多吗？"

"每天两三节吧。"

"啊，那很轻松啊。"

"是……吧……"

然后这天儿就聊不下去了，教师感到满心的委屈：我还有一堆事情呢，每天几十上百份的作业，隔三岔五的考试，课间放学都被学生追着答疑、备课、写教案、做课件、编讲义、出练习，学校的各种活动都需要去张罗，还被要求去听课、评课、集体磨课，还有无休止的继续教育、各种进修培训，这还没提大大小小的各种工作会议。行外人只能看到教师"上课"，而这些工作，一般是看不见的。当然，教师的这些工作，内行人（教育同行）都能看见。我们总结起来，无外乎是"上课"的前前后后。

"进修与培训""备课写教案""集备与听课"，这都是为"上课"做准备；"学科活动""家庭作业""个别辅导"等，这都是"上课"的延续和补充；"考试"，这是"上课"的阶段性节点。

所谓"职业"，指的就是从业者在岗位履职时的"看得见""标准化"的一般行为。如果仅从"职业"角度来理解"教书"，那么，教师的工作基本就是这些，且大家基本都一样。然而，既然都是教书，既然教师所为大同小异，那实际上不同教师的教书为什么会有巨大的差异？且不说风格之异，单说质量上就有天壤之别。

这，恰恰就是"职业"的局限。职业，强调"看得见""可监控""可量化""可评价""可模仿"，所以，"职业行为"是最基本的岗位行为，是最基础的岗位要求，是完全可以被"管理"的。因此，过分依赖"管理"的学校，其教师行为就必然趋同于"职业行为"：在"量"和"规"的维度上将"备课""上课""作业""考试"做到极致；备课有"步骤"，教案有"格式"，上课有"环节"，作业求"量变"，考试要"真题"；校长定规矩，教师照着来。这类学校和教师的价值标准，往往是"敬业爱岗""勤奋认真"，其质量提升的办法，往往就是"与时间赛跑""向态度要质量"。

"专业"，则不同。专业，是从业者在岗履职背后"看不见""个性化"的原因。刚到北京四中教书的时候，我办公桌前后左右的邻座全是全国闻名的大师级的先生：顾德希老师、李家声老师、徐克兴老师、程刚老师、刘葵老师……我知道他们的书都教得比我要好百倍千倍，但是，朝朝暮暮地相处一室，我也没看见人家做了什么和我不一样的事情。我们都是一样的备课、上课、布置作业、辅导、考试；甚至我还因为自己年轻力壮觉得比他们做得还要多。后来才突然明白：我是在"职业"的路上拼了命地跑，人家是在"专业"的路上安步当车；同样是"提刀解牛"，我是抡刀猛砍，庖丁则游刃有余。

教书的专业，就是让所有的准备及行动，都基于对学科本质的全面且深刻的理解。

如果我们能够将"上课"理解为（称为）"课程实施"，我们就已经迈开了"专业教书"的第一步，踏上了"专业化发展"的轨道。"课程实施"，自然就意味着它具有两个上位概念："课程纲领"，以及在课程纲领指导下的"课程行为"。

"纲领"，也就是具有指导意义的思想、观念、原则、规范，是实践行为得以专业化的必要条件。教书的纲领，就是《课标》校本化所形成的"课程纲要"。我们在欧美教育考察中会发现，学校普遍拥有自己的"学科课程纲要"：数学怎么教，体育怎么教，学校都有一套完整、细致的操作手册；包含目标、内容、形式、方法、资源、评价等。中国的学校，还很少（几乎没有）有这样的"校本课程纲领"，导致学校的"教书行为"普遍表现为"教师自发行为"或停留在"职业行为"的层面。这正是我们校长应该努力的方向，应该努力填补的空白。

"行为"，是带有思想、观念、方法、原则、规范的具体行动。教书行为的专业性，指向基于教材的教法和学法。教师的"职业病"，是过于重视教法（教师可以怎么教），而忽略学法（学生需要怎么学）。在北京四中教书的时候，每每下课回到办公室，我经常会很自恋地感慨："啊，爽！这节课，讲得舒服！"每每这时，邻座的几位老先生就会抬眼问道："学生舒服吗？"学生？这是我几乎没有在意过的。事实上，教师可以怎么教，充其量只是艺术层面的讲究；而学生需要怎么学，才是与学科本质紧密相关的科学规律；对教书来讲，科学是艺术的基石。

上课，或者说"教书"，就是这样一件"在课程纲领指导下的课程行为"。

教师所实施的"课程行为"，一般要以读懂教材、理解学校和认识自我为前提。教材，通常会以其严谨的编写逻辑来体现学科学习的本质规律。分析教材，理解教材，这是帮助教师认识和理解学科的成长捷径。此外，每一所学校都会有各自学校关于"教书"的理念和原则，因此，学校（通常是校长）对于教育和教学理念的解读，也是教师实施课程行为的直接导向。更重要的是，教师要认识自己："我自己是怎么学习的？""我是如何理解我所教的学科的？""我能做的是什么？不能做的是什么？做不好的是什么？"对这些问题的思考及其答案，是教师在反思和改进自身课程行为时非常重要的依据。每个人都只能做好自己能做好的事情，同时，每个人都有能做好事情的自己的方法。

我特别认同并强调："'我'即教材"，"'我'即教法"，"'我'即学法"。

无论是国家教材，还是校本教材，最终都要通过"教师"（"我"）来走进学生的认知。"我"是一面筛子，是一面滤镜；教书，是一件很"主观"的事情："我"所教的语文，永远是"我"的语文。教师要努力修炼一个"专业的'我'"，优秀教师要善于将"我"用作教材：学生不是向书本学语文，而是向"我"学语文。

"教法"和"学法"，更是如此。教师的"教法"，八成以上是他自己的"学法"；教师（尤其是那些善于自我反思的教师）极容易直接将自己学习时成功的经验和失败的教训转化为教学的理念和原则。这并不是什么坏事，相反，如果教师善于科学反思，善于推己及人，那么，"我"的，就是"大家"的。

当"我"站上讲台，"我"就是教材，就是教法，就是学法；"我"就是"学科"。我在北京四中，经常遇见这样的"王者荣耀"。这是"道"，要"修"；其他都是"术"，得"炼"。

"教书"之术，首推"讲"。教师教书，首先要会讲，能讲，善讲。讲，是最经济实惠的教育手段；能用讲来解决的事情，那就首选讲。讲，是教师教书的基本功，是基础工作；讲，是最容易的；讲好，却也是最难的。且不说要求讲得形象、生动、活泼、有趣，就是讲得正确、准确、清晰、明了，就已经很难。因此，教师（尤其是新教师）要苦练"讲"功：满堂讲下来，学生越听越明白，越听越高兴；学生听着就懂，听完就会。我是极不认可某些校长掐着秒表限制教师讲课的，但是，倘若教师所讲，既糊涂又无趣还有误，那不仅该受限，而且是该赶紧"下课"的。

　　"教书"之术，还要合理选用并优化教学组织形式。教育，不比时尚，并非越新越好，教师不必也不能追潮流、赶时髦。我做校长的时候，经常要接待不明来处且自称"专家"的推销员："校长，我们公司研发了一种最新的教学模式……"又是可以拼来拼去的课桌椅，又是可以推来推去还"长了记性"的黑板，又是涵盖了全部知识点的"导学案"，又是"知识树""改错本"，又是"学习帮""备课帮"……听完介绍，我就弱弱地问道："那，您为什么不当校长呢？"的确有一些校长，经不住"得来全不费工夫"的诱惑，今天引进这个模式，明天学来那个招数；今天推广这个"几步法"，明天搬来那个"一招鲜"；动不动就要"颠覆传统"，时不时就来个"全面革新"。这是不行的，教师要基于实用、高效、集约的原则，科学、合理地选用和优化教学组织形式。该讲授就讲授，该实验就实验，该讨论就讨论，该演示就演示，该观摩就观摩，该自学就放心大胆地让学生自己学。

　　"教书"之术，还要做到"教""学"一体。师生互动、个别辅导，实质上就是要求教与学的主体要"在一起"。组织与学科相关的实践体验活动，实质上就是要求学科与生活要"在一起"。最常见的是"作业"，其实质上也是要求教与学要"在一起"。（这些问题，本书将在其他章节详细讨论。）

上好起始课

起始课，就是某一个教学阶段的第一课（当然也可以是最初的几节或好几节课）。

刘长铭校长平常不大听课，但每逢开学初的两三周里，他往往要推掉其他非必要的事情，每天拎个小凳子，攥着一摞全校所有老师的课表，挨着班去听课。俗话说："良好的开端，等于成功的一半。"对于北京四中来说，这个"良好的开端"，指的不仅是教学的有序性，更是教学的科学性。刘校长的习惯提示我：起始课，很重要。

谈及这个问题，我立刻想起自己上高中时的情形。高一第一周的课，多是高中阶段每个学科的起始课——那可是名副其实的起始课。各学科的老师们轮番登场，开始各自的"起始"。回想起来，十来个老师们的起始课，除了提学习要求、要准备什么工具、要准备什么本子、要做笔记、作业怎么交等之外，老师们几乎不约而同地着重强调了"高中学习的特点"：难！——比初中难多了！然后几乎不约而同地举了当年高考题的例子，又不约而同地敲起了黑板："这个，高考必考！"还不约而同地千万遍地强调自己这个学科有多么重要，而学好这门学科又必须得付出多么大的努力。

为数不少的老师，都喜欢在起始课上渲染"学科之重要"和"学习之困难（且越来越难）"，试图以此博得学生的重视和努力。现在连体育都列进中高考了，想来体育也是很难的了吧。

自做校长以来，这样的起始课，我是要"严打"的。我会在老师们开始上"起始课"之前向老师们给出我的"启示课"：起始课的意义有三，即对一切都清楚、对未来有兴趣、对彼此有信心。

因此，起始课的课程内容就是：

帮助学生理解学科本质及学科规律。 教师要带领学生回顾过往的学习经验，探寻学科的本质，试着用自己的语言给所学学科下一个清晰的定义，并从中总结出适合该学科学习的普适性的方法和规律。厚积是为了薄发，之前的学习，是为了让后边的学习之路更加清楚，更加明白；而不是越学越糊涂，越学越茫然。

帮助学生了解学段特点及学段意义。 诚然，每一个学段都有其自身不同于上一学段的特点，知识更多、学习更难、要求更高，这自是必然。教师不应在"难"字着眼，而应该将此学段与前后学段联系起来，整体理解"未来一段时期"的意义和价值：如何承上又如何启下，如何继往又如何开来。

帮助学生知悉学习内容及学习顺序。 人之所以会对未来产生自然的恐惧，就是因为未来意味着一无所知。所以，教师要将"未来"清晰地描绘给学生：学什么？（先学什么？再学什么？）考什么？（考什么内容？要什么标准？）能够看得见的前方，便是"路"；反之，则是"悬崖"。

帮助学生找到学习方法及学习信心。 优秀的教师，一定是有"高效的学习方法"的老师，学生跟着这样的老师学习，会是一件轻松愉快的事情；因为学而有法，所以学则高效，于是就信心满满。越是得法，就越有信心；从而形成良性循环，成就最好的学习状态。

帮助学生养成学习习惯及学习品格。习惯，是需要培养的。教师要在学习行为开始之初，帮助学生养成必要且良好的学习习惯，久而久之，就能培养出优秀的学习品格。教师所强调的"习惯"，一定是简单的、易操作的，必要的、科学的。选定一两个行为，坚持始终，就好；切忌提出一些"听上去很美""看上去很好"的时髦习惯，不要动不动就预习复习，动不动就思维导图，动不动就错题本……以前有个语文老师，起始课上要求学生每人备一本《汉语字典》，还必须是厚厚的像块水泥砖头的那款，并且要求每节课都带上，端端正正地摆在课桌右上角。听着很有道理，我也以为这位老师应该是擅长从汉字讲语文的；遗憾的是，学生倒是天天背着这块"大砖头"，而语文课上却一次也没用过。

备什么？怎么用？学什么？怎么学？练什么？怎么练？课上学？课后学？啥时考？考什么？这些，都是起始课要承担的课程内容。教师要给出具有明确步骤的教学规划，给出可以清楚操作的学习方法，给出可以量化检验的学习要求，给出便于自主设计的学习指导。如此，学生对一切都清楚，对未来有兴趣，对彼此有信心，这就是起始课的课程目标。

这三个目标，个个重要，又以第三个目标为最重要。对彼此有信心，意味着要让学生对教师有信心，同时教师也要对学生有信心。学生的信心，来自教师在起始课上所表现出的"师范"水准（即教师自身的学识与专业能力），来自教师的"教学"水平（即教师传授知识的有效性）。教师的信心，则来自教师对学生的真实了解。教师切不可臆断"一届不如一届"，不可固化"差生"概念，更不必靠学生不会来反衬自己的能耐。教师对学生的信任，应该是无条件的；并且，彼此的信心，也是相辅相成的。

此外，"起始课"，绝不是孤立存在的课，它不仅关乎未来，而且也应该连接着过往。每一个阶段的起始课，都应该生发于上一个阶段的教与学的成果。比如说"学期起始课"，它的上位基础就是刚刚过去的这个假期里的"非现场教与学"的内容，以及开学前的"学情测试"的结果。以此为学情基础，再研究未来的学习需要坚持什么，发扬什么，改进什么，才可以开始起始课的备课。

这就是一堂起始课的教学全过程。

课堂里的生命成就

当我们谈论某学校的课是好是坏的时候，这个"课"有四个概念：某个老师的某节课，某个老师的所有课，某类老师的所有课，全校老师的所有课。对于一所学校来说，"课堂建设"是一个系统工程。可以说有好的"课"，但很难说有好的"某一节课"；如果没有好的"课"，那一定没有好的"一节课"。

课堂教学的质量，与作为个体的教师的知识水平和专业水准、教育理念和学科理解、工作态度和教学能力、教师个性和教学风格等直接相关；又与作为整体的学校课程的目标、内容、理念、资源、实施、评价等密不可分。在学校的整体课程建设和教师的个体专业素养的共同作用下，学校的课堂教学会呈现出必然的样貌和品质。

"好课"有很多标准，我们即使把所有的"好"都压在"课"的身上也不为过。但是，我并不赞成对"课"进行过分的"道德绑架"

和"专业绑架"；世上没有完美的课，也不必强求课的完美。

我以为，"好课"如下即可。

完成知识的有效传递

就是要求教师教（讲）得明白，学生学（听）得明白。讲与听，永远是课堂行为中的两大主题。无论我们怎样要求学生"认真听"和指导学生"学会听"，任何态度和方法上的投入，都未必能与产出成正比；关键还在于教师所"讲"的质量，这才是源头。

知识传授，是课堂教学里的主要任务，也是教与学的基础任务，是开展其他技能训练、综合提升乃至创新培养的重要基础。知识传授的最快捷最有效的途径，就是教师"讲"给学生"听"。基于"第一印象"对人们记忆的重要意义，教师要极其谨慎地对待每个知识的"第一次讲授"。依据我的经验，凡是教师第一次没有讲清楚的知识，在学生那很可能会成为"永久的糊涂"——无论教师之后重新讲了多少遍，只会越讲越糊涂。学生"没听见"可能是态度问题，学生"没听懂"可能是能力问题，学生"没听清"那一定是教师的问题。

教师有个"职业病"，就是总以为"问题都在学生身上"，这不："我都讲三遍了，你们怎么还不明白！"是呀，讲三遍了，学生普遍都还不明白，难道不是教师自身的问题吗？我记得我的师父问过我："你知道把学生讲糊涂需要几遍吗？"他说，"一遍就可以，并且还就是那第一遍。"

教师的课堂教学语言，是一门极有讲究的学问。这里我只提其中最基本的无关艺术性的两条要求：准确且专业，简洁且清晰。

关乎知识的语言，务必准确。教师须字字斟酌，句句推敲；最好辅以板书、幻灯片或讲义等书面形式来呈现。同时语言还要专业，必须使用本学科专业的术语并遵从本学科专业的表达惯例。数学有数学的语言习惯，文学有文学的表达方式，体育也有体育的专有口令……因此，每门学科都拥有自己学科特色的语言系统和表达习惯，这并不只是形式的花样，而是学科专业属性的需要。

关乎知识的语言，务必简洁。在语言沟通实践中，一切的糊涂都源自语言的啰唆、繁复、冗杂。语言简洁，几乎可以说是交流清晰的必要且充分条件。教师在进行知识传授时，话要少，言要精，语要慢；切忌因为之前的"跑冒滴漏"而颠来倒去地忙于修修补补。知识的传授中，"亡羊"是回不来的。

我曾多次听著名数学教育家华应龙老师上课，他始终微笑着，始终点头、鼓掌，很少说什么；但是，华老师一旦开口"讲授知识"，必是字字珠玑，句句铿锵。

实现师生的有效互动

课堂少不了互动，这必须是个常态；课堂互动多为师生互动，这也应该是个常理。师生互动的主要形式，就是"师生问答"：教师"提问"，学生"回答"。

一节初中语文课开始。王老师问："你们看过下雪吗？"学生有的说"看过"，有的说"没看过"。王老师问几个看过的同学："雪有什么特点？"学生说"白""大""冷"。然后王老师说："好，老师是广东人，还没见过下雪呢。今天我们一起来学习《湖心亭看雪》……"王老师讲了几分钟，又问："你们最喜欢文中哪个句子？"学生们陆续回答，竟涵盖了文章的每一个句子。王老师追问："还有同学喜欢其他句子吗？"最后一个同学站起来，说："我喜欢第一句，'崇祯五年十二月，余住西湖'。"

这样的师生互动，就显得有些简单，简单到几乎无效。一个初中生，即便没亲眼看见过雪，也能知道雪是"白""大""冷"的；一篇文章，为什么非要挑出最喜欢哪句呢？何况说喜欢哪句又不行呢？就是没来由的喜欢不行吗？我们的课堂里，这样的无效互动，却是常有的现象。

另一节高中语文课开始。李老师问："同学们，你们去过黑市卖血吗？"同学们不假思索异口同声地回答："没有！"李老师："好！你们会去吗？"同学们当然也是不假思索异口同声地回答："不会！"李老师："嗯，你们都是好样的！但是，今天我们要学习的这篇小说《许三观卖血记》，主人公就去黑市卖血了。请大家打开课文……"

一个高中生，但凡生活正常和心智正常，都绝无可能去黑市卖血。这样的互动，不仅无效，还在情感态度、价值观上产生了不理想的引导。请问，这样的开篇，是要引起学生的好奇吗："居然有人去卖血？"是要引起学生对主人公去黑市卖血的批评吗："他居然去黑市卖血！"教师的本意当然都不是，但这样的提问和引导，就可能会将小说阅读的定位，导入这个境地。因为我看到的现象是，全班学生嘻嘻哈哈地翻开了课文。

师生互动的质量，关键在于教师之提问：所提之问是不是"真实的问题""需要思考的问题""能够起到促进学习的问题"，所期之答是不是"真实的回答""思考之后的回答""基于自身进步的回答"。

后来我也讲这篇小说课文。我也在导入部分做了一次"师生互动"。为了做个比较，我也照样问了李老师设计的两个问题。

我问："同学们，你们去过黑市卖血吗？"当然是："没有！""你们会去黑市卖血吗？"当然是："不会！""不会，老师我也不会。"我停顿了几秒钟，问："我们真的不会吗？我们能保证自己永远不会吗？"

就追问了这样一个问题，你能想象得到，全班同学陆陆续续地安静和沉默了，每一个人的心里，越来越沉重："我会吗？我不会吗？真的不会吗？真的会吗？会不会有那么一种可能我也会，并且是必须会？那些去黑市卖血的人，是为什么呢？如果有一天我也去了，那有可能是因为什么？……"

也就是几十秒钟的时间，也就是这么一个问题，全班同学静默无声。而后，在这种静默中，我轻轻地说："我们翻开书……"我看到，有很多学生并不愿意打开书，他们翻书的动作，很慢很慢，似乎这几页书，很重很重。我知道，这课基本就上完了，也差不多就可以了，后边看不看学不学和我讲不讲，也已经不那么重要了。

"我们真的不会吗？我们能保证自己永远不会吗？"这就是师生互动中的"真实的问题"和"真实的回答"。

我又想起张老师在《项链》一课的总结时问："小说的主题是什么？"学生说："作者通过借项链的故事揭露和讽刺了资产阶级的'虚荣心'。"张老师说："对，我们可不能这样'虚荣'，虚荣是要付出代价的。好，下课。"

听课的时候我就在想：社会主义社会不借东西吗？借项链就是虚荣吗？借了（丢了）又还了难道有什么错吗？倾家荡产也不猜疑无条件偿还真项链难道不是美德吗？嗯，这些"真实的问题"并不是我的首想，而是当年我在上这节课的时候被我的学生纷纷质疑：玛蒂尔德不是很值得尊敬吗？是啊，莫泊桑清清楚楚地在小说中写有："人生是多么奇怪，多么变化无常啊，极细小的一件事可以败坏你，也可以

251

成全你！"仅此而已。

互动者要表达更要倾听，要借鉴更要创造，要思考更要判断。无论以何种方式"互动"，有效的互动，都必须建立在"充分理解"的基础上；有效的互动，都必须能够激发思考；有效的互动，都必须同时训练表达；有效的互动，都必须能够促进新知。

我只教过语文，对其他学科不能妄评。但我相信，这些道理是一样的：教师的心里要有学生，学生的心里要有教师；互动，是人和人超越知识的直接对话。我们看到太多的课堂，所谓"师生互动"，都流于形式，泛于肤浅；都只是在常识和已知的范畴中寻求表象的热闹；师生之间，也都总是横亘着标准答案。

实现生命的共同成长

课堂是教师的生命，教师的生命是课堂。最精彩的课堂，永远离不开教师的"生命体验"。

假如一位教师，只是就着教参啃着教材，便以为自己都懂了，那真是一件非常危险的事情。前文提到小说《项链》的主题，就是个活生生的例子。

再看《我的叔叔于勒》，老师讲小说批判了菲利普夫妇的拜金主义，批判资本主义社会中金钱高于一切的价值观。然而，是吗？真是这样吗？学生就曾问过我："老师，如果您家里有这样一个弟弟，您会怎么做？""他穷困潦倒，好吃懒做地啃在你家的时候，你会希望他出去打工吗？""当你听说他在外发财的时候，你会替他高兴，引以为傲，并主动向别人说起他吗？""当他并没有发财而是落魄在外的时候，当你的女儿好不容易找了一个人可以嫁出去的时候，你会让弟弟出现来破坏这件事吗？"你会怎么办？我会怎么办？我们的选择，能和菲利普夫妇有多少不同呢？

讲汪曾祺的《故乡人》，我发现很多人会觉得"打鱼的"很痛苦或很诗意，认为"金大力"颇有领袖特质，又以为王淡人的完美形象简直可以感动中国。后来我写过一篇文章《用生活帮助阅读》，以提醒并鼓励读者要多多体察真实的生活，以期能与作者达成更多的"平等"交流。

其他学科何尝不是如此？教师不应该（也不太可能）将知识用保鲜袋装好再冰冻起来递给学生。生命体验匮乏的教师，其所"教"给学生的东西，必然是索然无味的他"嚼过的馍"；反之，拥有真实且丰富的生命体验的教师，其所"教"给学生的东西，就可能是他"酿出的蜜"。

我在北京四中房山校区创校之初，提出"做有温度的教育"。教育的"温度"，主要体现在一天又一天、一节又一节的课堂里。有温度的课堂，成就师生的生命共赢。

非现场教与学

"非现场教与学"概念，还真是我的原创。突然冒出这么个东西，还得从在北京四中房山校区工作时的一个小故事说起。

学校里高中部某学科教研组组长，那是一位国内顶尖名牌大学的硕士高才生，有一天他敲开我办公室的门，向我"要课时"（我校的课时设置是严格依照《课标》要求的），理由是"高二内容多，知识难，

教育的"温度"

主要体现在一天又一天、一节又一节的课堂里

有温度的课堂，成就师生的生命共赢

既定课时不够，申请每周增加两节；并且其他兄弟学校一般都超出二节甚至五节"。说实话，面对他的理由，我一时还真拿不出什么驳回的理由，只好说"知道了，待我们研究一下"。我转身就去请教我的导师顾校长，寻求解决方案。导师听我说完之后，淡淡地说："你去问问他，是老师'教'的时间不够，还是学生'学'的时间不够。"

我一听，暗自叫"绝"：教师教的时间不够，那你就少教点，因为没有人能把某门学科的所有知识都教完；你去问问那些多要了三课时的老师，他们教完了吗？他们觉得课时够了吗？如果是学生学的时间不够，那就更好办了，直接减两节课时，留给学生自习。

结果，我的那位"学霸"级教研组长，比我聪明多了，一听这问题，人家压根没回答，直接说："我明白了。谢谢。"然后就走了，踏踏实实地，高二高三的两年里，用既定的有限课时，高质量地完成了教学任务（学生的高考成绩并不比其他学校差）。

当然，这"踏踏实实"的两年里，学校的教学，得益于"非现场教与学"的指导。作为校长，我们清楚地知道，守住"不加课不补课"的底线，那是法律和道德问题，是警察的专业；但是，指导老师更高效地工作，引导教学更优质地发展，这件事情更重要，更艰难，这是教师的专业。从那天起，我的导师就交给我一个课题：研究如何在有限的课时里，保证教与学的高质量。这就是今天我们能够谈论"现场教与学"和"非现场教与学"的源起。

长期以来，"课下"，意味着教师无法施展"教"的作用，意味着学生"学"的行为无法得到监管。于是，除了"上课"，我们有且只有一招：课后作业。我们一直努力通过"（教师）布置作业—（学生）书写作业—（学生）提交作业—（教师）批阅作业—（教师）讲评作业"

的流程，监管甚至严管学生的"课下学习"。不能不说，这是有用的（我们很难想象，若没有"作业"，我们的教学会是什么状态）。

只是有一个重要的问题，我们没有思考，可能也是因为没有条件去思考：在这个课下学习的行为链条中，学生"书写作业"这一环节，作为最重要的环节，其真实效果如何？我们排除"不认真对待作业"等负面因素，只谈那些作业中的"认真"：全部完成，按时完成，独立完成。

我们很少去调研和评估，那些"按时按量独立完成作业"的学生，究竟在"写作业"的过程中获得了多少进步。

这些保质保量写作业的学生，就是老师最喜欢的好学生，这些好学生，会不会只是"听话的学生"而并非"愿意写作业的学生"？会不会只是"愿意写作业"而并非"乐意写作业的学生"？他们写作业的动力，会不会只是"听话"甚至只是"习惯"？他们有没有从"写作业"中获得"成就感"和"成长感"？

这些问号，都是我们难以确定答案的问题。我不是研究者，也没有进行过什么科学的调研和分析。但依据我们的经验（那么多人不愿意写作业，收作业成为老师十分头疼的困难，全社会都在诟病作业这个东西……），我相信，这些问题中，一定存在很大的研究空间。

而这些问题的关键因素，就在于"学生不在老师跟前"，是"非现场"。我们对于不在眼前的学生的学习过程，无力干涉，无力监管，无力指导；于是，才有了"布置给家长的作业"，才有了"家长签字""家长辅导"，才有了转嫁给家长的教学任务和教学责任。这都是无可奈何的结果，这种无奈，一方面源自"有心无力"的技术障碍，另一方面源自"不负责任"的简单粗暴。

20 世纪末，信息技术的突飞猛进，给我们扫清了一个又一个的技术障碍。我们有越来越多样且越来越便捷的媒介方式，来解决"非现场"的交流问题：从移动电话、电子邮件、短信，到今天的各种社交工具、教学平台，BBS（网络论坛）、QQ、语音留言、视频电话、微信、虚拟现实、增强现实……"见面"变得越来越不重要，以往依赖于口耳相传来交流的信息，在今天，越来越多地变成了脉冲信号、数字信号。

我们忽然发现，学生"写作业"的过程，变得看得见、摸得着了。这个剧烈的变化，其实就发生在当下。因此，在这个转折点上，我们的教学行为和教学理念发生着层出不穷、丰富多彩的变化。

从"信息技术辅助教学"，到"信息技术和学科教学的整合"，再到"现代教学的信息化"，这场革命性的变化，不仅占领"课上"，也侵入"课下"，尤其是在"非现场"。这也促使我开始反思和研究"现场教与学"和"非现场教与学"的问题。我自己的教学生涯，就是从信息技术最初走进校园的那天开始的（从使用幻灯片、投影仪、PPT……开始的），并且，一直伴随着它的脚步，陪着它一直走入我们教学行为中的每一个毛孔。

信息技术对教学的影响过程，大致可以分为三个阶段。

第一个阶段，提升了信息呈现和交流效率。在这个阶段，信息技术还只是作为一种"先进的工具"而存在的，好比算盘的诞生。比如，那个时候我们开始大量使用投影，使用搜索引擎，"PPT""度娘""QQ"，成了我们的时代热词。

第二个阶段，便捷了人际交流。在这个阶段，信息技术作为一个"平台"，为人际交流建造了丰富的虚拟现场，好比我们的身边出现了各种各样的茶馆、酒吧。各种主题的 BBS，成为人们生活的一部分。

这两个阶段，尽管技术的发展日新月异，终究也只是改善了信息流动的方式，解决了信息交流无障碍的问题，但在本质上并没有增加信息本身的价值。

直至第三个阶段，信息技术全面改变了人们的生活方式。在这个阶段，信息技术为人们的生活营造了一个又一个"场"，从此，技术不再只是工具，甚至翻身变成了主人。手机诞生好几十年了，网络的普及也有 30 多年了，但从来也没有像今天这样，我们再也离不开手机（并且是越来越少的人用手机是为了"打电话"），离不开网络。断网，甚至和断水断电一样成了一种灾难性的遭遇。

什么是"场"？就是可以将你的行为牢牢控制住并给你的行为带来巨大的无形推动力的、看不见摸不到但可以感觉到的那股逐步由外向内的奇妙力量。比如网购，人们不再只是因为需要才进入网店，相反，人们往往是因为想进网店而产生了需要。

在不久以前，孩子帮家里"打酱油"一定会被看作孩子听话、懂事、肯干的标志，就像"按时按量写作业"一样。今天，我们的孩子在网上购物的时候不是不愿意，而是拦都拦不住，有些孩子其老练程度远远超过他们的父母。那么，我们的学习，能不能也成为这样"拦都拦不住"的状态呢？电商挣钱都可以，教书育人为什么就不行？

关键问题就在于我们的教学环境，是否像电商平台那样，为顾客（学生）营建了一个"场"（充满了诱惑的地方，让你欲罢不能）。

北京四中自 21 世纪初就开始了关于"虚拟课堂"的教学实践，它之所以能够激发学生的学习欲望，之所以能够惹得学生越辛苦越乐意，就在于这个课堂产生了一个具备激励力量的学习"场"：每个人都知道同伴在干什么、干了什么，每个人都能看见同伴怎么干的、干得怎么样，从而，每个人都不愿意自己比别人干得少、干得差，因为每个人自己所干的一切，都会被别人实时了解、评价。

记得我在北京四中教高中语文时，"请以第一人称'我'改写《鸿门宴》"是每届学生的项目学习任务。从叙事学的专业角度讲，以第三人称"他"来讲述故事是最简单也最精彩的，专业界称之为"上帝视角"，因为"他"可以窥见一切。第一人称"我"是最难的，因为在任何一个事件中，"我"只知其一，不知其他。所以，要使故事尽量丰满，这个"我"最好就是事件中的主要人物：项羽、刘邦，或者张良、范增，最不济也得是到过现场的樊哙、项庄。于是，前几届的学生作品，大抵如此，便也乏善可陈。然而，自从将这项学习任务搬到"虚拟课堂"（即网络平台）上之后，情形发生巨大的变化：后交作业的学生在看到先交作业之后，纷纷"改旗易帜""改头换面"，一个个都在自觉地"革自己的命"：换个新角度！于是，"我是曹无伤"（这个故事只能讲到"立诛"之前，可是"我"对谁讲呢？难道是"遗书"？），"我是项羽的剑"（那就是童话了，"我"被拔出来又被收回鞘，"我"看见了什么？"我"在想什么？），"我是范增的玉玦"（"我"已经那么明显地提醒项王了，气死"我"了），"我是军帐门口的卫士"（"我"只看见有人出来，又有人进去，又有人出去再也没回来）。最有创意的是一个男生，他在交作业时不忘喊一句："看我剑走偏锋！"打开他的作品，居然"我是虞姬"。要知道，鸿门宴的时候，还没有虞姬什么事呢，她怎么讲这个故事呢？原来，这个同学竟然在"霸王别姬"的时候，设计了一段情节：项羽向虞姬"悔说当年，鸿门不该……"这届学生丰富的创造力，不是别的，正是被"网络平台"的"可见性"所营造出的"场"激发出来的。

第一，这个"场"，能够催生人的"自觉行为"。在这样的网络学习平台上，学生的学习行为是自觉的；哪怕是被动自觉，是"看别人都干了，自己不好意思不干，然后才干的"那种自觉，也是有价值的。因为这种自觉，看上去是被动的（被他人带动的），但实际上也是学习者缘于一种自我尊重的认知而主动产生的行为。没有什么看得见的外力在督促，而只有学习者的自我内心在挣扎，最终行动战胜了惰性，这就很好了。这是"场"的一个极其重要的价值，就好比每年的淘宝"剁手节"（双十一），别人都在"剁手"，你怎么可能捂得住口袋呢？

第二，这个"场"，能够催生人的"自发标准"。在这样的学习平台上，学生的行为标准是自己定的，并且是以别人的样子为基点而往上抬升的："哇！他弄得真棒啊！神啊！什么时候我也能这样……""啊？他都能行，我怎么能比他还差……"这就是当人身处于某个"场"的时候，内心里萌生的各种小九九。你要相信，凡是自我生发的标准，都是可以达到且必须达成的标准。

第三，这个"场"，能够催生人的"自然提高"。在这样的学习平台上，学生的成长进步，真的是一件"看不见摸不着"但又真真实实存在的事情。成长进步的动机、动力、方法、途径，以及所有的努力、所有的智慧，都是学生自己寻得的，从而，他所获得的"提高"，就是"自然而然"的。只要前两个价值生成了——行为自觉了（想干了）、自发标准了（想干好了），那么，学习者自己一定会找到最有效的方法，一定会表现出最努力的样子。

我们的教与学，无论是课上还是课下，无论是虚拟课堂还是现实课堂，无论是现场还是非现场，都要努力让我们的老师和学生，一起走进这样的"场"域里。我们一直想有的"自主学习"，到此，便会有更多的可能。

未来，这是一个在今天很时髦的词。我们常常说"未来已来"，以激励自己不仅要与时俱进，还要努力走在时代的前头。然而，既然是"未来"，那就是"未知"的，我也无法知晓未来的技术状态，更无法知晓未来的教育状态。但是，有几点是可以肯定的。

比方说，人工智能技术的发展，势必会对人的学习方式产生巨大的甚至是颠覆性的影响。比方说，全息影像技术的发展，也将会极大方便地帮助我们的教与学，创设出虚拟的实际情境。

然而，我也始终坚信，教育，一定会有它自己的特点，那种不为技术所变的特点，那种永远以人为人和使人成人的特点。

我还想补充的是：非现场教与学，未必非得要有信息技术的参与。好的教育，自古以来都始终重视"非现场"的教与学。教师"不在"的时候，教师怎么做到"如在"乃至"胜在"，是提升学生自主学习能力和效果的重要课题。即便是简简单单的一份作业，学生是否也应该可以在做作业的过程中，实实在在地感受到教师"就在"：教师的要求和标准，就在作业的题干里；教师的启示和指导，就在作业的设计里；教师的资源和帮助，就在作业的附件里。

之前因为"新冠"疫情管控的需要，学校经常停课，于是，"网上授课"就成了各学校日渐熟络的应对方式：师生虽不见面，但因为有网络可直播，所以，连课表都可以照例不变。"网课"，其实际上也还是"现场教与学"，但因为教师和学生是"视频见面"，因此其效果定是大打折扣的。既然如此，北京四中房山校区便不上"网课"，而是就着"非现场"情形，好好开展"非现场教与学"，其效果很好。

作业全过程

教师工作之辛苦所在，除了上课，就是作业：每天要批改百八十本作业，每本作业批改两分钟，半天就过去了；还不算要一遍一遍、一个一个地催作业、追作业。因为，我们以为：大凡学生，就是要有作业的。

为什么要有作业？细想一下，作业无非三个意义：检测、巩固、拓展。（这里有必要对"检测"功能做一点补充：我们可以赋予作业以检测功能，通过作业结果反观课堂教学的目标达成度；但切不可将课堂教学效果的评估完全依赖于课后作业的完成情况，因为课堂行为自身要对课堂质量负责，而不是依靠事后反馈。）

检测目标，基本是对教师的"教"而言的；而巩固和拓展目标，则逐步走向学生。尽管如此，基于这三点出发的作业，在本质上属于"课堂教与学"的附庸，是"上课"的补充和延伸。换句话说，但凡"上课"的时间足够多，这些"作业"的意义都可以放在"课上"来达成。

如果你总是觉得"课后"只是"课时"不能无限增多（比如占满全天）之后的"失控"时间，就会将"作业"视为将"失控"时间变成"学习"时间的重要且唯一手段。教师给学生留作业，如果第一目的是"不想学生闲着了"，第二目的是"学一点是一点""做了总比没做好""多做总比少做好"，那么教师便从来不会思考更不可能接受：非现场教与学，可以是现场教与学的适当补充和延伸，但其实际上更是另一种相对独立的学习行为，有其自身的特质属性和规定性。

从内容上讲，非现场教与学更适合那些学生可以独立完成且可以自主测评的内容，那些学生拥有完全的自主选择权的内容，以及那些可以自主拓展更多知识与技能的内容。从资源上来讲，非现场教与学更适合那些需要获得校外资源的支持与帮助的学习。从学习方式上来讲，非现场教与学更适合那些在课堂里（现场）未必方便进行但在家（非现场）反而更方便进行的学习。从动机上来讲，非现场教与学更适合那些特别能激发出成就感的学习。

因此，作业的设计，就需要遵循一定的原则。

设计作业的原则

<u>作业越少越光荣</u>。学校不鼓励教师多留作业。在分科教学的时代，不同学科的教师之间，几乎不存在合作的必要和可能，因此，为了以"抢占时间"的方式来"赢得学生"，"留作业"就成了最有效的手段。学校里总有一些教师，不仅留作业多，学生还不敢不交，并以此赢得了"严师"之称；然后，为了守住"荣誉"，便没有最多只有更多，没有最严只有更严。这也会形成"剧场效应"，后果就是学生苦不堪言。对于留作业，我认为"能不做的就不要做，不能不做的就少做，不能少做的就好好做"。如何做到呢？其实也不难，业绩考评的时候，不仅要看分数，更要看分数的来路是否"绿色"；不仅要看个人成绩，更要看整体成绩是否平衡。

<u>要有用，要真有用</u>。教师要求学生做的事情，必须是"有用"的事情。我为什么要强调"真有用"，是因为很多时候，我们的"教与学"往往会是看上去好像有用但实际上却没什么用的"假有用"。以"苦劳"

来赚取"功劳"的观念和做法，在我们的教学实际中，一直都很盛行。这样的"勤劳"恰恰是"懒作"的表现：懒得思考，懒得分析，懒得改变；大家都这样，一直就这样，那我也这样，就没错。

原创优先。我不提完全原创，但至少要原创优先。也就是说，教师所设计和布置的作业，应该是（至少主要是）教师自己编制的学习内容。事实上，大多数教师的大部分作业，都直接或间接地来自"别人"：他们极其简单而粗暴地从市面上买几本练习册发给学生，稍微用点儿心的教师则自己买几本来然后用剪刀加糨糊拼拼贴贴复印给学生。原创作业，是教师专业性的体现，更是教师职业道德的体现：别人的，永远不是自己的；况且，立足自己与学生的教与学的现状，有针对性地编制学习内容并指导学生有目的地训练，难道不是起码的工作态度吗？我在我创建的学校里，是不允许教师这样做的，这是对师德（与师能）可以一票否决的条件。教师要相信，一切外来资源都只是参考和借鉴，自己创建的资源才会因其最适恰而成为最优质的资源。

远离选择题。选择题，只是标准化考试中为了保证评判客观性而创造的一种试题形式，它并不能成为学习过程中的学习路径，没有哪项知识与能力是可以靠做选择题的方式来习得的，除非它只是为了考试而做的适应性训练。作业，尤其不提倡选择题，因为选择题的作答只有结果，没有过程；且选择题的作答结果还可以不明来路（可以是做出来的，也可以猜出来的）。

作业作答过程化。只有"过程"，才是"可观"的。如果不对过程进行观察，作业也就失去了要交给老师（批改）并请老师反馈（讲评）的必要。很多老师图省事，留的作业都是一些选择题、填空题、听写默写题，并让学生"自判""互判"，并不可取。无所谓"过程"，也就无所谓"质量"，彼此省时省事省心，挺好；只是，彼此都无益。

　　<u>题干即学习</u>。哪怕将作业当作课堂的补充和延伸，也不能弄成"会的依旧是会，不会的照样是不会"，而应该帮助学生达成"会的更会了""会一点的全会了""不会的也会了一点"的提升效果，这才是作业的价值。如果"题干"只是像考试一样"请完成以下题目"，那么作业就只是一场"原地踏步"。题干即学习，意思是题干里要包含丰富的信息，比如课堂回顾、学习资源、提示引导、作答标准、求助方式、拓展材料等。在这些信息的共同作用下，"作业"才会成为一场"学习"，并且是"教师如在"的具有"教与学"完整功能的"自主学习"，即我所谓的"非现场教与学"。很多人曾问我教师如何才能干预学生的作业过程，你看，一个题干就可以搞定嘛。

　　<u>主题项目式</u>。"非现场"的最大优势就是"单位时间较长""学习资源丰富"，因此最适合开展需要大量时间和大量资源的"主题项目式"教与学。教师要善于设计这样的学习内容，通过某个集中的主题（问题、话题、现象或材料），整合尽可能多的需要掌握的知识指标和技能指标，提供尽可能丰富的学习方法体验和学习路径体验，创设尽可能自由的知识与技能的拓展空间，从而完成具有挑战性并极富成就感的学习成果。

　　遵循以上原则且具备以上特点的作业，很容易具有"预设与生成相结合""分层分类因材施教""大小长短相结合"的诸多优点。

　　最后还有两个重要原则：

　　<u>全批全改全讲</u>。教师对作业必须"全批全改全讲"。"批"，是判断正误；"改"，是纠正错误；"讲"，是分析原因寻得经验和建议。这是一个完整的过程，教师不得偏废任何一环。好的学习，一定是"教"

与"学"共存的学习；在这个过程中，教师要"都在"："永远在""随时在"。教师要让学生在做你留的作业的时候，不是单单在跟几道题较劲，而是在跟你互动：见题如见老师，见题即见课堂；做的时候想着你，做完之后急着要找你。

<u>先学生做而做。</u>教师所设计的作业，必须自己先做一遍（有可能的话还要把自己换成不同的学生设身处地做好几遍）。先做，就是要保证学生收到且要完成的作业是没有差错的，还要保证作业是有效的、有趣的，还要保证作业的量是合适的。我很少见到老师"先学生做而做"，这是一大遗憾。这条原则，大抵与"原创优先"原则是统一的，教师在"原创"作业的时候，其实，必定已经做过了。

总之，说得官样一点：适量性，必要性，差异性，层次性，有效性，原创性，趣味性，合作性，探究性，挑战性，交流性，生长性；愉悦感，成就感，设计感，新鲜感，师生共同参与感。这些都是作业的属性。

听着好像很难，其实老师们都可以的，这事，只关乎态度。

假期作业

这里还要特别说一下假期作业。每逢暑假、寒假，这么长的空当，老师们是决不会放过的，就连学生自己，大多也不会"轻言放弃"。于是，教师布置假期作业，学生完成假期作业，就是假期学习的基本模式了。

虽说略为无趣，但倘若是"真学习"和"真休息"，也倒还好；就怕是"假学习"和"假休息"。

学习，还有假的吗？当然。真有，还不少。

其一，我们的教师是如何"布置"作业的？我见过为数不少的学校，在假期作业这件工作上如出一辙，他们不约而同地给学生购买《暑假作业》《寒假作业》。是的，市面上有很多嗅觉敏锐的商家，抓住"图省事"的心理，炮制出了各种各样的假期作业，供学校选购。实际上，这些封面不同、旗号不同的作业本，里边的内容和形式都一个样子，无非就是"题加题再加题"；区别也无非就是"配合某某版本教材"。也有不少学校是愿意自行编撰校本假期作业的，这当然很好（也是应该的），然而，依然只是"题加题再加题""东摘摘西抄抄"，本质上并没有什么不同。

这些题，和教学——已经结束的教学和即将开始的教学——大抵没什么关系，和教师，和学生，也都没什么真正的关联，只是出题人（抄题人）的一厢情愿。

这样的与自己无关的学习，就是假学习。

当然，我相信做做题，对于学习是必要的，对于提高成绩是有效的，对于假期也是可以有的。我只是换个角度在想另一个问题：如果假期的学习就等于学生自己在家做做题，那么，其学习效果怎么也比不上学生到学校里在教师指导下做做题，所以，为什么要放假呢？或者说为什么要放那么长的假呢？无论寒暑假，缩短一半，用其一半到学校"做题"，这样"玩"也玩好了，"学"也学好了，多好啊。

我的这个建议肯定有一点点傻，为什么呢？因为那一半的假期，肯定还是会有"假期作业"的，"题加题再加题"。我们的学校和教师，习惯之中，还是不太能接受"学生放假"，别说放假，就是周末也不能接受，要有"周末作业"；别说周末，就是每天课后的晚上也不能接受，要有"家庭作业"；别说晚上，就是课间、午间都不能接受，要有"课间作业""午间作业"。教师和家长，都乐见得学生和孩子"时时刻刻都在学习"，哪怕是在"做题加做题再加做题"，尤其是做完《每课》做《单元》，做完《高分》做《状元》，做完《真题》做《模拟》。

这样的为证明在学习而学习的学习，就是假学习。

其二，我们的学生是如何"完成"作业的？这个"完成"，会不会是"应付"？会不会是"对付"？会不会是"敷衍"？想想看，有多少学生是严格按照老师的要求和作业的建议，一天一天地写作业的呢？有多少学生是"得空写一堆，没空抛脑后"的呢？有多少学生是拖到了临开学前一天晚上再熬夜再拼命的呢？再说了，学生们的心里跟明镜似的："我就是没写完，或一点都不写，老师又能怎么着呢？"还有啊，现在的假期作业，一半都是选择题、填空题，分分钟搞定，有的作业本连题目答案都附在后边了。我做班主任的时候，检查学生们的假期作业，多半情况是：基本都做了，就剩两篇作文空着——一来没处抄，二来字太多抄着太累——你能保证那些做了的都是真做了的？

这样的看似学习了但未必真学习了的学习，就是假学习。

学习有假，难不成连休息也有假？别说，真有，还挺普遍。

第一种假休息，叫作"补觉"。以为平日里睡得晚起得早就"缺觉"，于是要趁着假期补回来，关掉闹钟，追求"自然醒"。殊不知，觉是不可补的；更何况在事实上，那些打着补觉旗号取消每日"起床号"的人，往往也取消了"就寝令"，只是将原先的"早睡早起"改弄了个"晚睡晚起"而已。

越睡越懒，休息就成了假休息。

第二种假休息，叫作"补玩"。以为平日里亏待了自己，于是没"刷"的手机不离手地"刷"，没玩的游戏不间歇地玩，没追的"泡沫剧"转着台地追。玩，为什么要补呢？难道平日里不能玩吗？既然不能，那必说明其有害，至少弊大于利，那么这样的"玩"放到假期里来做就无害了吗？

越玩越累，休息就成了假休息。

<u>第三种假休息，叫作"自由"</u>。就是不计划，不安排，想怎样就怎样，想干什么就干什么（想不干就不干），美其名曰"随性""顺其自然""无拘无束"。假期生活无作息规划或有规划而不能执行，是很多学生假期"休息"的常态。与平日在学校规律的学习生活相比，假期就因过于随意而明显散漫。

越散越乱，休息就成了假休息。

假期，就是"合理休息加合理学习的生活综合体"。何为"合理"？就是要合乎"假期之理"。

假期之理，首先是时间长，其次是自主性。那些需要集中一个较长时间（一两周乃至一两个月）、学习者可以独立自主完成或需要从校外获取学习资源的学习任务，最适合利用假期进行，比如阅读、搜集、整理、调查、出行、参观、考察、研究、体验、创造等。但凡需要用以上动词来描述的"题"，才是假期作业的"真题"，因为这些都是平日里无法（至少是不方便）开展的学习活动。

假期之理，还表现为计划性和系统性。"21天定律"告诉我们，假期是习惯养成的最好时期。作息习惯、锻炼习惯，以及学习和生活的各种期望习得的习惯，都可以利用假期时间获得相应的训练。最好的休息，不是"什么都不做""尽量少做""想做就做、想不做就不做"，而是"有计划地做""有节奏地做""按部就班地做""劳逸结合地做"。假期与平日，都是一个道理，所不同的，无非就是"张弛之度"罢了。

要想获得一个有意义的假期，其实并不难。读几本书，学个新技能，去个新地方，琢磨个问题，每天坚持跑跑跳跳，养成一个好习惯或改善一个坏习惯；写写作业，回顾一下学过的，展望一下将学的。

无论哪种，大凡基于"作业"的学习，都要慎而又慎，真而再真。

考试是一门专业

说起考试，真是一件有趣的事情。

长期以来，我们一谈考试，大抵就是以下事情："考点"是否覆盖了考纲？"考卷"是否模拟了中高考或市区统考？"难度"是否对标了同等学校？（于是我们热衷于联考、模拟考，乃至全学段冲向中高考。）"组考"是否维护了考场纪律与秩序？"阅卷"是否客观准确公正公平？"考分"是进步了还是退步了？（于是我们汲汲于各种数据，乃至小数点后三位四位。）"考后"是否召开了分析会、表彰会和家长会？

当我们被困在这些名义和指标的漩涡中，我们的工作也似乎一直处于受挫状态。每场考试，教师如此，学生如此，家长如此：没有人是赢家。

考试如此牵动人心，我还是在我自己做了家长之后才深有体会的。我给大家讲一个我亲身经历的故事。

女儿放学回家，开心地向我们报告说她数学测验考了96分（我和她商量好的标准就是不低于95），我和她妈妈都很开心，她妈妈还是要求她将错题的正确答案抄写了三遍。第二周，女儿数学测验得了98分。她妈妈得出一个秘诀：错了就要罚抄，管用！嗯，一切平安，又是一周。

第三周，女儿没有主动汇报，我以为她要给我一个100分的惊喜，就去问，没想到女儿红着脸吞吞吐吐："我考了75分。"天哪，考试成绩有波动正常，但也不至于这么断崖啊。她妈妈闻讯冲进书房："好了吧？叫你们周末出去疯玩吧？你说就玩一天不会耽误学习的，你看吧！"我赶紧认错"下不为例"。这周，她妈妈盯得紧紧的，女儿也是躲在屋子里不停地写啊算啊抄啊，然而还是被抓了个现行。妈妈下班回家一推门就看见女儿飞快地把什么东西塞回抽屉。

第四周，女儿依旧没有主动汇报数学测验的成绩，我总认为她上次是失手，这回怎么也会有进步。然而，女儿的状态已经变得我认不出来了，她死活不说。我从她书包里翻出卷子：75分。看来她妈妈是对的，要不是还能守住最后的那一点点修养，我当时真是会憋不住火气。

时间总是能将故事反转。等我平静了坐下来，要来女儿这四次测验的卷子翻了一下，我的满腔怒气又一百倍地升腾起来，不过，这次的矛头，是她的数学老师。原来，前两次的试卷都是A3纸还正反面几十道题，而这第三和第四次测验：A4，单面，四道大题，每题25分；并且，只要有错，该大题记零分！于是，经常丢一点落一点的女儿，两次自然都是75分。

我不知道这位老师还会不会在第五次测验中继续只出四道题，会不会继续他的评分标准。如果是，我断定女儿还可能拿个"50分"回家——不，她会回家吗？各位读者，可以发挥一下你的想象，设计一下这个家庭的剧情。

我就是从这个时候，才开始思考"考试"这件事情的。

我们一起来回顾一下我们再熟悉不过的"考试"，究竟是个什么东西：

开学后，老师教了一段时间，学生也学了一段时间，某个时候（可能是一个月，可能是一两周，也可能是"突然"），老师（也可能是学校）觉得"该"考一考了，就考了："同学们，下周（也可以是明天）考试。"

于是，教师开始组卷、组考、阅卷；学生尽管答题。等彼此都拿到分数，便有各种会议（家长会、学生会、教师会），拿着一大堆精确到小数点后几位的数字，颠来倒去地排序，各种眉目地算百分率。等各种会议总算开完，然后进入下一阶段的教与学，一如既往。

考的时候，有的教师也不知道要考什么，就拿过手边能找到的现成的老试卷，再去网上搜一些各地各校的各种题，剪剪贴贴，凑成一份试卷；有没有错，有没有效，有时无暇顾及。学生呢？不知道什么时候将会考试，也不知道会考什么，试卷到手，做就是了，会的就写，不会的就蒙；然后迷迷糊糊地收到一个不知道能说明什么的得分。

过了一段时间，好像又"该"考一考了……

在这种不定期、不系统、没规划的无休止的考试中，学生屡战屡败，在自怨自艾中也练就着抵御各方来袭的本领；教师呢，便因屡屡失望而屡屡生气，在不断地抱怨中形成推诿责任的惯性。

依照"课程即活动"的观点，学校里的所有活动或环节都可以也应该都是课程，考试也不例外。课程的专业意义，就是要让学习主体通过课程学习发生某种必然的进步。那么，学生通过考试，也应该发生与考试相关的必然的进步来。

一场考试的专业意义，就是要让考试之前"不够自信""不太会学""不大喜欢"的学生，通过考试，变得"更自信""更会学""更喜欢"；而不是像现实那样做得相反：考试成了打击自信、生产迷茫、消磨兴趣的罪魁。

让学生"更自信"

能够让学生"更自信"的考试，就必须让学生在考试中"学有所得"。

自信，总是源于"一分耕耘，一分收获"。

据我的经验，一场能够让学生"更自信"（起码保证"不伤自信"）的考试，其及格率不得低于90%（低年级应该再高一些），其平均分应该在总分的80%~90%（低年级可以高一些，但不宜过高），其优秀率不得低于30%（低年级可以再高一些）。此外，每场考试都应该有不低于10%的学生获得满分或接近满分（低年级还不应该太少），这样的考试，就是能够让学生"所学即有所得"的考试，是不会伤害学生自信心的考试，是可以激发更多学生"更自信"的考试。

想方设法帮助学生得分，才是考试的真正使命，才是教育的初心。所以，要想学生"所学即有所得"，前提就是教师做到"所考皆有所教"和"所教便有所考"。教（学）了什么，就考什么；怎么教（学）的，就怎么考；怎么要求的，就怎么评判。比如，平时要求背诵，那考试就得有默写；考试要求字迹工整卷面整洁，那平时就得有这方面的训练；现阶段作文教学的主要任务是提倡书写真情实感，那么学生写了真情实感的就应该得更多的分；一再强调计算要有步骤和格式，那么评判的时候就不能仅以答案对错论英雄。

教、学、考、评，都做到值得信任，学生对学习便是自信的。

让学生"更会学"

能够让学生"更会学"的考试，就必须帮助学生通过考试"学有所法"。学习的方法，不是听来的，也不是看来的，而是"体验"来的。如果一场考试是具有"全过程"的，那么考试就是学生体验并寻得学习方法的最好的课堂。这个"全过程"包括：上一场考试的学法导向，在之后的教学中持续要求，然后在这一场考试中给予激励，并通过试卷讲评升华和固化有益的学法。学法的习得，最忌讳的就是考试只讲"知识与技能"的结果，不讲"过程与方法"，不讲"情感态度价值观"。

好的考题，本身就是"学法"；好的试卷，本身就是"讲义"。试卷应该告诉学生"怎么学"，甚至直接为学生答题提供"现场学习的资源"。"现学现卖"，考的才是"学习法"和"学习力"。我们可以清晰地看到，近年来无论是中考还是高考，其试卷都已经呈现出了这种趋势。

一场有意义的考试，要能够使得学生"尽管考前不太会，但我现场学会了""尽管考试出错了，但我知道以后怎么学了"，而不是适得其反：考前会的，考试时都不会了；考试尽管对了，但不知道这样学以后还能不能继续得分。

让学生"更热爱"

能够让学生"更热爱"的考试，就必须让学生"学有所乐"。学习（劳动）的快乐，源于"凡学者一劳一得、勤奋者多劳多得、聪明者优劳优得"。现实的考试，有一种常见（但实际上是很奇怪）的现象：认真且勤奋的学生，未必得高分；聪明且有创意的学生，也不一定得高分；而个别懒惰但善于投机的学生，竟然能意外取得不错的分数。究其原因，自然是考试本身不够严谨，不够科学，不够友善，总之"不够专业"。认真、细致、勤奋、严谨、努力、聪明、灵活、创意等，都应该受到考试的鼓励和奖赏才是。如此，学，方有所乐。

以上目标的前提，是学校（或老师）拥有命题、组考、阅卷的完全自主权。在国家大力简政放权的大趋势下，校长要努力为学校赢得考试自主权：适合校本学情的考试，才可能是有益的考试；除了中考、高考等属于政府事权的选拔性考试和终极评价性考试之外，其余考试，都应该掌握在学校手里。

当然，这个前提的前提是：学校（老师）要具备足够的"组织考试"的专业能力。

学校（老师）具备"组织考试"的专业能力

首先是"命题"。

长期以来，普通教师因被剥夺了"考试自主权"而基本丧失了"组织考试的专业能力"。我以北京四中房山校区某年期末考试试卷为例（尽管此前已经经过期中考试命题培训，所有教研组长信誓旦旦地保证试卷无误），在我抽查的结果中，发现试卷问题无数。如学生放学回家的速度堪比短跑运动员，学校能买来24.87本《红楼梦》……还有：试卷总分都事先写好了，题号对不上！错别字！概念表述错误！答案都写好了，选项错误！该题没答案！标点符号错误！试卷格式混乱！该加点的没加点！题干在页尾！读图题没图！试题和答卷对应不上！图片根本看不清！分值标注错误！前边的试题在后边能找到答案！试题赋分没理由！题干表意不清楚！问题指向不明确！怎么答都算对！试题答案无逻辑不现实！……

这样的考题，当然无法发挥考试应有的价值，它只会成为师生之间的相互折磨。仅仅是要求把试题出正确，我们的路都还很长很长。但是，这条路，谁也不要逃避才好。

为什么考试？只有中高考和竞赛才是为了"评价"，对于在教与学的过程中的考试而言，检测和评价只是行为，促进和改善才是目的。即：考试，就是另一种"教与学"！

如何让"考试"成为另一种"教与学"？

第一，在学习刚刚开始的时候，就要将考试的事情告诉学生：什么时候考？考试的内容是什么？试卷的评阅标准是什么？考试的评价方式是什么？考试的结果如何使用？等等。没有哪个运动员是进了赛场都不知道比赛内容也不知道比赛规则的。提倡教师在考前（越前越好）撰写《考试说明与备考建议》并给到每一个学生，包括考试内容及范围、考题形式及数量、复习方法及例题、考试要求及标准等。

第二，教什么，考什么；怎么要求，怎么评价。教了的，必须考；凡考的，必须是教过的；教学中强调什么，考试就通过命题比重、赋分比重、阅卷尺度等来突出什么。

第三，分析和讲评，是为了往后更好地学习。试卷分析，要以全部学生为整体，反思"教学思想理念及相关设计"；也要以每个学生为个体，反思"全面关注和因材施教"。试卷讲评，绝不是"把不会的题和不会的知识再讲一遍"。试卷讲评的意义，在于从试题到知识再到能力方法，"树立并鼓舞"学习自信与考试自信；从试题到书本再到学科规律，"总结并发扬"学习经验与考试经验；从试题到课堂再到学习过程，"寻找并改进"学习问题与考试问题。提倡教师在考后（越快越好）撰写《考试评析与学习指导》并给到每一个学生：包括试卷各题得分情况、全部试题详细解答、重点试题详解及示例、从考点分析到学习指导，等等。

考前的《考试说明与备考建议》，考后的《考试评析与学习指导》，是我在教学时坚持得比较好的做法，前者在三五千字，后者往往是一万字以上，装订成册，恭恭敬敬地送到学生手里；再加上一份精心命制的《试卷》，这三份材料，就是"考试全过程"的一个缩影。

再说"补考"。

这个在大学里常见的事情，到中学尤其是小学却并不多见。大学里还可以见到的某学生因为补考不及格而不能毕业的现象，在中小学尤其是义务教育阶段就变成了"你想不及格都难"或者"尽管你不及格但我也得让你毕业"，于是，补考这件事情，就没了。

我主张中小学校也要有补考制度。不过，我说的"补考"，不是仅仅"借以吓唬"的，而是真正的；不是为了不让学生毕业，而是为了促进学习。如果说"考试"是另一种教与学，那么"补考"就是最有效的那一课。

补考的条件是：总评成绩（不是某一场考试的成绩）不及格。总评成绩＝考试试卷分数的60%＋平时成绩的40%。平时成绩，其计分方式是师生事先约定好的，其满分也是人人努力均可获得的。

这些都不难理解，尤其是当年上大学"被补考"过的，对此就太熟悉了。难点和关键是"补考成绩"的计算办法。很多学校采用的是"补考试卷"的成绩，这就有两个问题：第一，若不是补考试卷的难度大大低于原考卷，刚刚考试还不及格的学生怎么就能在补考中及格呢？第二，这种以降低考试难度为手段的补考，又如何能促进学生的学习呢？因此，传统的补考，只是在考前"吓唬吓唬"脸皮薄的学生对考试要"严阵以待"，万不可怠慢。这也充其量只是鼓励和鞭策了"临时抱佛脚"的做法，于其更远的意义是寥寥的。原因就在于"补考成绩"与"平时成绩"脱了钩。

因此，在"补考成绩"的计算中，"平时成绩"不仅占比不能降且得分不得改。"平时成绩"过低的学生，一来他大概率要补考，二来他补考也几无可能及格；相反，"平时成绩"较高的学生，即便学习结果差一些，他大概率也很难会沦落到需要补考。强调"平时"好好学，重在学习过程管理。既"已往之不谏"，唯"来者之可追"。谁也不能抹杀或篡改过去的事情，只有"改进明天"，这才是补考的意义。

平日里都"好好考"并"考好了"，特别时候的中考、高考，也就好了。

第八章

读万卷书与行万里路

去学校读书，是天经地义的事情，我们甚至还把"上学"这件事直接称作"读书"。除了少数眼里只有分数的人，大多数校长、家长、老师都是希望学生多读书的；除了已经被考试异化了的人，大多数学生也是想读书、爱读书的。

我们很容易过分强调读书的意义，给人一种"不读书就不是好学生"的道德压迫感，反而会抑制甚至会掐灭学生的阅读兴趣。很多学校喜欢给学生列出阅读书单，长长的一串，每一本都是大部头，还冠以"必读"字样，然后，动不动就要求写不少于800字的读后感，时不时就开个读书会要求发表读书心得，隔三岔五就来个读书评比看谁读得多读得快，甚至连借书也攀比，这就难免要事与愿违了。

打造"书香校园"，自然是美好的初心。书满校园比较好办，但能不能"香"起来，又是另一回事。光是把图书馆切碎打散在校园的各个角落，而学生课间不许出教室，放学就被赶回家，那又有什么意义呢？

作为教育一部分的阅读，怎么施行教育该有的强制性？作为精神生活的阅读，又怎么保护精神生活该有的自主性？这些都是校长需要思考的问题。

读书还好，学生要离开学校出门去远行，似乎就不那么好接受了。尽管教育专家苦口婆心地说"世界才是课堂"，就连政府也发文倡导校外教育（如参观、郊游、研学等），但是，真正走出校门的，依然还是少数，还是偶尔。

经费问题倒在其次，安全责任才是压在学校身上的一座无形的大山。怀着多一事不如少一事的心态，极少有校长愿意自找麻烦。于是，学生极少有机会走出校园。

我也害怕"安全事故"，怕得要命。所以，对以上情形我十分理解。然而，据我所知，大多数学校不愿意开展校外教育活动（比如出去走走）的最大忌惮，并不是"害怕"，而是"舍不得"。舍不得停下几节课，才是大多数学校的软肋。有些学校连开一天运动会都要找时间把耽误的课补回来，就是一个极好的明证。（还有更典型的做法，是要求运动会当天学生都要背上书包带上书本和练习册，有项目的参加项目，没项目的看书做题。）

"身体和心灵，总得有一个正在路上"，说的就是"读书""行走"之于人生的意义。不能好好读书，不得自由行走，那教育还有什么必要？

读书不是你的义务

我自己所能记得的人生正儿八经读到的第一本书，好像是《少年文艺》，它几乎陪了我整个小学5年。如果再想想读了别的什么书，大概要算上父亲办公桌上的《半月谈》；当然还有那个年代每个男生口袋里书包里课桌抽屉里都会藏着塞着压着几本的连环画《西游记》《杨家将》……初中时，小山村里竟然也流入了琼瑶小说，那本被包上语文书壳的《几度夕阳红》，是我躲在被窝里打着手电筒完完整整一字一句一口气读完的。高中在县城，那是一个文化荒漠的年月和地域，历史课本可以从头背到尾，地理图册可以记得任何一个比跳蚤还小的地名；但我怎么也想不起除了教科书之外还曾读过什么别的书。

17岁，高中毕业，我就是带着这么一点点的墨水，走进省城上的大学。我第一次知道世上还有图书馆，第一次知道还有人读过那么多的我从未听说过的书，第一次路过和萝卜青菜摊挤在一起的路边旧书摊。我忽然爱上逛旧书摊，不是爱上读书，而是爱上了买书的感觉。旧书都论斤称，饿一顿肚子的钱，基本就可以扛回来一大捆书。几趟下来，集体宿舍的单人床边就摞成了一堵书墙。我睡上铺，那些书压得床板吱嘎作响，惹得下铺兄弟几年抱怨。我在大学里练就了一个特异功能：在堆了五六百本书的上铺，我竟能扒出一大片睡觉的地方。

我一直觉得，一个人爱上读书，一定有读书之外的缘由。比如像我一样只是因为喜欢买书，喜欢满墙满架满柜满床满箱满地的满眼皆书的样子，满腔里积聚着对年少时期无书可读的剧烈的报复感。

我也一直觉得，除却应试，读书总是一件自由的事情，它只关乎我自己，与世界无关。美国唐娜琳·米勒（Donalyn Miller）在《书语者》中写道："阅读不是义务，没有必要把它变成一件不愉快的事情。"

刚参加工作时我在一所中学当老师，教语文。办公室并不宽敞，而我却极不懂事地——也实在是别无他处可供安放——将上千册书搬进了办公室，占满了屋里的所有的柜子、墙角、桌底。那个时候还没有网络资源，求学求问的最好途径就是翻书去找；备课时遇到任何问题，好像都能从这堆书里找到答案。这些书，一直跟随着我，从家到办公室，从办公室又到家；从京城的东边搬到西边，又从西边搬到南边，载着我这样一个"菜鸟"语文老师得以登堂入室。后来，网络便捷了，鼠标和键盘就能搞定一切，那些城墙砖一般的辞书，最后被我一块一块地遗忘在了我所走过的学校图书馆里，或是走廊的某一个书架上。

"读书有什么用？"这是家长（也有学生）经常向我提出的问题。

有一年"读书节"（4 月 23 日"世界读书日"）给学生做演讲，我说："我们有无数条成长的道路，阅读只是其中一条，但它是最便宜的那条。"

是的，不读书（或不怎么爱读书），其实并无大碍，只要你还有别的"求知"路径，比如"听君一席话，胜读十年书"，如果你经常"听话"，效果兴许比读书还好。只不过，没有比"读书"更"便宜"的了：一来是便（biàn）宜，二来也便（pián）宜。

很多人会说"读书其实没用"，当然他说的是"无用之用"的"没用"。不过我以为"读书"大有用处：读书能帮助自己长本事，读书可以知道世界很大，读书让闲暇变得有情趣；另外，就功利而言，读书兴许还能帮助你提高学习成绩；读书最根本的价值，在于"读书是为了更愿意读书"。

"读书是为了更愿意读书"，这是我的话。愿意读书，乐于读书，将读书视为生活的一部分，是读书的最高境界。书，之于人们，和一杯茶、一首歌、一场约会、一次旅行一样就是了：随性，不刻意。

至于"读什么书"，也是经常会被问起的普遍问题。我以为，除了极少部分比较劣质和低俗的书外，书店里几乎没有孩子不可以看的书，也没有孩子读了没用的书，关键在于只要是孩子愿意读的书就好，被要求的事情，其效果总是要打折扣的。

当然，书本身是有优劣之分的，读好（hǎo）书与好（hào）读书，同样重要。校长要尽可能地关注学校图书馆的图书采购工作，努力为学生选购好书。每每学校采购图书，我必定要亲自审查书单里的每一本图书。在这个工作中，发动教师、家长和学生一起编制图书采购清单，也是一件很有意义、饶有兴味的事情。这本身就是教育。

我相信父母都是愿意陪孩子去书店的，但我不确定我们辛辛苦苦地"陪"了是否真能如我们所愿。我曾经有一段时间，特意到北京的图书大厦去蹲点，我是想去做个调查。我所看到的普遍现象是这样的：

父母（往往是妈妈）和孩子一起，推着购物车，在书店买书。几乎百分之百的父母，都会对孩子选好放进车筐里的想买的书进行一一审核："这本不错""这本不好""你买它干吗""这类的书你上次买的还没看完怎么又买新的"……然后就开始推荐："这本好，我同事就给他孩子买过""这个你也应该买来看看，听说高考都要考啊""这本好，讲怎么写作文，你的作文就该好好练练"……当孩子走向"青春""明星""动漫""流行"专柜的时候，家长们就立刻如临大敌："那边别去，那些书你们就不该看！"

你知道这些故事的结局都是什么吗？能有孩子愿意跟这样的家长逛书店吗？如果非要跟着，孩子还愿意买书吗？还会喜欢看书吗？我们为什么就不能容许孩子按照自己的喜好，去挑书买书借书看书呢？那段蹲点的日子里，我看到了太多类似场景。父母还一脸委屈"我都是为你好啊""我是爱你的""妈是过来人"，孩子更是一脸郁闷"我跟你有代沟""我很烦你"。

大人都有替孩子做主的惯性，但既然是"陪"，就不是"主"，也不要试图"做主"。记住，当你和孩子一起逛书店的时候，孩子买孩子的书，你买你的书，可以互相交流，但不可彼此干涉。

因此，对于逛书店这种事情，我历来主张"独来独往"。读书人不要呼朋引伴，要学会专注，要享受孤独；甩开所有牵挂、顾虑、羁绊，把自己溶解在书堆里就好。

很多人（大人和孩子都有）总是抱怨"没时间读书"，是的，大人有一堆的工作要忙，孩子有大把的作业要写，没有人是闲的；也有很多人抱怨"没有地方读书"，周遭嘈杂得很，没人真能住在世外桃源。

《书语者》中，唐娜琳·米勒说："总有一个时间，总有一个地方，可以用来阅读。"真爱阅读的人，是可以闹中取静的，是有能力制造孤独的。像陶渊明一样"结庐在人境，而无车马喧""问君何能尔？心远地自偏"嘛。不信你试试，当你沉浸在阅读中时，整个世界都会为你安静下来——我说的是真的，打扰一个正在专心读书的人，那真是一种无法自赎的罪过。

你不喜欢读书，也许是你身边的人没有阅读的习惯。父母、师长、同学、伙伴，哪怕有一个爱阅读的人，你都会自然而然地拿起书来。唐娜琳·米勒还说："假装爱上，然后真的爱上。"这与我常说的"从附庸风雅开始，然后，真的风雅起来"异曲同工。

我以为读书要能登堂入室，大抵有三层（三进）。第一层是"常""多""广"。不管三七二十一，先读起来，读出习惯来，读出一定的量来，要多、要杂。第二层是"读""抄""引"。要想让所读之书与己有关，就需要刻意建立"关联"。诵读，书便入了口；摘抄，书便入了手；引用，书便入了脑。第三层是"批""研""评"。这是输入之后的再输出，是阅读的二次创作。此时的阅读，读的是"自己的书"：它加进了自己的思考、观点和感受、体验。

其实，爱读书和善读书的人，他的整个生活就是一本大书。谁说逛逛博物馆不算读书呢？谁说出门旅行不算读书呢？哪怕就是"刷刷"手机，谁又能说一定不是在读书呢？

行走在成长的路上

还记得梅贻琦先生那句比喻吗？"学校犹水也，师生犹鱼也，其行动犹游泳也。大鱼前导，小鱼尾随，是从游也。从游既久，其濡染观摩之效，自不求而至，不为而成。"梅校长说的是师生共处的关系，尽管我们今天不可能再像古代书院那样师生同吃、同住、同学，但也应该努力让师生多多地"在一起"。

于是，我在北京四中教书的时候，"游学"的想法，就这样在语文组办公室里诞生了：带着学生，一路走，一路学；同吃，同住；朝朝暮暮。在其他学校的游学还是零星的偶尔的活动课程的时候，北京四中的游学从一开始就是全员必修课程。当然，师生相处，只是游学的意义之一，完整的游学课程，还有很多别的内容、别的价值。

"人文"有多宽，"人文游学课程的内容"就有多广。我自己参与过、设计过、组织过的人文游学课程内容，也有很多："人文游访"（以历史、文学、文化为主的圣地参访），"名校访问"（体验不同的学习方式和校园文化），"自然风景观赏"（欣赏山水等自然风景，体会风土人情），"科学考察"（以实地考察、科研体验为主），"支教扶贫"（前往贫困地区借助个人知识与能力开展力所能及的社会公益实践），"社会实践"（进行社会主题调查或体验职业、参与劳动），等等。

我以为，所谓"团队旅游"，指的是"经有限选择后被动地消费旅游产品的感知性游览。它以风景和风俗为主要内容，其价值在于求新、

"游学"的意义

在于懂得"世界与我有关"

其价值在于深刻

求异、求奇"。而"人文游学"则是"在课程自主开发的前提下由旅行社提供行程保障的体验性学习，以还原知识过程和探求文化本源为主要内容，其价值在于寻真、寻本、寻故"。"旅行"的意义，在于知道"世界非常精彩"，其价值在于丰富；"游学"的意义，在于懂得"世界与我有关"，其价值在于深刻。

"游学"，就是一场"移动的课堂"，是一个"移动的学校"。"游学"所呈现出来的"团队"，不是"旅游团"，而照样是一个学校。照样有校长，有班主任，有学科教师，有导师，当然还有学生。照样有上课、下课、放学、讲座、课业、就寝、起床、晨读、锻炼……

国家必修课程，强调的是它的基础性、普适性、全员化和标准化；而校本课程，则主张"个性化""自主化"，强调它的"兴趣""爱好"。作为校本课程的"游学"，师生应该拥有完全的自主选择权，这也是游学课程能够获得更好的实施效果的重要前提。师生自主形成"课程团队"，负责游学课程的设计、招募、组织及实施。于是，关乎游学课程的各种"策划会""说明会""招募会""启动会"，你争我抢，热闹得很。

"游"本身，就是课程的重要内容，因"游"而成的"学"，才是游学的核心课程，否则，游学就丧失了出门去学的意义。所以，学校对于游学课程的研发，要着力于"游"，然后才是"学"。教师（课程研发的主导者），应该将"游"的问题，设计成各种各样的研究性学习专题课程，带领团队成员（特别是学生），进行相应的课程建设。同时，这些学习内容和形式，不只存在于游学的实际过程中，它会从游学的筹备阶段就开始，并且一直延续到游学结束之后相当长的一段时间里。真正出"游"，其实也顶多就是一周半月的，它并不是课程的全部；作为"课程"，游学，一定是一个长长的过程，一般来说，从头到尾要持续将近一个学期。

游学课程的三维目标

跟所有的学科课程和学科教学一样，游学课程也有它的三维目标。

在"知识与能力"的维度上，主要指向"道德规范"，包括常识、生存、交往、集体、自律、规则、包容、礼貌、公德、服务等；这个维度的目标，要依赖于"组织与集体"的建设来达成。

在"过程与方法"的维度上，主要指向"体验现场"，要学会咨询、倾听、交流、欣赏、表达、参与、识记、思考、理解、感受等；这个维度的目标，要基于"知识与学习"的展开来实现。

在"情感态度价值观"的维度上，主要指向"养育精神"，包括反思、评价、拓展、提升、寻求、改变、否定、重构、修养、品质等；这个维度的目标，就必须站在"文化与生命"的精神高度来追求。

有了这样一个课程目标的框架，游学的课程面貌就会变得清晰起来，接下来的课程设计和课程实施乃至课程评价，便有章可循。

比方说"知识与能力"目标，这个目标课程的课堂在哪里呢？教材是什么呢？你看，出门前的箱包整理（收纳能力，包袱自理，财物安全），游学路上（安全自护，交通规则，跟队识路，准时集合，卫生自理，让座礼仪，旅途消遣），每日餐桌（文明卫生，就餐礼仪，节约粮食），每晚酒店（逃生自救，文明住店，接受服务，舍友和睦），各个景点（守护秩序，文明游览，聆听讲解），友好学校（遵规守纪，友好交流，不卑不亢），寄宿家庭（安全自护，文明礼貌），街市商场（安全自护，市场规则，消费管理）……这些，都是课程的内容和课程的形式，是课堂，也是教材。

再比方说"过程与方法"目标，这个目标课程的课堂在哪里呢？教材是什么呢？游览，讲解，讲座，晨读，晚课，项目，札记……都是课堂。游览过程中的行走探寻、耳闻目睹，景点讲解时的认真聆听、主动提问、积极思考，聆听讲座时的认真笔记、积极提问，每日晨读时的行前预习、专心诵读、享受氛围，每日晚课时的热情参与、安静倾听、主动表达、积极交流，项目学习中的热情参与、主动合作，每日札记要保质保量、坚持记录、认真反思、用心书写、修改整理、积极投稿……这些，都是教材。

最后说说"情感态度价值观"目标，这个目标课程的课堂与教材，可能是最困难的，也是最紧要的。很多同事朋友在听我讲述人文游学工作的时候，都会感慨："哎呀，我们做不了呀。"他们所说的"做不了"，大多是在这一点上。我们会将这个维度的课堂和教材，设定为尊重知识、感悟道理、体验情绪、欣赏美、敬畏崇高、感受精神和树立信仰……这个时候，课堂无处不在，教材无处不是，但核心是人，是教师。具体而言，游学团队和游学课程里，需要有"文化导师"，需要有"精神领袖"，这个人，是能够将所有的资源，都转化为"情感态度价值观"的目标课程的课堂和教材的人。的确，这样的老师，不是随处都有的；然而，我们每一位老师，都可以努力成为，都应该努力成为。

如果换一个角度来阐释刚才所说的"三维"，那就是游学课程的"三问"——三个重要的问题："我和世界如何相处？""我看世界有多大？""我的世界什么样？"具体说，就是："道德规范"，就是要教会学生如何与世界相处；"体验现场"，就是要带着学生去看看世界有多大；"养育精神"，就是要为学生的自我世界进行文化塑形和精神塑形。

游学课程要达成的三个境界

游学课程要努力达成三个境界：第一个境界要求管理奠基、教育夯实，为的是"走出教育来"；第二个境界是知识搭台、过程导演，为的是"走出教学来"；第三个境界是文化唱戏、精神收场，为的是"走出文化来"。

比如某项游学课程的领导团队，我们就会将其定义为：游学课程设计者、对外事务协调者、团队秩序管理者、衣食住行保障者、团队形象宣传者、知识见闻传授者、文化精神引领者。我们在选择课程领导者的时候，也是有条件的，有要求的。比方说，你是一个身体健康的人、外出生活能自理的人，你具有长距离徒步行走的体力、有随时工作的精力，你有很好的集体观念与合作意识、能够适应各种环境（地形和气候）及风俗，最重要的是你还能时时、处处作为学生的学习表率，那么，恭喜你，你可以胜任最基本的课程领导功能"随队教师"（注意，只是"随队"，你只是跟着，陪着，帮着，实际上还谈不上"领导"）；除此之外，如果你还具备良好的社会交往能力（沟通、谈判、诉求、求助……）和广泛的人文知识（历史、地理、文学、民俗、艺术）及生活常识，还有良好的团队管理能力，那么，你就可以成为"带队导师"（注意，是"带队"，并且是"导师"，也就是说，你可以开始参与管理，参与建设，参与指导）；然后，不仅如此，你还具备游学课程的设计开发与实施能力，哦，你肯定已经是凤毛麟角的那位了，很自然地，"领队导师"的角色，就非你莫属啦。

我们在组建各个游学课程的领导团队的时候，也往往采取"自行招募，自主组合"的办法，让老师之间自主进行双向选择。然后你会看到，某种领导力突出的老师，就特别地受欢迎，成为大家争抢的优质资源。比方说，你善于对外沟通与协调，那你就能够负责保障游学活动安全顺利进行，保障游学课程效益最大化，维护团队良好的形象。如果你是一个"心中有序，眼中有人"的人，那你就能够作为"团队秩序管理者"，负责交通集合与场地集散，负责人身安全提示与保障，负责列队行进安全管理，负责公共场合秩序管理，负责团队人员考勤管理，等等；这种人，"口中有令，手中有旗"，是团队中最受欢迎的人。如果你是一个"暖男"（"暖女"也可以），你就会成为"衣食住行保障者"，在行程之中关注气候变化、提醒衣物增减、防雨防晒、协助三餐、关注餐礼、提醒卫生、杜绝浪费，安排入住、管理就寝（夜间值班）、负责催起，关注团员身体状况、照顾病号伤员等，这也是团队里备受尊敬的人。如果你是一个外向型的开心宝贝，哈哈，真是难得，你将会成为"团队形象宣传者"，也就是形象大使。你善于鼓动热情，调动积极性，活跃气氛，你就负责情绪激励。你会拍照，会记录，那你就负责每日微信宣传。你主意多，灵活应变，那你就负责组织晨读、集体留影，并能策划和组织生成性活动。你有良好的文字功底，那你就可以负责编撰行前行后文集，指导游学汇报演讲。总之，技多不压身，绝不必担心你没有用武之地。

还有两种人，他可能没有（或没必要有）以上所说的某种具体的领导力，但是，如果他见多识广、博闻强识、善于表达、乐于传授，他就会成为团队的"活字典""百科全书"；如果他是"读万卷书，行万里路"的典范，是"有学问，有思想，有精神，有信仰"的楷模，是随身携带人格魅力的可以"以人育人"的好老师，那他就是"精神文化的引领者"。这两种人，更是不可多得。

一所好学校，需要有一支优秀的教师队伍。你看，这游学课程，就是一个非常明显的案例。换句话说，一所学校，能够在游学团队中配齐这些"各式各样""各显神通"的师资（还不止这么一两套人马，同时开设 N 条线路 N 门课程都不会闹"人荒"），那么，这一定是一所优质的学校。

这样的师资，都不是天生就有的，也不是可以随处招来聘来挖来的，那都是在学校自身的工作中培养和历练出来的。

游学课程，作为校本课程，它的实施时间其实是比较灵活的，学校完全可以选择最合适的时间做自主安排。在我看来，既然是课程，尤其是当一所学校希望将这个课程做成全体性的校本必修课程时，那么，还是应该安排在上课期间比较合适，这样不会占用全体师生本应享有的合法假期；但是如果是少部分师生的游学，安排在假期更好，以免干扰学校的正常教学秩序和生活秩序。

既是课程，就要占用课时。有人会担心："占用上课时间，不会影响教学吗？您知道我说的是成绩。"如果一个学校、一个学科，因为少上了三五节课就会要了命，教学质量就会受到明显的影响，那么，一定是这所学校的教学本身和这个学科的教学本身出了大问题，和游学无关。实际情况恰恰是这样的，当我们将游学课程做成真正有效的课程时，这件看似"耽误了时间"的事情，反过来大大地促进了学生的学习。这个，只有做过且认真做过的人，才会有真切的体会，才会真心相信。

很多人问我：游学何用？

我说：

"自觉的生命需要独立练就。整理行装、选择交通、购买服务，辨识地点、判断天气、待人接物，应对意外、交谈相处、接纳包容、人情来往，参观听讲、提问互动、演讲讨论、研讨探究、信息技术……

这些都是每个人生命中必需的能力，而这些都无法在围墙内和书桌前获得，只有出门，只有在路上，才能获得生活的自理能力，以及生命的自觉。

"强大的生命需要丰富的阅历。高山、草甸、江河、沙漠、草原、丘陵、海洋、森林、沼泽、戈壁、湿地、沙滩、冰川、雪山、高原、盆地、热带、温带、极地、赤道……都是养育生命的温床，环境是丰富的，生命就是强大的。

"厚重的生命需要文化的现场。那些携带着文化的知识，和那些与知识无关的文化，是必须在文化的现场学习的，比如历史、文学、地理、艺术……所以，你应该经常出门去，去远处的历史遗迹、名人故居、文化圣地、自然景点，去近处的博物馆、艺术馆、图书馆、科技馆，去中原、江南、塞北、岭南、西北、西南、川藏、港澳台……全世界，都是绝好的去处。

"伟大的生命需要广阔的宽度。有人说：'我们无法决定生命的长度，但我们可以决定生命的宽度。'出门走走，你就拓宽了自己的生活半径，以此为半径的那个圆圈，就是我们的生命领域。玻璃缸再大，也只能养几条小鱼小虾，要想长成大鱼，必须置身于大江大河和汪洋大海。"

鲁迅有一句话："无穷的远方、无数的人们，都和我有关。"这是一份伟大的人文情怀，也是一份无法完全从书本上和教室里就能获得的情怀。

我们欣喜地看到——且不说是国家的鼓励，单说每个学校的自觉行为——越来越多的学校，开始注重游学课程的实施，这是一件大好事。

"不出去走走，你会以为，这里就是全世界。"

第九章　空间设计促进教育生长

若不是陪着一所接一所的学校从地底下长出来，在图纸上活起来，我估计自己教书一辈子也不会思考"空间设计"和"教育生长"之间的关系。这些年，校长圈的朋友们都戏称我为"包工头"，只有建筑师们才喊我"黄校长"。人到中年竟被"斜杠"了。如此，才有以下思考，与同人分享。

学生为什么去学校

我曾与某校园建筑设计师有过一段戏谑的玩笑，我说："古有'一字之师'，而你可是'三字之师'啊。"他受宠而疑惑："哪三字？"我说："三、工、回。"他愣了一会儿，便大笑起来，顿时还有点尴尬。

"上学"这件事情，很容易就被等同于"上课"；当然，还有休息，比如去操场玩。所以，"校园"就是楼栋加操场。（培训机构不提供"玩"，所以只有楼，没有操场。）从乡村到城镇到大都市，凡是校园都呈现出相同的状态：基于功能分区的单体建筑群，教学楼、实验楼、艺术楼、图书馆、办公楼、大礼堂、宿舍楼、体育馆、田径场……外加一个校门；为避风雨再用连廊把这些单体建筑都连接起来（从"三"进化为"工""回"）。

"三字之师"的建筑师们向我喊冤，说绝大多数校长所能提交的

"任务书"，无外乎"各种屋子的数量"（好比买房，刚需的要"两居"，改善型的要"三室两厅两卫"），而很少有"逻辑、关系、理念"及"人物、目的、场景"的说明。所以，校长要对建筑师提前说明"学生去学校里干什么"。

"学生喜欢去学校和不喜欢去学校的原因是什么？""在学校里，孩子最开心的事情是上课铃声响起而进到某个屋子里去，还是下课铃声响起时从某个屋子里边出来？""孩子在校园里最愿意见到的，是和自己班同学干着同样的事情，还是希望见到其他人在干其他事情？"……这些都是很有意思的话题。我们可能都以为校园里边应该建很多很有趣的屋子，然后吸引孩子们到屋子里来；实则不然，让每个孩子兴奋的事情，是从屋子里出来，而不是进到屋子里去。

之所以称之为"校园"，是因为"屋子"和"园子"是有区别的。屋子的本质是封闭和隔断，强调的是独立的功能，越单一就越专业，越封闭就越专注。园子的本质是开放和连通，强调的是彼此的关系：这个空间和那个空间之间的关系，这群人和那群人的关系，这个时间和那个时间的关系。校园空间设计的专业性，就在于将"屋子"变成"园子"；将"三、工、回"的"形师"变成"人、从、众"（即为"人与人的关系"服务）的"人师"。没有"关系"的空间，只具有物理价值，而不可能具有教育意义。

我很喜欢那首校园民谣《童年》："池塘边的榕树上／知了在声声叫着夏天／操场边的秋千上／只有蝴蝶停在上面／黑板上老师的粉笔还在拼命叽叽喳喳写个不停……隔壁班的那个女孩怎么还没经过我的窗前……"你会发现有情怀有故事的、学生喜欢的校园，一定是在他的前后左右所有的空间都和他有关系的校园。因为一个孩子去到学校里边，他要做很多事情，这些事情都是在"交往"中发生、进行并完成的。如果不能创造交往的可能和交往的欲望——人、从、众；比、化、北——那校园就没有存在的必要。

第一，人与人的交往。同班同学之间，不同班级不同年级的学长、学姐与学弟、学妹之间，学生和老师之间，乃至学生与校外人、与社区、与整个外部世界的人之间的交往。

第二，人与环境的交往。人与教室，人与建筑，人与运动场，人与花园，等等。

第三，人与故事的交往。人与自己的故事，人与别人的故事，人与传统老旧的校园故事，人与新鲜的校园故事……好学校一定是新老故事层层叠叠的学校。并且好教育，一定要让这些故事和每个人发生关系。（比如"校史馆"，不该是一个可以独立上锁的屋子，而应该让"校史"就在师生的眼前、身边。）

第四，个人与自己的交往。人需要有独处的时间和空间，孩子也不例外。校园建筑需要给孩子留下可以独处的空间，让孩子专注于自己的事情，给孩子发呆的机会。

北京四中明确要求学生做18件事：读书、行走、听讲、演讲、社团、领导、挑战、尝试、锻炼、交友、服务、获奖、劳动、选修、研究、对话、写作、坚持。不仅是北京四中的学生，其实每个孩子都有"上课"之外的丰富多彩的自我设计和自我需求（只是不一定表达出来了），校园空间设计就要为孩子们在学校里边遇见和发生这些事情，提供空间条件和空间逻辑。

住酒店不仅是睡觉，逛商场不仅是购物；倘若只是为了有鱼吃，又何须"独钓寒江雪"呢？校园也是一样，既要满足"上课"需要，还要让学生有顺便的乃至意外的收获，还要让那些不太想上课的孩子和一些怎么努力也考不出高分的孩子，也能够带着满满的人生收获毕业离开。教育的军功章里，有教育自身的一半，也有校园空间设计的一半，甚至是基础性的那一半。

"学生去学校干什么？""学生为什么要去到学校？""我们希望学生在学校里干些什么？"其实是不太容易思考明白的事情，更不是校长或建筑师可以闭门造车和纸上谈兵的；它需要我们用"孩子的眼光"去换位思考，去亲身体验，答案未必唯一，但一定且必须真实；否则我们很容易把校园建成一座座整齐的工厂（让人生厌），也很容易把校园建成一座座花哨的乐园（华而不实）。这是两个极端的错误，其错误的根源就在于谁都没有想好："学生去学校干什么"。

书是用来借的吗？

每个学校都有图书馆（至少得有个阅览室），因为这是标配。中小学校没有能力也没有必要承担收集、整理和收藏功能，学校图书馆就是购买并存储图书以供师生"外借"或"堂读"的地方。从物理空间上看，图书馆一般都是"一个全封闭书库＋若干开放书架＋若干桌椅"；从使用功能上看，也无非就是"藏书＋借书＋读书"。当然，往往还有不可或缺的"闸机"和墙上贴着的"禁止""不许""赔偿"等字眼。

我曾去到某学校参观，校长十分自豪地带我去看他新建的图书馆（实际上那可是一大栋楼）。我这个在寸土寸金的北京被憋屈坏了的同行，带着羡慕嫉妒的心情急切地想去一饱眼福。走到大楼门口，你猜我看到了什么？我看到大门把手上挂着粗粗的锈迹斑斑的铁链大锁，正门迎面是一张告示：最大的字是"图书重地，闲人免进"，下边的小字是"本馆开放时间"（8：00—12：00，14：00—17：00）。我当场就有眩晕的感觉。一来，我不知道校园里谁是"闲人"，应该"免进"，也不知道这两段时间里学校里谁有来到这个图书馆的可能。校长一个电话，大门从里边打开了。管理员为了我这么一个闲人，在非开馆时间，加了趟班。

我没做过调查，但我料想愿意且经常去图书馆的学生，占比不会高过3%。一方面是学校教育的问题，另一方面就是本文要探讨的校园建筑的问题。在"买书"已经不成困难的今天，"借书"凸显出诸多麻烦：弄丢了要赔，弄破了要赔，弄脏了也要赔；不仅要赔，还要被扣道德操行分。经济上有风险，就连尊严都有可能"人设崩塌"：万一有学生哪天看书看迷糊了，顺手带着书就赶去上课，走到门口防盗仪警报嘀嘀嘀发出巨响，会不会被整个馆的人误认为偷书贼？

所以，97%的人（包括我自己），都不去学校的图书馆。

我在建设北京四中房山校区图书馆的时候，就拆掉了图书馆门口的防盗报警闸机。图书馆长质问："丢书怎么办？"我说："丢书是好事啊。天天丢书才好呢，人人偷书我才高兴呢。丢书的损失都从我工资里扣，扣到我没钱了，学校也就办成世界名校了。再说了，你见过存心偷书的人吗？真有某个学生有计划有预谋地要偷一本书走，你让他偷走好了，这学生，将来一定是伟大人才。今天他偷走学校几本书，明天他会撑起国家一片天。你信不信？"据说，这所学校至今也没怎么丢过书，更没人存心偷书，搞得我是又喜又悲。

学校图书馆要亲民，要千方百计吸引人来。师生进了馆来，随便翻，随便看，随便放，随便拿。"读书破万卷"嘛，书非乱非破就不足以证明被读过。想借走看吗？可以啊，方便得很，自己拿着到自助机上扫一下码就是了，不会操作？也没关系呀，在旁边的借阅登记本上记个书名签个名字就是了，连这都不愿意？或者赶着去上课？那就拿走，记得还就是了。啊？忘了还？忘了就忘了，谁不忘点什么事啊。等到若干年后你突然发现家里藏了一本母校的书，再专程跑到学校去还也可以啊，想干脆就留着做纪念，那就当是母校送给你的毕业礼物，有什么不可！一本书，怎么都是教育，一种好教育，成全的都应该是佳话。

而这一切，是和图书馆的设计者、建造者有关的。设计，是后来一切的起点。

书不是用来借的，书甚至也不只是用来读的（80%的馆藏书都不会有人碰过）。书是用来装点生活的，书是用来提升品位的，书是用来养成习惯的，书是用来培育高雅的。对于学校教育而言，图书馆的最大价值，是"在图书馆里看书的人，被经过图书馆的人看见"。

所以，图书馆不应该是一个完全封闭的屋子，即便这个屋子很大，也不可以。图书馆不应该在一个很偏僻的地方，即便那个地方很安静，也不可以。图书馆，就应该离人群很近，离人流很近；图书馆本身就可以是一条最雅致的人流通道，这条通道越长越好，离书和读书的人越近越好，弯弯曲曲绕来绕去找不到出口最好。

在设计和建设容闳公学的时候，我就将图书馆设在了大门口，不，准确地说，是将图书馆作为学校大门，使图书馆成为师生进出学校的必经之路。我要求师生进入校园所遇见的第一道风景，是书和读书的人。并且，这个图书馆还向社区开放，向家长开放，让接送孩子的家长，在一大堆书里，在一群读书的人群中间，送孩子来，接孩子去。我相信，无论是目送，还是并肩，一定会与众不同，从此不同。

当然，放在更广泛的意义上来说，真正适合读书的校园，其本身就应该是一个超级大的图书馆：处处有书，时时可读；伸手可及，随手可取。学生停留时间最长的教室，最应该是一间书房，一间三四十个同龄人共同拥有的公共书房；教师办公室必须要有个整墙满架顶天立地的大书架，老师不读书，就没有理由要求学生。

有人说，如果有天堂，那天堂就应该是图书馆的模样。下一节，我们继续聊聊天堂模样的图书馆。

图书馆的天堂模样

我们为什么需要或愿意去图书馆？我以为无非这么几个原因。

第一，在图书馆里可以找到我想要的孤独感。人是需要偶尔孤独的，校园里必须留给师生可以享受孤独的场所；那么，人群生态相对陌生化的图书馆，就是享受孤独的最好去处。我们可以读自己想读的书，可以带着书本来做作业，也可以什么都不干毫无目的地来这里找个靠窗的座位呆坐一会：这就叫自主和自由。一个人在什么情况下容易做到自主、自律，做到慎独，享受到自由？就是在这样的看似陌生但又天天会见面的人群环境里。所以，图书馆的设计，就要考虑到足够的座位、足够的隔离、足够的分区，那种"身边的陌生人"的感觉，才是图书馆的人际关系应有的味道。

第二，在图书馆里能享受到高水平的知识服务。最便捷最经济的获取知识的手段，其实不是读书，而是听讲座，"听君一席话，胜读十年书"嘛。世界上任何一个有文化有品位的图书馆、书店、书吧，无一例外，都会定期或不定期地邀请名家、专家、作家等到现场开展主题文化讲座。这是图书馆的文化品位的象征，也是文化知识公益性的途径。我在北京四中房山校区做校长的时候，经常邀请各界文化人士来图书馆做公益讲座，就在图书馆偏侧的一个小角落里。并且我会告诉演讲人，别看这个小角落，几张桌子，几把椅子，还不是谁想来讲就能来讲的，因为这个地方是校园里最有文化的地方，是最高雅的地方，是学术气氛最浓的地方。我要让来讲的人和来听的人，都觉得自己是被学校优待的人，要让每个来图书馆开讲听讲的人都觉得自己与别人不一样，"我"就是知识分子，"我"就是群体中之杰出者、佼佼者。这是推动知识分子积极向上的最有效的办法。学校里要传递的东西，最重要的不是知识，而是教育。一个常去图书馆的学生，就是一个会自我教育的学生，就是一个你可以放心的学生；一个学校里，学生都愿意去图书馆，这就是一个有良好教育的学校，就是一个社会可以放心的学校。在这个功用上，图书馆，要首先站起来，扛起这个责任。这么说来，建筑设计师就必须在图书馆里设计出讲堂来，那种很典雅、很开放、很专业的讲堂，那种人一靠近就不自主地想坐下来听讲的讲堂，那种坐在那里听讲还能感受到来自周围的羡慕赞赏的眼光的讲堂，千万不要封闭在一个屋子里。我去过北京的图书大厦、商务印书馆的涵芬楼书店、台湾的诚品书店等，都能看到这样的讲堂。

第三，在图书馆里最容易获得附庸风雅的自我满足感。我可以坦率地说：所有的风雅，都是从附庸开始的。一个人愿意借用一种高雅来"自欺欺人"，久而久之，这种高雅就会从起初伪装在脸上，一直渗透进内心里去。基础教育阶段对于高尚高雅的情操教育，其实就是这样的一个过程，从几分强迫开始，到点滴模仿，到愿意附庸，再到内化于心。附庸风雅，就是一个很好的教育途径和方式。一个孩子其实完全可以在教室坐在自己的课桌前写作业，可他就是要跑一段长长的路，到图书馆去写这几页作业，为什么？他不是为了完成作业，他是为了感受图书馆的氛围。这种小心思，是很可贵的。因此，图书馆一定要高贵典雅，花多少心思去设计都不为过，花多少钱都不为过。

图书馆必须做好与"人"的连接。

先是时间上的连接。图书馆的开放时间，应该是全天候的。非寄宿制的学校，至少要开放到校园静校的时间点；寄宿制的学校，那至少要开放到学生回宿舍睡觉的时间点。（说实话，师生真正上课的时间，图书馆是可以休息的。）另外，周末、节假日，就更需要开放了。我记得北京四中房山校区的图书馆，是全年365天开放的。

然后是空间上的连接。图书馆，是一座校园最应该也最可行的向社区开放的学校资源，也是最能提升一个社区文化品质的场所，学校应该尽可能地向社区开放图书馆。所以，图书馆的位置以及图书馆的出入口，既要方便本校师生使用，又要便于对外开放的出入需要和安全管理需要。我在容阂公学将图书馆和学校大门结合起来的做法，效果极好。

还有情绪上的连接。人们进入图书馆的情绪，很容易受"标语"影响。图书馆墙上的文字大抵有两类，一是关于图书馆使用的管理规则和纪律要求，二是关于鼓励阅读的文化宣传标语。教育绝不应该用"严禁"这样的字眼，将人对于未知世界的探索，吓退在连门都还没进的时候。我做校长的时候，不允许自己和同事在教育中过多使用否定词，更别说"严禁"这样的词了。为什么不能用"欢迎"呢？为什么不能多一些"倡导"呢？至于图书馆的纪律与道德，我们大可放心，教育的原则就是：你当他是什么人，他就会成为什么人。诸如"书籍是人类进步的阶梯"这样的标语，就大可不必啦。已经进到图书馆里的人，就已经踏在了人类进步的阶梯上，任何口号式的标语，对他们来讲，都是多余的了。如果校长真心想吸引和鼓励学生来图书馆读书，其实很简单，只要校长自己在图书馆里找个角落坐下，天天去，到点就去，就足够了，什么话都不用说、不用贴，这才是教育的专业办法。

最后说说图书馆里的书。但凡有可能，校长要亲自选书。个中原因我就不讲了。

还是那句话：如果要建图书馆，那就把图书馆建成天堂的模样。

校园里的墙

"让每一堵墙都会说话"，这句话不知道是从什么时候开始流行起来的，但其影响还真深远，到今天，谈起"校园文化"，依然超不出这句口号。墙本不会说话，但谁掌握了往墙上贴字的权力（当然是校长），墙就可以替谁说话。

校园里的墙，它们所说的话，是校长自己想说的话吗？我看未必，至少不全是，在很多校园里，甚至全都不是；真正说话的人，可能是"校园文化公司"。在很多校园里，你所见到的大门口的"孔子像"、大厅里的"论语墙"、楼道里的各种"文化墙"、图书馆里各种长得跟树枝一样的书架和千篇一律的关于读书的标语，都是"文化公司"的作品。也有校长亲自"说"的话，而校长"说"的话就一定对吗？也未必。

当然，我所说的对与不对，不是说这些话本身有什么错误，相反，所有的学校在墙上贴的字，贴的标语、口号，都是放诸四海而皆准的话。我以为，如果一句话或一个口号，一旦是贴在哪个学校都合适的，那么，它也就是"正确的废话"。你贴"爱每一个学生"，又有哪个学校的教育还能不去爱每一个学生呢？更有甚者，在校园的教学楼的墙面上，贴上很多关于为考试和升学而拼搏拼命的那些粗暴的口号，就更不必说了。

即使贴的都是正确且合适的话，如果学生并没有听见并没有听懂，那效果也就等于零。更进一步想，学生有没有话语权？学生有没有公开表达的需要？学生有没有借墙来发言的权力？校园里这么多的墙，哪块是学生可以做主的呢？校园里的墙，一定要替谁说话吗？不说行不行？甚而不说会不会更好呢？

具有"无处不在"和"默默无闻"的特点的"墙"，确实是实施环境教育的最好载体。而环境教育是以"熏陶"为主要手段的，是以教育自然而然地发生为主要方式的。并且，环境教育的核心资源，是环境所呈现和承载的各种各类的"优秀"。除了墙本身带有的以审美为主的优秀资源之外，通过墙所呈现出的校园里的人的优秀，就是最大的教育资源。所谓以人育人，就是如此。因此，学生的优秀状态，应该是墙最需要说出来、需要说给别人听的话。

所以，很多好学校所推行的好教育，会将"优秀的学习过程"呈现在墙上，比如作业，笔记；还会将"优秀的课程资源"呈现在墙上，比如选修课海报、社团活动海报、各种讲座的海报；还将"优秀的学习成果"呈现在墙上，比如创造作品、研究结果等。这样一来，校园设计中，就要留有这样的墙，便于张贴悬挂，便于师生阅读，让这样的墙，就在师生身边，或者说，让师生身边的墙，都变成能够承担这份功能的会说话的墙。教室内外、过道、长廊、大厅、师生人流集中的各个区域，都可以设置这样的墙。在很多优秀的学校里，墙面上几乎贴满了学生的各种作品，展示着学生学习的各个过程；每一个学生，都能在墙上找到自己的学习痕迹和成长轨迹。到处贴，也不很整齐，密密麻麻，层层叠叠，大概这才是一个校园的样子，因为这样的校园里的墙，都在向你讲述学生的成长故事，而这些故事，是可以让人相互讲述、互相聆听、彼此借鉴、携手进步的。

另外，只要是墙，就有墙边，就有墙角。对一所学校来说，它的学生在墙边经常干什么，在墙角经常干什么，基本上可以代表这个学校的教育水准、文化气质和文明程度。所以，我们能不能让这样的墙边、墙角承载和呈现出校园里优秀的教育资源，同样是一件重要的事情。诸如校园生活里的那些非常丰富而且比较自主和自由的学习过程和学习状态，就可以通过墙边墙角来讲述。学生的自主自习、阅读，师生的谈话、辅导，一场小演讲，一个小会议，一次小实验小探究，一场小演出小戏剧，一次小展览小课堂，都是校园里的墙边和墙角可以承载和呈现的特别好的优秀资源。关键是，当这些资源都被来来往往的人所看见的时候，最有效的教育，就真正发生了。

网上到现在还能找到这样的消息：全世界第一个在楼道里办公的校长，说的就是我本人。其实，我就是把我的办公室搬到了楼道里，挨着一堵墙边，靠着一个墙角，眼前是楼道里的人来和人往。然而，这堵墙，以及这堵墙与周围环境所构成的空间，就为这个校园讲述着一位校长的故事、校长的工作状态、校长的学习状态，后来这个地方成了全校师生的演讲、研究、上课的一个根据地，学校的师生关系、课程关系，都通过这堵墙，讲给了全校所有的人。它不仅解决了楼道安静有序的管理问题，更是让楼道自然而然地成为校园里的文化圣地和精神圣地。

任何时候，人，都是最有价值的资源，因为人的优秀状态，具有极强的感染力，尤其在校园里，模仿就是孩子的学习方式和成长路径。没有什么文化，比"优秀让人看见"更具有生命力，反之，"让人看见优秀"，就是文化传承和教育生发的原动力。

如果说墙是这么说话的，那其实，贴不贴字，已经不是最重要的了。最好的资源，不是教育者说了什么，而是老师和学生在一起，都做了什么。此外，校园里的墙，它自己的高矮胖瘦，它自己的色彩和质地，它的温度以及它与光和影的关系，也就是一堵墙自身的样子、自身的表情、自身的修养，都是和这个校园里的校长、老师、学生，和校园里的每一个人，密不可分。校园里的墙，不一定要开口说话，不一定非要显得多么博学多么高尚，然而，校园里的墙，表情不能太霸道，张嘴不能太低俗，说话不能太唠叨，面目不能太狰狞。那种干干净净的、从从容容的、和和气气的、清清爽爽的、端端正正的、斯斯文文的，就很好。

让不同的人，和人的不同时刻，都能在校园里的墙边，找到自己的精神栖息地，这，或许才是真正的校园文化。这么说来，如何对待校园里的墙，真是一件需要校长和建筑师共同努力的大事。

有两句诗说得很好，一句是"墙角数枝梅，凌寒独自开"，另一句是"蜂蝶飞来过墙去，却疑春色在邻家"。校园里的墙，说不说话其实都无所谓，我们最关心的是，面前这堵墙，它讲述了一个和我、和学生、和所有人有着怎样的关联的校园故事。

食堂里的尊严

谈教育的时候，似乎不应该说到吃，因为孔子早就说过："士志于道，而耻恶衣恶食者，未足与议也。"但我还是想替读书人（也就是学生）说一说吃饭这件事情。

食堂也有尊严吗？当然有！尊严是什么？尊严是要被尊重，尊严是要有自由。

每个上了年岁的人，记忆里都应该有过这样一幅"食堂"图景：整整齐齐的餐桌餐椅，拥挤不堪的人群，油烟饭菜的气味扑鼻而来并凝固在你的身边；听到的是嘈杂，摸到的是油腻，看到的是乱套。"餐厅"这个称呼给人的印象就似乎要好一些。因此，我建议各校园在给食堂命名的时候，就别叫食堂了，叫"餐厅"吧，或者，还可以取一些更好听的名字。"名正而言顺"嘛，名字挺重要的呢。

食堂为什么会呈现这般乱糟景象？大概也是有原因的。不比大学，中小学校一般都是统一的下课和放学时间，所以留给学生吃饭的时间本来就很短，加上人又多，再来个分批，时间就更紧张了，搞得大家都是狼吞虎咽，匆匆解决。

食堂为了加快取餐进程，减少排队时间，往往只供应统一的套餐，不管性别，不管年龄，给到碗里的饭菜完全一样。男生不够吃，女生吃不完；爱肉的嫌肉少，怕油的说油多。人和人的差别，基本都在这种统一的"套餐"中给忽略了。

想吃什么吃什么，起码能够在一个有限的范围内拥有一点挑选的权利，这应该是吃饭的一种尊严。

想吃快点吃快点，想吃慢点吃慢点，起码吃饭的时候不会觉得背后有人在窥伺着我的座位等我赶紧吃完，这也应该是吃饭的一种尊严。

解决起来未必完全不可能，也未必就很难。扩大一点空间，增加一些座位，保证人人有座；多留一点时间，多给一点耐心，多费一点麻烦，给学生一个点菜的选择，就可以解决。校园建筑设计师，要尽可能地在有限的建筑面积里边，给学生食堂留足一人一座的就餐空间，这是为孩子能有一个从容的生命状态在造福。

还有食堂里的桌椅，总是脱不了那种路边大排档的感觉。有一桌六凳的，有一桌八凳的；凳子还连着桌子，中间是各种横的、竖的、斜的连杠，人进去了就出不来，人出来了就进不去；想靠桌边近一点却移不动凳子，只好整个人都往前趴；桌面的宽度窄到尴尬，搞得和对面的同学是盘挨盘、碗挤碗。更要命的是，这些桌椅的材质，不是铝合金就是塑料板。

这样的桌椅也并没便宜到哪儿去，关键还是一个用心与否的问题，是一个愿不愿意将孩子的生命状态放在心上的问题。让桌子是桌子，椅子是椅子；选择比较亲和的材料，让桌椅显得厚一点、重一点，坐着吃饭，心里踏踏实实的，让人在饥饿的时候享受到一种安全感；再给每个人铺一小块餐桌布垫子，让家常便饭可以带着仪式感……这些也并不难，但非常有意义。这个，叫作生命中的崇高感。

绝大多数校园食堂，都不约而同地避开了自助餐这种就餐形式，理由大概也是一样的，那就是怕学生浪费粮食，怕学生专挑取好的贵的菜品，怕有的男生太能吃而吃亏了食堂。这些担心，也并非多余；然而，市场上的那些以营利为目的的自助餐厅，都没有因此而被吓着，为什么不以营利为目的的校园食堂，就吓得不敢了呢？

说到底，我们是缺乏对孩子的基本信任。教育的原则就是，你当他是什么，他就是什么；也就是说，你以为他是什么样，他就会长成什么样。给孩子一点时间，容孩子一点任性，我相信他们很快就会呈现给你一个让你刮目相看的比你想要的还要更好的样子。这才是好的教育。自助餐，就是这种教育的最好的载体之一。

在日本学校餐厅，学生不仅是一个吃客，每个人都还有别的身份角色，有小厨师负责分饭分菜，有小服务员负责搬运餐盘，有洗碗工负责洗刷，有清洁工负责桌面地面的卫生。这种方式，实际上是另一种更高境界的自助形式，是建立在互助前提下的自我管理、自我实现、自我获得，其教育意义就更大了。多好啊！自助取餐，是现在和未来最文明的就餐方式，我们的教育，一方面要让学生学会这种文明方式，另一方面也要借用这种文明方式来做人的教育，教会孩子如何与节约食物相处，如何与自己的身体健康相处，如何与他人互助相处。这么一来，校园里的食堂，就不仅仅是一个让人吃饱饭的地方；这样一来，食堂还可以是每个孩子获得精神成长的场所。

校园里最浪费的空间，就是食堂，除了一天三顿有人来吃饭之外，偌大的食堂，其余的时间就是锁着，空着，闲着。

怎么拓展其用途？办法是有的。比如，我在北京四中房山校区就将食堂同时用作全校学生的阅览室和自习室，全天开放，师生随时可以在食堂找个桌子坐下，看书、备课、写作业。住校学生的晚自习，学生可以从各自的教室里搬出来，搬进食堂，这同时还解决了晚自习管理的问题，几百个学生在一间大屋子里，一两个老师就够了。我在前边讲到过，这和学生依然在自己的班级教室和自己熟悉的本班同学在一起自习，是完全不一样的。

在这样的食堂里，还可以举办讲座，举行集会；北京四中房山校区的食堂，还是每年新年舞会的舞场。我之所以要将食堂这个场所的使用功能充分发挥并极力拓展，就是希望学生将来记住食堂这个地方，不仅是因为食堂的饭好吃，更能记得在食堂里所经历过的更多的更有文化、更有品位的校园故事。吃饭的地方，也可以是一个雅俗共赏的地方。

校园里的所有地方，都是必须承载教育任务的，都是和人的成长密切关联的。这就是一个在校园里的食堂，它所应有的尊严。

拆掉办公室

学校是老师奉职工作的单位，老师去学校办的是公事，那么，学校里自然就应该有老师的办公室，或者说，老师去到校园里，除了进班上课之外，就应该待在办公室里办公。这似乎是既天经地义又再寻常不过的事情了。不知道各位老师忽然间听到我说要把你们的办公室拆掉，会做何反应。

我们都用过办公室，你现在或许就坐在办公室里，办公室存在的理由和意义，基本都相同。办公室能为工作人员遮风避雨，能为工作人员提供一个私密的工作空间，能为工作人员提供相对固定的工作地点以便前来找你的人很容易找到你，能将同类工种的工作人员相对集中便于工作交流。还有其他的吗？好像有也不会太多了。

我希望

学生将来记住食堂这个地方

不仅是因为食堂的饭好吃

更能记得在食堂里所经历过的

更多的更有文化、更有品位的校园故事

存在就是合理的，也就是说，办公室自然有它积极的存在意义。我为什么会产生要"拆掉办公室"这个奇怪的念头呢？事情还要从教育之外谈起，从校园之外谈起。

可能大家也和我一样有着相似的见闻和感受：你有没有发现近些年来，你去到政府机关办事，以往可能需要一间屋子一间屋子地去敲门，一个部门一个部门地去找各种门蔽，而里边的人开不开门理不理你，是拥有很自然的决定权的，于是我们总免不了要吃几回闭门羹。而现在呢？更多的政府部门为了提升办事效率，改善服务形象，已经开始建设所谓的办事大厅了，所有部门、所有工作人员，都在一个大厅里办公，开放式的，不遮不挡，一览无余，你想吃闭门羹都吃不成了。更别说那些拥有先进的管理文化的企业，那些创客工场，你只要走进大门，就很难再见到一扇一扇的小门，经理与客户面对面，同事与同事座位相邻，老总与员工在一起。这样的被称作"开放式办公""社区式办公""咖啡馆办公"的办公模式，使得我开始重新审视自己的办公室，重新思考校园里老师办公室的改革与进步的问题，于是有了这个念头：校园里是不是也可以"拆掉办公室"，并且是不是也应该"拆掉办公室"呢？

大多数学校的教师办公室的人员组合形式，无非两种，一种是按年级组集中办公，俗称"级组办公室"；一种是按照学科教研组集中办公，俗称"科组办公室"。无论哪种，它的确方便了老师之间的工作交流，但正因为太有共同语言而同时也造成了交流的壁垒。老师们平常所谈论的，无非就是那点事，不是本年级的学生，就是那些烂在书本、课堂和试卷里的题目和分数。并且，更关键的是，一群彼此熟识且工作内容相同的人在一起，在朝朝暮暮的所谓交流中，很容易产生负面情绪和消极能量。

大多数学校都会规定，学生进教师办公室，要在门外喊"报告"，得到老师允许之后，方可进入。这当然是正确的教育，也是必要的教育，这对孩子文明礼貌的形成，也有着重要意义。我自己坐在办公室里二十来年，习以为常之后也常常感到很纠结。原本这样的规矩和这样的教育，是为了避免外人直接推门进来会打扰到屋里的人，可是，学校是有作息时间的，学生上课的时间里，是不会有学生闯进老师办公室来的，而下课时间里，老师的办公室本来就是进进出出的，几分钟时间，也无所谓打扰。更何况，学生来找老师这件事，本身就应该是学校里的头等大事，就是老师最重要的工作，谈不上是被打扰。

老师的办公，与机关单位或者其他工作人员所谓的办公，其实是有区别的。老师，不需要也不应该有一个太过固定的办公场所，因为教育嘛，学生在哪，老师就应该在哪。只有师生常伴，才可能将校园里的所有事情，都转变成教育的事情，也才可能做出好的教育来。因此，学生上课在哪里，学生上课之余经常在哪里，哪里是教育可能发生的高概率地点，那么，老师，就应该在哪里，就应该在这个地方办公。他会离学生很近，就在学生身边。并且，这个地方还未必就是学生的教室里或紧挨着教室的地方。这个地点，它会和校园的空间设计密切相关。因为空间的布局和设计，会自然而然地形成学生的人流路线，会自然产生出习惯性的人流密集区，产生出习惯性的人流热趋地点，产生出习惯性的人群集合地点，也就是所谓的"公共空间"，好比家里的客厅，好比机场里的候机厅，那些大家都需要来、都愿意来、都愿意待、都愿意坐坐看看聊聊的地方。

老师，就应该在这里办公。老师办公的地方，从此再也不叫办公室，而应该改叫办公厅。"厅"之于"室"的最大不同，就是厅的开放性。厅，可以接纳不同的人、不同的事，可以达成不同人和不同事的不同目的。这里有着巨大的空间价值。

我始终相信，作为教育而言，彼此看见，就是资源。

无论怎么说，教师，都是也应该是校园里最优秀的群体，教师自身的办公状态，他们如何备课、如何批改作业、如何读书写字，他们如何与同事集体研讨，他们如何与学生促膝长谈，乃至于老师们如何沏一杯茶、如何摆一盆花、如何放一本书，都是可贵的风景，是可以被审美的风景，是可以做教育的风景。

当然还有学生。

我们同样可以将校园里原本提供给学生使用的各种办公室、活动室拆掉。学生会办公室，团队活动办公室，学校里最优秀的学生干部们，最不该被关在这些屋子里，他们是最优秀的学生，他们是在为全校学生服务，就应该被开放在大家的视野里，开放在大家的身边。学生干部的主要价值，并不是真要作为干部来管理别人，而是要借助一群人的优秀，去引领更多人对优秀产生向往和模仿。校园里那么多的社团活动室，更没必要关在屋子里。社团存在的理由，就是要借助一种丰富的学习状态、成长状态和生活状态，来引领更多的人将学习、成长和生活，做成丰富的状态。

"优秀要能被看见"，那么，拆掉办公室，或许就是一个办法。

教室的使命

假如校园里只能保留最后一个建筑空间，其他的统统都要舍掉，

"优秀要能被看见"，那么，拆掉办公室，或许就是一个办法

那么，你会留下哪一个？当然是"教室"。

教室如此重要，以至于我们小时候写《我的校园》，开头就是"我的教室宽敞明亮"。今天，宽敞明亮，已经从崇高的梦想，变成了校园建设标准的底线。于是我们也同时会看到，一间间宽敞明亮的教室，肩并肩地挨着，整整齐齐，教室外是一条长长的走廊。当你穿过这条长廊，从这头教室走到那头教室，很有"沙场点兵"的阵势。

逛过商场的人都知道，那种档次比较低的小商品市场或是服装市场里，通常都是一间间的商铺在你的左边和右边一字排着，方便的同时，也会带来不安的购物感受，你只想匆匆逃离。然而在一些高档的商场里，你反而无法一眼穷尽所有的店铺，甚至还需要耐心寻找，需要你走几步，拐个弯，才能遇见下一个店铺。这种不是很方便的所谓麻烦，反倒增添了我们逛街和购物的美好感受和体验。

因此，教室可不可以也是这样：拐拐弯，走几步，找一找；既让同类的教室相对集中，又让各个教室能够保持自己的相对独立性。这是教室布局中的智慧和艺术。

我们习惯了将建筑按照功能进行分类集中。于是我们也就会看到，学生上课，需要从这个楼出来，进到另一个楼里去；再从楼里出来，进到另一个楼里去。遇到刮风下雨、严寒酷暑，还会带来很多不便。于是很多校园就设计了楼与楼之间的风雨连廊，来解决恶劣天气的问题，以达到晴天不暴晒、雨天不打伞的效果。

当我们将各种功能教室都分散在各自的小天地里的时候，也就造成了彼此看不见的孤立和封闭。学生在教室之间行走转换的时候，如果能路过美术教室、音乐教室、劳技教室、运动场馆，如果屋子里的人正在做着自己的事情，同时还能发现自己正在被路过的人看到，这件事情本身就增长了它的教育价值。

因此，教室，尤其是功能各异的教室、学生经常使用的教室，比如科学实验室、艺术教室等，最好分散布局在学生身边，而不是以某某楼的形式，把它们集中在一起。这样，就能够以就近使用的原则，在学生的身边形成一个功能教室的综合体，形成一个微缩版的小校园，从而使我们的学生能够生活在一个丰富的功能空间里，而后才可能为孩子造就一个丰富的成长环境。

传统教室是以教师为重心设计的，教师的位置确定之后，黑板就定了，讲台就定了，学生的课桌椅的排列方式就定了，然后，教室的布局就完成了。我们总以为，学习就是听老师讲；我们总以为，教室就是老师讲课的地方。于是，一切的设计和设备，都是以方便老师讲和保障学生听来规划的。而我们忘了一件重要的事，是谁要在这间屋子里待上一整天？谁才是学习的主人？谁才是学习的第一责任人？应该是学生吧。

因此，在设计教室的时候，是不是应该首先考虑学生的学习所需、考虑孩子的成长所需？无论你采用的是传统的讲授式，还是现今流行的小组合作探究式，这些都不重要，最要紧的，也是设计师能够决定的，是我们至少要让学生的课桌椅坐起来、用起来舒服一些，桌面大一些，座椅软一些，高度可调节，方向可转动，要保证孩子有地方放书，有地方放脚，有地方放下胳膊，有地方放进膝盖。如果我们记住，教室是孩子的地方，是孩子要一整天一整天地待，一待就是十几年的地方，我们就会知道，好的教室应该长成什么样子。

好的教室，应该是个书房。我相信这个想法也会是大多数老师和学生的愿望。看看我们现有的教室的样子，坐在教室里环顾四周，你会看到什么？政治标语、励志标语、文化板报，还能看到教室里那边是一堆扫把，那边是一排储物柜，那边是电视机、广播音箱，那边是监控摄像头，那边是写满了讲义的大黑板，那边是写满了作业的小黑板，那边贴了爱因斯坦，那边贴了世界地图，那边摆了几盆花，那边挂了一墙壁的大棉袄……几十平方米的空间，似乎想装下整个世界。

这个本是为读书而造的地方，唯独不像个书房。

我们可不可以让教室的功能简单一些、单纯一些？它就是一个读书学习的地方，就是一个几十人共同读书学习的地方，就是一个老师和学生一起共同读书学习的地方。也就是说，它只需要是一个书房，就足够了。

所以，我梦想中的教室，有整墙整墙的书，有每人一座的桌椅，有一块能演示的黑板，有一盆飘着淡淡清香的花，就可以了。我们完全可以把一些储物的功能，移放到教室外边去；至于其他的必要设备和装饰，那都是次要的，切不可喧宾夺主。

倘若是固定教室，我希望这个教室是一个比较中性的书房，它的文化环境，既适合人文学科，也适合科学学科。如果条件允许，我当然期望我们的教室都是学科主题教室：文史哲这样的学科教室能有人文教室的风格，多一些书本、多一些阅读和交流的条件；数理化这样的学科能有科学教室的样子，多一些操作台和实验台。坐镇的是每一位学科教师，来来去去的则是学生，俗称教师坐班和学生走班，很有那种"铁打的营盘流水的兵"的感觉。这样的教室，或者说这样的书房，其本身的文化环境，是会促进教与学的效果的。

虽说学习的地方似乎就应该严肃紧张，就不得不板起脸孔来。其实不然，真正有效的学习，是需要一点身体自由的，是需要放松情绪的，是需要彼此协作的，也是需要师生平等的，是需要一些自主安排的。因此，教室内部的设计，就需要遵循这些特点，并满足这些需求。

好的教育，还要鼓励孩子走出教室，要为孩子走出教室提供可能性和必要性，要让孩子愿意走到教室外边去。

因此，在最挨近教室的门外，就应该留有学生活动的空间，这个空间，还应该是一个可以和教室内部发生连接的连续空间，以便让老师的教和学生的学，都可以非常顺利且便捷地延伸到教室外部。这种延展，不是教室本身空间的扩大可以替代的；这种延展，是教的形式和学的形式的扩充和丰富，是教的体验和学的体验的扩充和丰富。那么，这个扩展后的教室之外的空间，就不仅仅是一块可以供学生活动的空地，它必须是一个能够为师生的教与学提供更多可能的综合性的空间，是一个要为学生成长提供更丰富的体验环境的综合性的空间。在这里，学生要很容易找到老师，很容易找到伙伴，很容易找到学习的条件，很容易找到成长的台阶。每一间教室，加上从教室外延伸出来的这样的一个空间，就可以构筑成一个具体而微的小学校，唯有如此，"让教育和成长随时随地可以发生"才可能成为现实。

如果没有外边的世界，那么，教室里的世界再精彩，也会有牢笼一样的感觉。

作为天性就爱好交往的孩子，如果我们能够让他们从教室里走出来，不仅能够遇上同龄的伙伴，还可以遇上比他更大和比他更小的伙伴，我想那一定是一件很开心的事情。心理学以及现实生活的经验都告诉我们，每个人，其实都更加愿意与那些和自己年龄并不相同的人交往，并且，这样的交往，往往能给人带来更多的学习资源和成长资源，我把这种资源称作"差龄资源"，把这样的教育称作"差龄教育"。

这就建议我们学校，其实可以将不同年级的教室组合在一起，让不同年龄和不同特点的孩子，能够经常相遇在一起，构成一个天然的完整的生态环境，从而用自我教育和相互教育的方式，促进各个年龄孩子的自我成长的个性需要。据我所知，已经有个别学校开始了这样的尝试和实践，并取得了很好的效果。

把身体放在哪里

运动，不仅是健康的需要，也是社会交往的需要。凡是校园，无论富裕贫穷，不管大大小小，无论如何也会有一块空地，用作学生的活动需要。有条件的校园，会有一块标准的田径运动场。条件更好些的校园，还会有各种各样的专门的独立运动场馆，比如，篮球、羽毛球、乒乓球、排球等各种大众化的球类运动，网球、棒球、高尔夫球等一些小众化的球类运动，以及游泳、健身、击剑、武术、攀岩等越来越多的时尚运动。这是很好的现象，我本人也是运动爱好者，无论是出于教育的需要，还是出于我个人的喜好，我都极力地期望越来越多的校园，能够拥有越来越丰富的运动场所，毕竟让我们的身体拥有更多的去处，总是一件大好事。

中小学校园里的运动场馆的设计和建设，理应和专业场馆有所区别，未必越专业越好、越高级越好，未必非要达到比赛级才好。中小学校的体育课，其课程内容和课程目标是什么？中小学生的身体发展和健康发展与专业运动员的身体训练有没有不同？找到初心，我们就明白了。比如，你见过一个六七岁的孩子能将篮球投进 3.05 米高的篮球筐的吗？你见过一个八九岁的孩子站在 6.25 米远的三分线上投篮球能沾着篮板篮筐的吗？不单单是篮球，连排球也是标准的 2.43 米和 2.24 米的网高；足球场也是国际标准的 105 米长、68 米宽，让一个小孩子将球从后场带到前场，我估计他得累瘫在草坪上。

我在欧洲一所学校里看到一个足球场，也就比一块篮球场大不了多少，铁篱笆一围，人造草一铺，两头放了个所谓的球门，仅此而已。可是无论是体育课上，还是课间或放学，孩子们在这里挥汗踢球，有高中的有小学的，有男生有女生，人家踢得开心极了。其实，这样的场地就足够，这才是校园里的足球运动应有的样子。你非要拿出一半（甚至更多）的土地来建一个标准足球场，它可能就是校园里最浪费的资源。

小孩子，就应该在草地上奔跑，在花园里的小路上奔跑，就应该在游戏中奔跑，就应该在花草树木的风景中奔跑。每一个篮球筐，都应该让孩子们跳起来就能够得着；每一个健身器，都应该适合小孩子的肌肉。孩子踢球，其实只需要一片草坪；你若给校园一块斜坡、一堆沙子、一池浅水，孩子们就会创造并享受无数花样的快乐玩耍方法。我曾看见一所美国学校，偌大的校园里，除了几栋矮矮的楼之外，放眼望去，尽是绿茵茵的草地。看上去，什么运动设施都没有。可是，在这样的绿油油的草坪上，你抬腿就能跑步，抬脚就能踢球，趴下就可以做俯卧撑，躺下就可以做仰卧起坐，给个球就可以玩起来，立个靶就可以射箭，放个风筝也好，扔个飞盘也好，来个棒球、高尔夫球，就是坐着看看书，躺着晒晒太阳，也都没什么不可以的，其实多好。

当然，如果条件允许，专业场馆当然有专业场馆的价值。因为每个人的运动方式，其实有两种：一种是建立在自由和快乐的基础上的以游戏为主要方式的体育活动，另一种则是建立在规定和反复的基础上的以训练为主要方式的体育运动。这两种方式，在学校的体育课程中都应该被包含在内。然而，事实上，我们的体育课往往只有活动，没有运动；只有游戏，没有训练。原因就在于我们的体育课，将学生的身体放在了娱乐性的游戏和活动上，而很少或几乎没有将孩子的身体放到专业的运动和训练上去。我们总是在建设场馆的时候追求专业化，追求"高大上"，然后在日常的教育和教学中，将体育沦为游戏和活动。还有相当多学校的课表里，根本就没有体育课。

任何运动，都有其独特的运动架势和运动习惯，这是运动样态的重要组成部分。专业运动和大众运动的最大区别，就在于专业运动比大众运动具有更多的规矩，运动起来具有更多的"运动范儿"。比如，穿什么衣服，选什么器具，有哪些讲究。我曾在学校里开设了一门关于斯诺克台球的体育课程，请来了国家队退役运动员担任教练。我记得在和教练沟通教学要求的时候一再强调，不需要把学生教成能将每个球都打进洞里去的人（实际上学生也不可能做到这一点），这门课程的目标是，教会学生习惯穿着正装运动，习惯安安静静运动，学会专注在运动之中，习惯在运动中关注对手、尊重对手，学会用玻璃杯喝纯净水，学会在运动中与人交朋友。我的一位同事说，她在日本的学校里一节射箭课上，看到了学生如何更衣、如何摆放器具、如何行礼、如何弯弓搭箭、如何开始如何结束……这样的体育课，是令人肃然起敬的。

运动的规矩，也是安放身体的一种方式。校园里，要为孩子的身体，创造这样的场所、这样的课程。所以，校园建设中，要为这样的课程提供必要的设计保障。比如，更衣室的设置和设计，器具室的设置和设计，就要摆在和运动场同等重要的地位来看待，要让学生有地方站，有地方坐，有地方放衣服，有地方放器材。运动区域的干干净净、整整齐齐，运动器具的专业性，运动流程的规范性，运动防护的严密性，运动着装的舒适性，场馆使用规矩的执行性，比起场馆本身的"高大上"而言，这些其实要重要得多。

人的身体在运动的过程中，是最美的。这种身体的美，是可以感染的，是可以传递的，是可以被吸收的；于校园而言，它是可以成为教育的资源的。所以，校园里的运动，也要努力创造条件"被看见"。

将学生的身体放在什么地方，就反映出一所学校的办学目的和教育理念。我们是否愿意和是否敢于让学生的身体，从教室里跑向运动场；然后，我们是否能够让学生的身体，在运动场上真正得到该有的锻炼和发展；我们的学生的身体发展，是否能够真正成为他的一生的健康基础，这些都是万分重要的。

未来的学校会长成什么样

我以为，所谓"未来"，不是还未发生的将来，而是"基于今天的明天"，是"一定会来的将来"。所以，对未来的描述，并不是凭空的想象，而是基于对眼下现实的趋势的判断。因此，未来并非不可知。

教育是一门"科学＋艺术"的学问，人的成长，很大程度上是与人的自然属性、社会属性密切相关的。社会发展的速度再怎么突飞猛进，在教育这个行业里，绝不可能也不应该发生一夜之间就必须改天换地的事情，无论是往更好方向发展的速度，还是技术对传统的冲击，都不会像我们所期待或所担心的那样，不会那么快，也不会那么猛。

因此，对于教育而言，我们甚至就可以说，我们的教育现状中最符合教育本质规律、最科学、最优秀、最先进的那个部分，就是今后一定时长内未来的样子。把今天最好的教育（包含教育实践和教育理想）做成可操作的普适性的现实，这就是我们在探讨未来教育时所需要面对和完成的首要任务。我们在谈论未来的时候，往往很容易犯"厚未来而薄今昨"的激进主义毛病，很容易在对未来的梦幻般的憧憬中，否定今天和昨天的一切。殊不知，在我们今天甚至昨天的教育实践史中，就有太多的教育精粹，值得未来教育去继承和发扬。

当然，尽管说"教育生发是一个优雅的过程""教育进步是一个缓慢的过程"，但是，作为教育设计者的我们，却不能不站到更远的未来，去反观今天我们在做和即将要做的教育。如果我们站到未来的某个时间点上，虽然我和大多数人一样，无法预测那个时候的社会模样、生活场景、学习方式，但是我以为，从空间设计与教育生长的协同关系来看，以下几个问题，大概是必须思考的。

让学习溢出教室

教室很重要，教室的内部很重要，但在未来教育里，教室和教室内部可能不是最重要的了，教室的外部应该会更加重要；即便是教室内部，即教室将从现在的（部分人的）私属空间逐渐向（全体人的）公共空间演变。教室不再专属于某一个群体，不再专属于某个学科，不再专属于某种教学方式，它会成为一个综合体，成为一个公共体。教室会成为学生偶尔要去的地方，成为学生可以选择的地方，我们可以称之为"半开放公共空间"，而学生更经常要去的地方恰恰是在教室之外的"全开放公共空间"。因为未来教育中的教与学的行为，一定会从教室里大量地溢出，流动和延伸到走廊、大厅、场馆、平台等各种室内、半室内和户外、半户外的地方。让教与学的行为从教室里溢出来，让校园成为随时随处都能生发教育的空间，一定是未来校园的空间形态。

因此，未来校园建设的任务书，可能就不再是用班级作为一个计量单位，而应该精确到学生数量。比如，每1个学生需要10平方米教室空间，每1个学生需要20平方米的公共空间，每1个学生需要15平方米的生活空间，每1个学生需要10平方米的户外运动空间和5平方米的室内运动空间，等等。（以上数据为例举，而非准确定量。）在这个方面，近些年，已经有越来越多的学校（尤其是新建学校）在努力尝试和积极实践了，也呈现出了很多优秀的案例，它们都可以看作未来的方向。

让教师成为校园的主人

未来教育，要让教师坐下来，让学生动起来。只有这样，学生才能够拥有真正的选择权，学习才能够真正成为一件自主的事情。在一个公共空间里，流动起来的人，才是"主人"。（商场里，商贩是固定的，逛商场的人才是主人；机场里，机位是固定的，乘客才是主人；博物馆里，展品是固定的，访客才是主人。）因为，"主人"的第一特征，就是拥有选择权，可以自主，可以主导。同时，让学生"用脚投票"，才能真正拉动教师对自身专业发展的自觉需求，也才能真正实现学生的课程自主权。

因此，未来校园，可以考虑每1位教师拥有1间教室，在依据教师的专业与教学的不同需求而设定教室大小及基本设施的同时，由教师本人规划设计和建设该教室的条件及环境，从而真正实现教师的专业自主权。

让优秀能常被波此遇见

我提一个问题，提醒各位观察一种现象：学生从小到大上学十几二十年，有多少学生见过校长？如果我们将这里所说的"见过"定义为"交谈过""相处过"，那么我很遗憾地告诉大家，答案是"极少""几乎没有"。这也就是我曾经要在楼道里办公的原因。

当然，我这里说的是"校长"，其实我更想说的是和校长一样的校园里所有优秀的人。比如，学生只看到了"学霸"的考试结果，但有多少学生真正见到过"学霸"的学习状态？学生只看到了他自己的老师上课的样子，但又有多少学生见过所有老师的全部工作状态？正在无聊中消磨时间浪费时间的人是否可以看见他的同学正在他的身边努力学习、认真钻研、安静读书或是积极锻炼、快乐运动？因此，未来学校一定是能够方便大家彼此相遇的学校。

我以为：教育即关系。教育就是在一群人的学习和成长与另一群人的学习和成长之间发生的彼此促进的力量。校园里人与人之间的相互关系，是极其重要的乃至第一重要的教育资源和教育力量。我这里说的关系，不仅指我们传统意义上说的"平等""和谐"等形而上的那些关系，还指人与人之间的互动关系，那种凭借各自自身的生命状态而能够对彼此产生真实影响的互动关系。

在未来网络信息技术和人工智能技术日益发达的时代，学校存在的价值和意义，早已经不再是知识的传递和获得了。也就是说，人和知识的关联，不再是校园人际关系的基石，而具有生命状态的人，才是技术和机器永远无法取代的核心价值。未来教育中人与人的关联，一定是超越了普通知识和基本能力之上的直抵生命层面的东西。所以，如何在更多的领域和更大的范围内更好地消除人与人之间的屏障，打开人与人之间有形和无形的隔墙，是未来校园必须思考的重要问题。否则，学校存在的意义，就会受到来自技术和机器的全面质疑与绝对挑战，那将是教育最悲哀的日子。

让校园空间成为教育的基础资源

我们之所以可以将一个或一群建筑称为"校园"，一定是由于这一个或这一群建筑可以承载某种教育的功能。也就是说，当建筑能够服务于教育，能够为教育提供必要的空间条件和物质条件，在过去，我们就可以说"这是一座校园"。于是，昨天的和传统的校园，就会有各种"室"、各种"馆"、各种"场"、各种"中心"等，但是我们很少思考这些相对独立的建筑器官之间的逻辑关系和彼此联系，于是，无论简陋也好，奢华也好，它们依旧只能算是"教育得以进行的场地"而已。

但是，在今天，在未来，作为校园的建筑和空间，已经不能只是满足于"为教育服务"的物质功能了。校园建筑和校园空间，不再只是"教育发生的地点"，其自身需要成为教育的资源：空间即教材，空间即课堂，空间即教育，空间即文化。也就是说，校园空间，本身需要能够生长出教育来。从这个维度上看，空间的教育价值，和教材课本图书一样，和教育活动教学课堂一样，和校长、教师、同学、伙伴一样，都是教育的生产者和提供者。进入校园，进入空间，你就开始了受教育的过程，你就获得了教育。

其实在以前很长的时期里，我们也重视过这个问题。我所指的空间教育，就是需要空间自身成为教育的资源和主体。比如，空间逻辑，空间美学，空间礼仪，空间精神，空间文化。

我举个简单的例子，图书馆，几乎所有学校都设有大小不一的图书馆，未来学校，图书馆也一定会有，而且越来越重要。然而，我们过去有一个很大的误解，总以为阅读是一件需要安静的事情，因此就以为图书馆一定要安排在校园中最僻静的位置，于是，绝大多数学校的图书馆，都位于校园的深处，位于校园的偏角，倘若是在较为中心的位置，那也必然设在了楼栋的顶层。这就是不讲教育逻辑的后果。我之所以称之为后果，就是这些图书馆在实际使用的过程当中，几乎都成了校园里的摆设，少有人去，倒真是安静了。你们看，每个学校里的图书馆管理员老师，一定是所有同事中工作最孤独的那个。

所以，我就破天荒地有个大胆的想法，把图书馆搬到学校大门口，直接作为全校师生出入校园的通道，作为校门，让人们天天可以从图书馆路过：路过近在手边的图书，路过近在身边的读书人。因为我深信："路过"，就是一种教育。我在容闳公学的校园设计中，就特别设计了这么一个和学校大门合而为一的图书馆，它就是我所说的"拥有了逻辑，拥有了美学，拥有了礼仪，拥有了精神，拥有了文化"的可以生发出教育来的教育空间。

让学校成为社区的文化高地

我接着说刚才说到的那个作为学校校门的图书馆。

各位试想，我如果将这个图书馆，不只是对学生开放，还对家长开放，然后再对附近的居民开放，另外，在这个图书馆里，不仅有书看，还有讲座可以听，还有沙龙可以参与，还有电影可以看，还有音乐可以听，还能喝茶喝咖啡，那么，这个地方，是不是很快很自然地就会成为方圆十里八村的很热门的"网红打卡"地点？如果可以，这就是我所说的"社区文化高地"。学校，要努力成为社区文化高地。未来教育，一定是服务于社区的教育，学校教育就要为社区文化建设贡献积极力量。

学校教育，不管社会有没有交付给我们这样的职责，我们都要自觉承担"教化社会"的使命。因此，未来校园，一定是开放的校园，一定是与社区联动的校园，学校资源和社区资源可以越过校园围墙而彼此流动，彼此交换，彼此共享，彼此融合。

我还相信：每一个过往，曾经都是未来。

作为教育工作者，我们在思考未来教育的时候，并不必盯着所谓的未来去胡思乱想，我们要做的，是眼光向内、向下，去探求教育的本质，找到教育当中永恒不变的规律。有人责怪教育保守落后，责怪教育千百年没有改观、不思进取，然而，我们在承认教育需要发展、需要改变的同时，也要坚信，那些千百年不变的东西，那些全世界相同的东西，或许就是教育的本质所在，这些东西，在未来也不会改变，也不应改变。

所以，倘若非要给未来教育下一个定义，我倒觉得，未来教育，不是未来的、与现在不同的、比今天更新的教育，而是在更好的条件下所生长出来的更符合生命科学和教育规律的更好的教育。未来教育，未必是全新的，但一定是更好的。无论是教育本身，还是校园空间，未来必定会遇颠覆，但也必定会有回归；未来有些东西会更加复杂，也一定会有很多东西需要简化；更好的教育，不是一味地做加法，因为教育不是万能的，学校也无须成为万能的场所，教育和学校，只是能够促进人的生命成长的众多条件中的一个而已。

在未来更加丰富的社会里，一个人的成长，会拥有更加丰富的资源、平台和机会，学校教育的地位，对于一个具体的人来说，会逐渐下降。学校不再是"决定和改变命运的地方"，这恰恰就是社会进步的重要标志。因此，我们今天对于未来教育的思考和讨论，必须是认真的，但也无须太紧张。

跋

我和黄春的"好教育"之缘

顾晓霞

好教育可以让教育中的所有人得以成全

而最先成全的是教育者自己

2020"WA中国建筑奖"（WAACA）公布获奖名单，OPEN的田园学校"北京四中房山校区"荣获建筑成就优胜奖。"WA建筑成就奖"旨在奖励那些经过时间磨炼、彰显出建筑长久性价值的典范项目。"WA中国建筑奖"由世界建筑杂志社于2002年设立，每两年评审一次，明确多元价值，鼓励更具针对性的建筑创作自主创新，同时发掘、推介、颂扬密切结合中国国情并对全球建筑文化提供启发性参照的建成作品，在国际上拥有重要影响力。

（摘自OPEN建筑事务所所发布的相关公众号文章）

OPEN建筑事务所是建设北京四中房山校区的设计师李虎、黄文菁夫妇创办的；2020"WA中国建筑成就优胜奖"是这所校园建筑在建成伊始获国际国内多项大奖的基础上，在运行使用六年后再次获奖；而且这个奖项颁发的意义是"经过时间磨炼、彰显出建筑长久性价值的典范项目";这个奖项在国际上拥有重要影响力。

我们以为:一座校园建筑必须得是对的校园恰好遇上在这里做对的事情的一群人,而这群人做的对的事情让这座校园建筑的长久性的价值得以彰显,得以经受时间的磨炼推敲,得以成为行业内的典范项目,于是在以"发掘、推介、颂扬密切结合中国国情并对全球建筑文化提供启发性参照的建成作品"的评选中,获得行业内的大奖。

才华横溢并且睿智通透的设计师在第一时间将这个结果告诉了这群对的人,并且肯定地说:你们起到了非常关键的作用。

由此缘起,我们重新审视了我们与这个优秀建筑项目曾经共同的努力与快乐成长。

也是在这座建筑里,在这段"共同彰显"的时间里,我和黄春有了一段共同工作的经历。

我和黄春相识在北京四中呼和浩特分校,相知在北京四中房山校区。一群对好教育有着共同追求的人,遇到了愿意为好教育而共同努力的领导群体和"愿意影响教育"的建筑,就果真成了天作之缘,成了"好教育可以让教育中的所有人得以成全,而最先成全的是教育者自己"的范例。

黄春是我见到的年轻人里面对教育很有独特觉悟的人,他的三观正,判断力强,文字和表达都是优势,特别是超强的学习力、盘活资源的行动力、从善如流的感知力和责任与担当的使命感,使他有了更多的机会和实践,也有了更多的思考。在当时的北京四中房山校区的校园里,在众多师生的崇爱中,他也是一道亮眼的存在。

黄春用文字记录他自己近十年校长生涯的实践与思考,这些文字,让我们曾经的共同经历，历历在目，仿佛就在今天；让我们共同经历的思考与探索第一次有了文字记载的"历史"。

一群志同道合的人在一起，有着共同的追求、共同的教育理解、共同的知行合一的愿景，实属难得。北京四中聘来的我，和北京四中派来的黄春，还有房山区教委先后派来、后又委以重任的四位曾是资深校长的书记，以及一群与学校共同发展飞速成长起来的干部、教师，都成了黄春笔下这段"历史"的参与者、见证者和舞台主角。

教育是一群人的共同修行，学校、教师、课堂、家长、生活……孩子身边的一切都应该是他们触手可及又爱不释手的"书"，以至于后来他们自己也成为一本日愈厚重的书，彼此相互吸引且引人入胜的阅读，才是这场修行的美好过程。

今天，黄春又接受北京四中的召唤与委任，从南方民办教育集团转身北归，赴雄安新区担任北京四中雄安校区创校校长。我相信，他还会有更多更好的思考和实践。

打开黄春的书，读他，读教育，读曾经，读自己……兴哉！幸哉！

顾晓霞，北京市西城区资深校长，退休后受聘于北京四中，担任北京四中呼和浩特分校创校校长，成绩斐然；后又转任北京四中房山校区校长，指导黄春（时任执行校长）创办北京四中房山校区。

鸣　谢

感谢顾晓霞校长愿意为我的拙述写来以上文字。这些文字简单、朴素，就像顾校长所教给我的好教育的样子，也是顾校长本人所留给我的记忆：简单、朴素，又大方、美好。

顾校长常说："每个人都要为自己号令一个活法。"我理解这句话的意思，就是要有"生活的自律与生命的自觉"。做人如此，做校长也一样，要有"职业的自律和专业的自觉"。因此，我习惯于为手头上的各种事情都锚定一个专业的标准，并习惯于将所有问题的原因都归咎于"还不够专业"。

我认识顾校长的时候，她已经退休了，受聘于北京四中，负责呼和浩特分校的创校工作。后来她又在我接受而不堪北京四中房山校区的创校重任的时候，转身成为我的上级和导师，陪伴了我整整四年。顾校长和我母亲同龄，像妈妈一样，教导我，鼓励我。

无论是职业还是人生中，我总是能遇到像顾校长这样的导师，传我智慧，给我力量，增我信心。

还有吕宝新书记。那是我被派到北京市房山区创办北京四中房山校区时，当地教委选派过来的第一任书记。他作为本地资深老校长，是我见过的最温和、最善良的人。吕书记像兄长一样，照顾我，包容我，总是默默地替我收拾残局。吕书记只陪了我两年，就调走了；后来的王塔书记、徐建华书记，也分别陪我一年，都调走了，升了职。他们都是我在异地他乡时的亲人。

还有李东平校长。我从北京公立体制辞职贸然闯入粤港澳大湾区民办教育圈时，李校长是华发教育集团容闳学校总校长，作为我的直属上级，指导我创办容闳公学。李校长像慈父一般，指导我，提携我，保护我。在我离开珠海之后，他还依然牵挂着我，放心不下。

还有陈沪军校长。初识便是相知，我从珠海离职后便去投奔他，在陈校长创办的浙江安吉蓝润天使外国语实验学校工作。陈校长像一位大姐，在我最迷茫的时候接纳我，给我以新的希望，让我看到了江浙教育的不同样态，感受到了江浙人的务实作风。在我突然要回北京赴雄安的时候，陈校长给了我无条件的理解和支持。

还有刘长铭校长。从 2002 年我调入北京四中工作时起，到我离开四中赴房山工作，刘校长一直是我的领导。刘校长是我身边离我最近的教育大家，是最平易的名家名人。我所接触和所理解的"以人育人""大气成就大器"以及"四中人的家国情怀"，都源自刘校长。我从刘校长身上学会了一个词——"尊重"：尊重学生，尊重教师，尊重科学，尊重规律。印象最深的画面，是刘校长请我在胡同口的小面馆里吃面，那是我和刘校长吃过的最贵的饭。

还有马景林校长、王红书记。虽然没能与马校长和王书记在一个校园里共事，但承蒙二位领导的信任和支持，我才有机会回到北京四中，投身雄安新区的校区建设工作中，有幸站在时代巨变的节点上，为一座新的城市而努力，为一种好的教育而努力。

还有雄安新区的各级领导、同事，给予我支持，给予我信心。

还有陈立光老师，她是我大学毕业刚到北京教书时的第一位教学师傅。我工作的第一年，她就退休了，受学校返聘做我的师傅。那么谦逊、慈祥的老教师，以至于我忍不住一直喊她为"老太太"。她每次听完我的课，就使劲夸我。后来，我每次回北京去看望她，谈及我的工作，她总是说："黄春，你做什么都对，我就知道你是最棒的，因为你没有私心。"

是的，我没有私心。所以，我的朋友很少，能够亦师亦亲亦友的朋友就更少。因为少，所以可贵，每一位我都无比珍惜。

顾德希老师、刘葵老师、赵利剑老师……每一位我敬仰的同事。

我所珍惜的，还有我的每一位学生。北京四中教会我，教师最应该感谢的人是他的学生。是的，学生，多么可爱的人。他们无条件地接纳我做他们的老师，无条件地相信我，跟随我，听我的话，认真地做我让他们做的每一件事情，像上帝一般地原谅我的无知和我所犯的错误。

尽管本书所言有限、有误，但所有的思考与实践，都是真实的、温暖的。

感谢所有人！

2023 年 10 月 1 日